Klaus Sczyrba

240 Diktate für das 5.–7. Schuljahr

Mit Übungen zur Rechtschreibung und Grammatik

Bange Verlag

4. überarbeitete Auflage 2006
ISBN 13: 978-3-8044-1507-2
ISBN 10: 3-8044-1507-5

Überarbeitet von Andrea Ruf
Satz: imprint, Zusmarshausen
Druck und Weiterverarbeitung: Finidr, s. r. o.,Český Těšín

Inhaltsverzeichnis

Vorwort: Zur Benutzung des Buches

Dieses Übungsbuch ist aus der Erfahrung langjähriger Unterrichtspraxis entstanden und soll Jungen und Mädchen der Sekundarstufe helfen, ihre Rechtschreibleistungen zu verbessern. Dazu werden 122 Diktate geboten, die in Ausmaß und Schwierigkeitsgrad dem Alter der Schüler entsprechen. Bei der Gestaltung der Diktate wurde besonders darauf geachtet, dass sie Jungen und Mädchen, Stadt- und Landkindern in gleicher Weise zusagen, dass sie auf den Sprachbereich der Schüler abgestimmt und lustbetont sind, da Freude noch immer der beste Motor für erfolgreiche Arbeit ist. Außerdem sollen Diktate auch vom Inhalt her schreibenswert sein. Sie sind den Lebensbereichen der Schüler entnommen und jahreszeitlich geordnet. Bewusst wurden hierbei größere Rechtschreibschwierigkeiten vermieden, damit leistungsschwächere Schüler angesichts hoher Fehlerzahlen nicht mutlos werden. Daher ist es empfehlenswert, die Texte je nach Leistungsstand einer Klasse, einer Gruppe oder eines Schülers zu verändern, notfalls sinnvoll zu kürzen oder sogar nur auszugsweise zu diktieren.

Bei schwachen Schülern sollte das Abschreiben von Texten oder auch nur Teilen davon dem Diktieren unbedingt vorausgehen. Je einfacher und kürzer die Übung für den Schüler ist, desto geringer werden die Fehler sein und desto eher bekommen gerade rechtschreibschwache Schüler das Gefühl einer gewissen Rechtschreibsicherheit und das so notwendige Erfolgserlebnis.

Zur vertiefenden Behandlung aller Rechtschreibbereiche sind jedem Diktat eine Reihe von Übungsmöglichkeiten beigefügt, die Hilfen für die Arbeit im Klassenverband, aber auch für die Stillbeschäftigung Einzelner bieten sollen. Jedoch wollen diese Übungen nur Beispiel und Anregung für eine abwechslungsreiche Rechtschreibarbeit geben. Sie können für systematisches Üben, aber auch zur Bekämpfung individueller Fehlerarten verwendet und dabei beliebig verändert oder erweitert werden.

So ist dieses Buch nicht nur für die Arbeit in der Schule gedacht, sondern auch ein bewährtes Hilfsmittel für Eltern, um die Rechtschreibfertigkeit ihrer Kinder durch kurzes, aber möglichst häufiges Üben zu erhöhen.

Klaus Sczyrba

1. Die gegenwärtige Rechtschreibsituation

Übung macht den Meister! Dieses zeitlose Sprichwort hat sich in allen Lebensbereichen als richtig erwiesen. So kann auch die Sicherheit in der Rechtschreibung nur in vielseitiger Übung erworben werden, denn trotz der Schulreformen und vieler erfolgversprechender Lehrmethoden ist die mangelhafte Rechtschreibfertigkeit das leidige Schulkreuz unserer Tage. Es wird niemand behaupten wollen, dass alle Reformpläne der letzten 50 Jahre die Probleme auf dem Gebiet der Rechtschreibung übersehen hätten. Alle Mühen erfahrener, pflichtbewusster Lehrer und Lehrerinnen in ungezählten Stunden geduldiger Kleinarbeit scheinen oft erfolglos geblieben zu sein. Mancher alte Schulmann wird im Vergleich mit seiner Arbeit vor Jahrzehnten resigniert feststellen, dass damals die durchschnittliche Fehlerzahl bei Klassendiktaten niedriger war als heute.
Besonders in den Klassen der Hauptschulen wird dies offensichtlich, wenn nach den Übergängen zu weiterführenden Schulen der Prozentsatz der rechtschreibschwachen Kinder in den einzelnen Klassen sprunghaft angestiegen ist. Die Lehrpersonen dieser Jahrgänge haben die schwere Aufgabe, alle bei der Hauptschule verbliebenen Kinder – das sind meist die leistungsmäßig Schwächeren – so auszubilden, dass sie später den immer größer werdenden Anforderungen des öffentlichen Lebens gewachsen sind. Dabei erscheint es oft problematisch, wie die großen Lücken, die sich besonders in der Rechtschreibung noch bei vielen Kindern zeigen, in den letzten Schuljahren geschlossen werden sollen.
Die Ursachen für diese Mängel sind Zeiterscheinungen und vielfältig. Lern- und erziehungsfeindlich ist unsere Zeit geworden. Die Turbulenz des heutigen Lebens, das stets zunehmende Verkehrsgewoge, das Überangebot von spannungsgeladener Unterhaltung und Sensationen in Film, Fernsehen und Internet, die Unruhe des Alltags, die auch mehr und mehr das Elternhaus erfüllt, die politischen Spannungen des Zeitgeschehens, alles das sind Gegebenheiten, die unseren Kindern die für das Lernen erforderliche Konzentration rauben. Hinzu kommt, dass Kinder vergangener Jahrzehnte in ihrer Freizeit mehr lasen, sosdass heute ein zusätzliches, wenn auch unbewusstes Einprägen von Schriftbildern durch das Buch weitgehend entfällt.
Wenn wir auch nicht die für das Lernen ungünstigen Einflüsse abstellen können, so besteht dennoch kein Anlass zur Resignation. Allerdings müssen alle Möglichkeiten genutzt werden, um die gegenwärtigen Leistungen im Rechtschreiben zu verbessern.

2. Wege zur Leistungssteigerung in der Rechtschreibung

2.1 Fehlerkontrollhefte

Zunächst ist es erforderlich, genau festzustellen, welche Fehlerarten gehäuft vorkommen. Die Erfahrung lehrt, dass sich bei rechtschreibschwachen Schülern Fehler derselben Art oft wiederholen und sich bis in die letzten Schuljahre hinein hartnäckig halten. Noch in den oberen Jahrgängen gibt es Schüler, denen beispielsweise die Dehnung große Schwierigkeiten bereitet. Einigen unterlaufen besonders beim s-Laut Fehler, anderen hauptsächlich bei der Zeichensetzung oder bei der Groß- und Kleinschreibung. Einem Schüler fällt noch im Entlassjahr die Unterscheidung von sch und ch sehr schwer, ein anderer schreibt immer wieder zusammengesetzte Zeitwörter getrennt. Bei vielen lassen sich derartige individuelle Hauptfehler in der Rechtschreibung feststellen.
Um einen besseren Überblick über die gehäuft vorkommenden Fehlerarten zu erhalten, empfiehlt es sich, ein Fehlerkontrollheft anzulegen, in das bei ersichtlicher Fehlerhäufung die Nummer der schriftlichen Arbeit in die entsprechende Fehlerspalte eingetragen wird. Folgendes Beispiel soll die Anlage eines Fehlerkontrollheftes zeigen:

Name	Fehlerarten					
	f-Laut	z-Laut	x-Laut	s-Laut	das	sch-ch
Schüler A			1,2,3,5	1,2,4,5		
Schüler B	1,3,4		2			
Schüler C					2,4,5	1,2,3,4
Schüler D		1,3	2	1,2,3	1,2	
Schüler E					1	
Schüler F	1,3			1,2,3,5	1,2,4	

(Stand nach 5 Klassenarbeiten. Die eingetragenen Ziffern sind die Nummern der Arbeiten.)

Außer den im Beispiel angegebenen Fehlerarten enthält die Tabelle noch weitere Spalten (Unterscheidung von *ä* und *e*, von *äu* und *eu*, von *d*, *t* und *dt*, von *b* und *p*, von *g* und *k*, von *-ig*, *-lich* und *-isch*, Dehnung, Schärfung, Groß- und Kleinschreibung, zusammengesetzte Verben oder Adjektive, Silbentrennung, Zeichensetzung). Mit Ausnahme des Schülers E sind bei den anderen wiederkehrende Fehlerarten festgestellt worden. Bei diesen Schülern werden vom Lehrer kurze Übungshinweise unter die Klassenarbeiten geschrieben. Bei Schüler B steht beispielsweise unter dem 3. Diktat folgender Vermerk: Suche Wörter mit *f*, *pf* und *v*! Nötigenfalls werden mehrere solcher Arbeitsaufträge erteilt: Übe Silbentrennung! Sammle Wörter mit *g* und *k* im Auslaut! – Jedoch sollte man nicht mehr als zwei oder drei Fehlerarten aus einer Arbeit herausgreifen.
Die rechtschreibschwachen Schüler werden angewiesen, täglich diese kleinen individuellen Übungen als Teil der Hausarbeit durchzuführen, und zwar so lange, bis in den schriftlichen Arbeiten die betreffende Fehlerart nicht mehr auftritt. Diese sinnvolle Übung sollte täglich nur aus wenigen Zeilen bestehen, denn der Schüler darf einen solchen Arbeitsauftrag nicht als Strafe empfinden. Es ist jedoch sehr wichtig, dass diese Schreibarbeit täglich durchgeführt wird, denn allein im steten, zielstrebigen Üben liegt der spätere Erfolg begründet.
Es ist ratsam, diese Schreibübungen öfter zu überprüfen, um notfalls weitere Hinweise zu geben. Zu Beginn des Unterrichts, wenn die übrigen Schüler bereits eine Arbeitsanweisung erhalten haben, kann diese Kontrolle in wenigen Minuten erfolgen. Gelegentlich können auch Schüler bei der Überprüfung der Rechtschreibübungen Hilfe leisten. Häufig mag die gemeinsame Besprechung einer solchen Übung eine willkommene Wiederholung für die gesamte Klasse bedeuten. Das Vorlesen von Wortreihen, das Anschreiben einer Übung an die Wandtafel, ein begonnenes Wortfeld oder ein Lückentext werden der Klasse Impulse zur Weiterarbeit geben. Möglichkeiten gibt es genug, die individuellen Übungen auch zu einem Gewinn für alle werden zu lassen. Fehlerkontrollhefte sollten zu Beginn eines Schuljahres eingerichtet werden. Bei einem Lehrerwechsel werden sie dem Nachfolger übergeben, der damit über die Rechtschreibschwächen seiner neuen Schützlinge informiert wird und die zielgerichtete Arbeit seines Vorgängers sogleich weiterführen kann.

2.2 Abwechslungsreiche Kurzübungen

Das Einprägen von Rechtschreibregeln hat oft nur geringen Wert, denn wir wissen nur zu gut, dass die gelernten Rechtschreibregeln selten zur gegebenen Zeit angewandt werden. Nur durch vielfältiges Üben wird die Fertigkeit in der Rechtschreibung erworben. Schreiben lernt man nur durch Schreiben! Das ist eine alte Binsenwahrheit. Nur auf das Wie kommt es an. Kurze, aber häufige Übungen sind Erfolg versprechender als gelegentliche, lange Zeit erfordernde Schreibarbeiten. Tägliche Kurzübungen, beim Rechnen als 10-Minuten-Übungen längst üblich, werden auch im Bereich der Muttersprache eine gute Wirkung haben. Zweckmäßig ist es, mit aller Intensität die Übungen zunächst auf die Fehlerarten zu beschränken, die am häufigsten auftreten. Je abwechslungsreicher diese Übungen sind, desto besser werden die Erfolge sein. Denn erst, wenn das Interesse der Schüler geweckt wird, sind sie innerlich dabei, und die mangelhafte Konzentrationsfähigkeit, das Hauptübel schulischer Arbeit in der Gegenwart, wird wesentlich verbessert. Für die täglichen Kurzübungen gibt es viele lustbetonte, die Schüler ansprechende Möglichkeiten. Dafür hier einige Beispiele:

2.2.1 Lückentexte

Ein zur übrigen Unterrichtsarbeit passender oder aus dem Deutschunterricht erwachsener Lückentext steht an der Wandtafel. Als Stillbeschäftigung oder in gemeinsamer Arbeit (in Gruppenarbeit oder im Frontalunterricht) werden die Lücken geschlossen. In jedem Falle sollten wenigstens einige Begründungen für die richtige Schreibweise gegeben werden.

2.2.2 Fehlertexte

Freude macht es den Kindern, aus einem Tafeltext Fehler auszusuchen. Man muss aber darauf achten, dass die Korrektur sorgsam, sauber und auffällig erfolgt, damit sich keine Unrichtigkeit einprägt. Ein wiederholendes Schreiben aller Korrekturwörter als Stillbeschäftigung für alle Schüler beendet die Übung.

2.2.3 Rechtschreibwettbewerbe

Macht die Klasse einen abgespannten, müden Eindruck, bringt ein Schreibwettbewerb schnell wieder reges Leben. Bestehen Arbeitsgruppen in der Klasse, lässt der Lehrer von jeder Gruppe ein Kind gleichzeitig zur Tafel kommen. Ist das nicht der Fall, werden nach anderen Gesichtspunkten Mannschaften gebildet (Bankreihen, gewählte Gruppen, Jungen gegen Mädchen). Je einer von ihnen schreibt ohne Einsichtmöglichkeit die diktierten Wörter oder Sätze an die Tafelflächen. Durch Zählen der aufgetretenen Fehler wird die Siegergruppe ermittelt, der man eine kleine Vergünstigung als Preis und Ansporn gewähren kann. In dieser Art sind auch Einzelwettkämpfe möglich, etwa unter dem Motto „Hättest du's gewusst?". Ebenso können Lücken- oder Fehlertexte wettkampfmäßig gelöst werden.

2.2.4 Wortkarten

Wortkartenserien, auch leicht selbst hergestellt, können als Arbeitsmittel bei allen möglichen Fehlerarten eingesetzt werden.
Beispiel: Groß- oder Kleinschreibung?
Die Karten (halbe Postkartengröße) werden verteilt. Die Kinder schreiben die vollständigen Wörter in ihre Hefte. Zur Zeitersparnis ist eine Selbstkontrollmöglichkeit auf den Rückseiten der Karten vorhanden. Zusätzliche Aufgaben können sich anschließen. (Forme aus Hauptwörtern Eigenschafts- und Zeitwörter und umgekehrt! – Bilde Sätze!)
Wortkarten mit unterschiedlichen Schwierigkeitsgraden:

G oder g	-erechtigkeit
	-iftig
	-latteis
	-eheimnis
	-rasgrün
	-allebitter
	-rößenwahn
	-ärtnerisch
	-estalt
	-eistreich
	-ruß
	-estern
	-emeinschaftlich
	6 Großschreibungen

B oder b	-ayerische Alpen
	-elgische Stadt
	am -esten
	das -illigste Kleid
	nichts -untes
G oder g	ins -rüne
	das -raue Tuch
	viel -utes
	alle -uten -aben
D oder d	im -unklen
	im -unklen Zimmer
	-onnerstags
	-anziger Bucht
	-änische Butter
	8 Kleinschreibungen

Beispiel: Zusammengesetzte Eigenschaftswörter
Auch in weiterführenden Schulen werden Wortbildungsübungen (z.B. Bildung von zusammengesetzten Eigenschaftswörtern) noch von großem Nutzen sein können. Die auf den Wortkarten stehenden Arbeitsaufträge werden von den Schülern in wenigen Minuten schriftlich durchgeführt. An diese Übung lassen sich leicht weitere Aufgabenstellungen anhängen. Man kann Sätze bilden, Gegenstände suchen oder Eigenschaftswörter mit allen möglichen Hauptwörtern verbinden lassen. (Beispiel: hoch – mannshoch, haushoch, kniehoch, fußhoch, baumhoch, meterhoch ...) Je öfter diese kleinen Übungen in der Klasse oder auch als Hausaufgabe geschrieben werden, desto seltener werden zusammengesetzte Eigenschaftswörter Anlass zu fehlerhafter Großschreibung.

Beispiel: Wortkarte für das 5. Schuljahr
Bilde 12 zusammengesetzte Eigenschaftswörter aus
Abgrund, Blitz, Eis, Eisen, Feder, Feuer, Kirsch, Kristall, Pech, See, Turm, Zentner.
fest, grün, hart, hoch, kalt, klar, leicht, rot, schwer, schnell, schwarz, tief.

2.2.5 Legekärtchen (Unterscheidung von *ent* und *end*)
Jeder Schüler erhält einen Satz selbst hergestellter Legekärtchen mit dem Auftrag, die auf der Grundkarte befindlichen Lücken durch die Abdeckkärtchen auszufüllen.

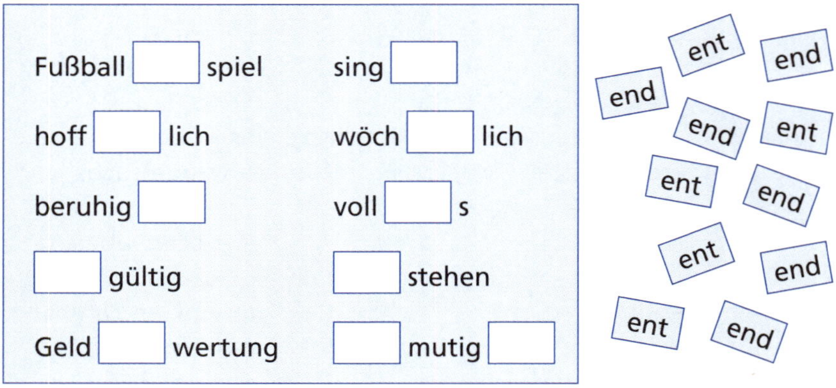

2.2.6 Wettschreiben (Beispiel: Der x-Laut)

Die Schüler sollen möglichst viele Wörter mit dem x-Laut (*chs, cks, ks, gs, x*) innerhalb von 5 Minuten aufschreiben. Wer die meisten Wörter fehlerfrei geschrieben hat, ist Sieger. Diese Übung ist als Gruppen- oder Einzelarbeit durchführbar. Hierbei ist vorteilhaft, dass gleichzeitig das im öffentlichen Leben erforderliche Schnellschreiben geübt wird.

2.2.7 Reihen fortsetzen (Beispiel: *tod-, tot-*)

Wenige Wörter an der Wandtafel sind Impulse, die begonnenen Reihen fortzusetzen:

totschießen	todmüde
tottreten	todsicher

Das verschiedenfarbige Unterstreichen der Zeit- und Eigenschaftswörter ist ausreichende Hilfe zu selbsttätiger Arbeit der Schüler. Eine vertiefende Besprechung kann sich anschließen.

2.2.8 Reimwörter suchen (Beispiel: d und t im Anlaut)

Zu einem gegebenen Wort sollen in Gemeinschafts-, Gruppen- oder Einzelarbeit Reimwörter gefunden werden. Wer die meisten Wörter gefunden hat, wird zum Klassendichter ernannt.
Beispiel: Hand – Band, Stand, Brand, verbrannt, Land, verwandt, Wand, Gewand, gewandt, genannt, Verstand, Rand, Pfand, niemand, bekannt, Sand, Strand.

2.2.9 Silbenrätsel (Beispiel: *ch – g – k* im Auslaut)

Damit die Übungen recht abwechslungsreich verlaufen, kann gelegentlich ein Rätsel in den Dienst der Rechtschreibung gestellt werden.
Aus den Silben bar – bot – dank – der – ein – es – fäng – ge – ge – keit – lenk – neh – nis – nung – pflan – ret – rin – rung – schling – seg – sig – talg – tich – tich – un – ze – sollen 10 Wörter gebildet werden, die folgende Bedeutung haben:

1. Tierisches Fett
2. Kirchliche Handlung
3. Strafanstalt
4. Saures Würzmittel

5. Landstreifen zwischen Haff und Meer
6. Zimmergewächs
7. Großer Behälter
8. Schlechte Handlungsart
9. Essbare Wurzel
10. Bewegliches Verbindungsstück

Die Anfangsbuchstaben ergeben den Namen einer süddeutschen Stadt. Alle Lösungswörter haben *ch*, *g* und *k* im Auslaut und werden in ihrem Schriftbild durch das Rätsel stark eingeprägt (Rindertalg, Einsegnung, Gefängnis, Essig, Nehrung, Schlingpflanze, Bottich, Undankbarkeit, Rettich, Gelenk, Regensburg). Gegebenenfalls können sich weitere Übungen mit den Lösungswörtern anschließen (verwandte Wörter suchen, Wortfamilien aufstellen, Sätze bilden).

2.2.10 Arbeit mit Wörterbüchern (Beispiel: Groß- und Kleinschreibung)

Aus Duden oder anderen Wörterbüchern sollen die Schüler Wörter, die in Groß- und Kleinschreibung vorkommen (Recht – recht, Leid – leid, Angst – angst ...) aufschlagen, die Angaben des Wörterbuches herausschreiben und die Schreibweise zu begründen versuchen. Hierbei wird außerdem der Gebrauch des Wörterbuches geübt.
Die hier geschilderten Möglichkeiten sollen Anregung bieten, so abwechslungsreich zu üben, dass die Schüler mit Freude und innerer Anteilnahme arbeiten und gar nicht den Eindruck bekommen, dass „nur geübt" wird. Wenn diese Kurzübungen recht oft durchgeführt werden, wenn zusätzlich der Lehrer bei sich und den Schülern auf deutliches Sprechen und sauberes Schreiben achtet, wird eine erhebliche Leistungsverbesserung nicht ausbleiben.

3. Diktate und Übungen für das 5. Schuljahr

1. Die Silvesternacht

Nun hat wieder ein neues Jahr begonnen. Jonas dachte noch oft an die Silvesternacht zurück, in der er zum ersten Mal den Jahreswechsel miterleben durfte. War das ein Lärm, als es zur Mitternacht zwölf Uhr schlug! Auf den Straßen platzten unzählige Knallfrösche. Raketen zischten durch die Luft und ließen rote, grüne oder weiße Sternchen hoch über den Dächern erstrahlen. Von allen Kirchtürmen läuteten Glocken das neue Jahr ein. Aus der Ferne hörte Jonas manchmal, wenn der Krach draußen zeitweise etwas abebbte, Teile eines Chorales, den irgendwo Männer mit Trompeten bliesen. Im Wohnzimmer hatten sich Jonas' Eltern und seine Geschwister erhoben und wünschten sich Glück und Gesundheit für das bevorstehende Jahr. Auf den Straßen wurde es allmählich ruhiger. Jonas war froh, dass er nun zu Bett gehen konnte. (129 Wörter)

Übung 1

Dehnung durch äh:

unzählig, allmählich, Mähne, Ähre, Erzählung, wählen, stählen, gefährlich, Eisenbahnfähre, Ernährung, bewähren, …

Setze in die Lücken folgender Wörter äh oder ä ein:

Hobelsp____ne, Tr____ne, erw____nen, M____maschine,

sch____men, Kan____le, Fuchsf____rte, w____rend, N____seide,

____nlichkeit, Versp____tung, qu____len, gez____mt,

zehnj____rig, M____rchen, Erkl____rung, Verr____ter,

absch____len, d____mlich, Eisenpf____le, n____mlich

Arbeitshilfe: 9 Wörter werden mit *äh* geschrieben.

▶ Lösungsteil Nr. 1

Übung 2
ß nach Doppelselbstlauten:

weiß, Fleiß, scheußlich, äußerlich, dreißig, beißen, heiß, Reißzwecke, schweißen, fleißig, abreißen, Äußerung, Abreißkalender, heißen, Schweiß, geißeln, verschließen, Meißel

Ordne nach Wortarten und beachte: Nach Doppelselbstlauten steht niemals ss!

Übung 3
Schärfung mit bb:

abebben, krabbeln, Schrubber, Robbe, kribbeln, Ebbe, schrubben, strubblig, robben, Krabbe

Ordne die zusammengehörigen Wörter und bilde Sätze!

Übung 4
mal – Male:

einmal, manchmal, dreimal, keinmal, abermals, mehrmals, oftmals, einmalig – ein paar Mal, jedes Mal, zum ersten Male, beim vorletzten Male, mit einem Male, alle Male, unzählige Male, ein paar Dutzend Male, zu wiederholten Malen

Begründe die Großschreibung und bilde Sätze!

2. Beim Schiffsmodellbau

Zu Weihnachten hat Johannes einen Schiffsbaukasten bekommen. Auf der Tischplatte liegt eine Menge leicht zerbrechlicher Einzelteile. Johannes will sie bunt anstreichen und danach zusammenleimen. Viel Geduld wird er aufbieten müssen, um das Modell eines mittelalterlichen Segelschiffes fertigzustellen. Es soll eine Kogge werden, die früher der Stolz der Hanse war. Sein älterer Bruder hilft ihm dabei. Doch es ist manchmal recht mühselig, die Plastikteilchen zusammenzufügen. Johannes will gerade das Schiffswappen am bauchigen Rumpf aufkleben. Dabei entgleitet es seinen Fingern und fällt auf den Teppich. Beide Jungen rutschen nun auf allen vieren über den Fußboden, um das verlorene Teilchen wiederzufinden. Aber alle Mühe scheint vergeblich. Plötzlich entdeckt Johannes das Schiffswappen an der Schuhsohle seines Bruders. Nun können beide das Werk vollenden. (121 Wörter)

Übung 1
Schärfung durch gg:

schmuggeln, Bagger, Flagge, Egge, Waggon, Dogge, flügge, Schmuggler, joggen

Es gibt nur wenige Wörter mit gg. Präge sie dir ein und schreibe zusammengesetzte und abgeleitete Wörter hinzu (Schmuggelware, ...)!

Übung 2
Schärfung mit pp:

Teppich, Wappen, rappeln, Klippe, Lappen, Rippe, stoppen, Grippe, klappern, verdoppeln, galoppieren, ...

Setze in folgende Wörter pp oder p ein:

schna____en, Tre____engeländer, Ka____sel, Schl____s,

Trom____ete, Li____e, Pa____e, behau____ten, tram____eln,

Gru____e, umki____en, Wim____ern, Schu____en, za____elig,

Gi____s, Ka____itän, wi____en, Ta____ete, Musikka____elle,

kna____, Pa____ier, Geri____e, Schna____s, ho____eln, Siru____

Arbeitshilfe: 12 Wörter werden mit *pp* geschrieben.

▶ Lösungsteil Nr. 2

Übung 3
Vorsilbe ent-:

entdecken, entgleiten, Entführung, unentbehrlich, entwickeln, entstehen, Entscheidung, entwischen, entzwei, entkleiden, Entlassung, entsetzlich, ...

Setze die Vorsilbe ent- vor folgende Wörter: täuschen, fliehen, reißen, Zündung, fallen, laufen, Faltung, halten, Schädigung, gegen, Spannung, weichen, Wurf, Rüstung, kommen, Ladung, erben

Übung 4
Wortfeld „fallen“:

fallen, entgleiten, abrutschen (herunter-, aus-), stürzen (ab-, hin-, herunter-), herunterkippen, absacken, hinschlagen, heruntertaumeln, abtrudeln, plumpsen (herunter-, auf-), aufprallen, auf die Nase fliegen, der Länge nach hinfallen, ausgleiten

3. Die Futterstelle am Fenster

Eine dicke Schneeschicht bedeckt die Erde, und noch immer schneit es. Udo will gleich mit seinem Schlitten auf die Straße. Plötzlich klopft es an der Fensterscheibe. Udo schaut erschrocken auf und erblickt am Fensterbrett eine Kohlmeise, die mit dem Schnabel an die Scheibe pickt. „Sie kann kein Futter mehr finden und hat Hunger", denkt Udo. Die Körner und Krumen, die er auch heute wieder für die Vögel ans Fenster gestreut hat, sind verschneit. Doch die Meise kennt diesen Futterplatz schon. Wieder klopft der Vogel an die Glasscheibe und bittet um Nahrung. Udo steht sacht auf, um den Schnee vom Fenster zu fegen und neues Futter hinzustreuen. Statt am Nachmittag zu rodeln, will nun Udo ein Futterhäuschen bauen, in dem die Vögel auch im Schnee Nahrung finden können. (131 Wörter)

Übung 1
Dehnung durch ee:
Schnee, Meer, Tee, Klee, Teer, Erdbeeren, See, leer, Kaffee, Fee, entleeren, Seele, Beet
Ordne nach Reimen und bilde damit zusammengesetzte oder verwandte Wörter!

Übung 2
Dehnung durch oh:
Kohlmeise, bewohnen, Bohne, hohl, belohnen, Fohlen, wohl, bohnern, Schuhsohle, ohnmächtig, Dohle, Enkelsohn
Ordne nach Wortarten! Bilde dazu neue Wörter (Rotkohl, Kohlweißling, ...)!

Übung 3
eu – äu:
streuen, Futterhäuschen, neu, Beule, Gemäuer, Beleuchtung, verräuchert, Gebäude, läuten, Seufzer, Abenteuer, verscheuchen, bereuen, Häuptling, betäuben, keuchen, sträuben, Wollknäuel, scheu, vergeuden, säuerlich, Spreu, Versäumnis, äußerlich, häufig, Eule,

meutern, Säugling, Zigeuner, enthäuten, heute, treu, kräuseln, neulich, unverkäuflich, eingezäunt, erbeuten, Bräutigam
Ordne die Wörter nach ihrer Schreibweise (eu – äu)!

Übung 4
Wörter mit ck:
erschrecken, picken, decken, Brücke, hacken, flicken, Schnecke, verstecken, Krücke, Jacke, Lücke, zwicken, Hecke, packen, bücken, Hacke, backen, Rücken, erblicken, Ecke, schmecken, drücken, Lack, beflecken, Geschmack, aufwecken, schlucken, Locke, drucken, Flocke, lecken, Strecke, Sack, jucken, Nacken, ausstrecken, Becken, stricken, knacken, sticken, Zacken
Ordne die Wörter nach Reimen (erschrecken, decken, verstecken, ...)!
Trenne die mehrsilbigen Wörter (pi-cken, Brü-cke, Ja-cke, ...)!

4. Drei Tauben

Gerd schaut von seinen Schularbeiten auf. An einem Fenster des gegenüberliegenden Hauses streut eine Frau Futter hin. Kaum hat sie das Fenster geschlossen, kommen drei Tauben herbeigeflogen, landen auf dem Mauersims und trippeln eilig mit nickenden Köpfen zur Futterstelle. Eine schwarzgraue Taube, die größte von ihnen, möchte aber das Futter für sich allein haben. Daher versucht sie, eine der beiden anderen wegzuhacken. Verfolgt von der großen Taube, flüchtet sie eilig den Mauervorsprung entlang. Unterdessen kann die dritte Taube ungestört fressen. Doch schon ist die dunkle Taube am Futterplatz und verjagt das andere Tier. Nun fliegt die zuerst verdrängte Taube heran und beginnt zu picken, bis auch sie wieder verscheucht wird. Noch lange ist die streitsüchtige Taube damit beschäftigt, eine der anderen zu vertreiben. Daher bekommt sie weniger Futter als die anderen beiden Tauben. (135 Wörter)

Übung 1
Unbezeichnete Dehnung bei ö:
ungestört, König, Öl, strömen, schön, verzögern, löten, Erlösung, möglich, Flöte, nötig, Bösewicht, Hörfehler, trösten, Kröte, erröten, tödlich, Öse, königlich, Brötchen, verschönern, grölen, bösartig, spröde, schwören, empören, Krönung
Ordne nach Wortarten!

Übung

Übung 2
Wortfeld „verjagen“:
verjagen, vertreiben, verstoßen, verscheuchen, hinauswerfen, fortschicken, verbannen, verdrängen, zurückschlagen, hinausekeln, hinausschmeißen, zurückweisen, jemandem die Tür weisen, ausquartieren, jemandem Beine machen, jemandem auf die Sprünge helfen, jemanden in Trab bringen, jemanden an die Luft setzen, zum Teufel jagen

Übung

Übung 3
Wortfamilie „hacken“:
hacken, ab-, auf-, aus-, an-, be-, los-, zer-, um-; Hacke (Werkzeug, Teil des Fußes), Eisen-, Kreuz-, Spitz-, Kartoffel-; Hacker, Holz-; Hackfrucht, -bau, -brett, -beil, -bank, -braten; Häcksel

Übung

Übung 4
Wortfamilie „Futter“:
Futter, -stelle, -platz, -suche, -neid, -rübe, -wechsel, -luke, -mittel, -kartoffel, -trog, -napf, -stoff, -kammer; Vogel-, Grün-, Hunde-, Kraft-, Trocken-, Fisch-, Mantel-, Ärmel-, Jacken-; Fütterung, Wild-, Ab-, Raubtier-; Fütterungszeiten; füttern, ab-, groß-, fett-, auf-; futtern, futterneidisch

5. Eine Maske für die Karnevalstage

Diktat

Bald ist Karneval. Auch Lara freut sich auf diese Tage, denn sie möchte sich als Hexe verkleiden. Da sie ein geschicktes Mädchen ist, will sie sich selbst eine passende Maske anfertigen. In einer Schüssel hat sie bereits Tapetenkleister aufgelöst und klebt nun Papierstücke zu einer dicken, biegsamen Schicht übereinander. Diese Maske presst sie fest an ihr Gesicht, dessen Formen sich nun darin einprägen. Damit ein hexenartiger Ausdruck entsteht, formt sie eine lange, krumme Nase und drückt die Mundvertiefung schief in die noch weiche Maskenform. Wenn das Kleisterpapier hart und trocken ist, wird sie Öffnungen für Mund und Augen herausschneiden und mit dem Anmalen der Maske beginnen. Haare eines alten Besens will sie für struppige Augenbrauen verwenden. Die Arbeiten bereiten Lara viel Vergnügen. (127 Wörter)

Übung 1
Wörter mit x:

Hexe, boxen, Axt, Lexikon, Taxe, Taxi, fix, Nixe, Felix, Max, Text, verhext, Alexander, Mixer, Boxkampf
Ordne die Wörter alphabetisch!

Übung 2
v – w:

Karneval, Vase, Villa, Veronika, Klavier, Violine, Ventil, …
waagerecht, Slawen, Karawane, Bienenwabe, Möwe, …
Beachte: v wird manchmal wie *w* gesprochen!
Setze in die Lücken der folgenden Wörter v oder w ein:

Blumen____ase, ____inzer, Skla____e, Kra____atte, Seemö____e,

Ner____en, ____alburga, ____ulkan, La____ine, E____angelium,

Lö____e, ____entilator, Wit____e, ____atte, ____iolinsaite,

Kra____all, Schiffs____rack, Öli____enöl, La____a

Arbeitshilfe: 9 Wörter werden mit *v* geschrieben.
▶ Lösungsteil Nr. 3

Übung 3
Zusammengesetzte Zeitwörter (Verben):

herausschneiden, auflösen, mitfahren, vorlesen, auslachen, eintragen, überreichen, fortgehen, vorausschicken, herunterfallen, …
Bilde ähnliche Zusammensetzungen!

Übung 4
Wortgruppen mit Zeitwörtern (Verben)

- Verbindungen mit dem Zeitwort sein werden immer getrennt geschrieben: da sein, aus sein, zufrieden sein, vorbei sein …
- Zusammenschreibung von Zusammensetzungen mit einer Verbpartikel als erstem Bestandteil. Ausnahmslose Zusammenschreibung von Partikel und Verb (z. B. abändern, aufeinanderstapeln, zuteilwerden, …)

- Ist der erste Bestandteil eine Ableitung auf *-ig, -isch* oder *-lich,* wird immer getrennt geschrieben: z. B logisch denken

Bilde ähnliche Verbindungen!

- Ist der erste Bestandteil ein Mittelwort (Partizip), ist Getrennt- wie auch Zusammenschreibung bei Verbindungen von Substantiven, Adjektiven, Adverbien oder Pronomen mit adjektivisch gebrauchten Mittelwörtern möglich: z. B. dicht bevölkert/dichtbevölkert

Bilde ähnliche Verbindungen!

- Ist der erste Bestandteil ein Hauptwort (Substantiv), wird immer getrennt geschrieben: Auto fahren, Schlittschuh laufen, ...

Bilde ähnliche Verbindungen!

- Folgende Wörter werden aber *immer* zusammen geschrieben: eislaufen, kopfstehen, leidtun, nottun, standhalten, stattfinden, stattgeben, statthaben, teilhaben, teilnehmen, wundernehmen. In vier Grenzfällen ist sowohl Getrennt- als auch Zusammenschreibung erlaubt: achtgeben/Acht geben (aber nur: sehr achtgeben, allergrößte Acht geben), achthaben/Acht haben, haltmachen/Halt machen, maßhalten/Maß halten
- Ist der erste Bestandteil ein Zeitwort (Verb), wird immer getrennt geschrieben: spazieren gehen, lesen üben, baden gehen, ...

Bilde ähnliche Verbindungen!

Bei Verbindungen mit bleiben und lassen als zweitem Bestandteil ist bei übertragener Bedeutung auch Zusammenschreibung möglich.

- Getrennt- und Zusammenschreibung, wenn ein einfaches Adjektiv eine Eigenschaft als Resultat des Verbalvorgangs bezeichnet: fertig kochen/fertigkochen, kaputt machen/kaputtmachen, ...
  Erhält das Wort aber eine neue Gesamtbedeutung, schreibt man es zusammen: z. B. (jmdn./etwas) fertigmachen

Bilde ähnliche Verbindungen!

Übung 5

ss – ß:

passen, verlässlich, pressen, Maß, zuverlässig, blass, vergessen, flüssig, messen, reißen, essen, Flussufer, Pass, Essbesteck, hassen, zerrissen, Hass, massenhaft, Messbecher, gepresst, verblassen, wissen, Gefäß, Gewissheit, fassen, Blässe, messbar, vergesslich, fließen, Fass, Reißzwecke, verpasst, essbar, Fließband, Reisepässe, verhasst, Windmesser, Weinfässer, Wissenschaft, Riss, Mittagessen

Ordne die Wörter nach ihrer Zugehörigkeit (passen, Pass, Reisepässe, ...)!

6. Weidenkätzchen

Die Frühlingssonne lockte die Menschen hinaus ins Freie. Auch Herr Bachmann war mit seinem Sohn zu einem kurzen Spaziergang unterwegs, um sich an der erwachenden Pflanzenwelt zu erfreuen. Am liebsten hätte Rudi ein paar mit Blütenkätzchen besetzte Haselnusszweige abgeschnitten. Doch Vater erlaubte es nicht und sagte: „Die Kätzchen sind jetzt zu Beginn des Frühjahrs die einzige Nahrung der Bienen und stehen unter Naturschutz." Kurz danach sahen sie einige abgerissene und achtlos fortgeworfene Haselnusszweige. Rudi hob sie auf und nahm sie mit. Er stellte sie in einer mit Wasser gefüllten Vase auf ein Tischchen. Am nächsten Tag sah er auf der polierten Tischplatte gelben Staub. Wenn er die Kätzchen an den Zweigen antippte, entstanden kleine Staubwolken. „Das ist Blütenstaub", sagte der Vater, „von dem sich die Bienen ernähren." (128 Wörter)

Übung 1

Schärfung mit tt:

Tischplatte, geschnitten, bitter, zerknittert, Erschütterung, Drahtgitter, Stiefmutter, Brett, Bettler, schütteln, Gewitter, Trittbrett, Schlittschuhe, zersplittert, schattig, flattern, verspotten, göttlich, Rettungsboote, Bett, stottern, …

Ordne die Wörter nach ihrer Silbenzahl (Brett, … Rettungsboote)!

Übung 2

Wortfamilie „spazieren":

spazieren, -gehen, -fahren, -reiten; Spaziergang, -weg, -stock, -fahrt, -gänger

Übung 3

Großschreibung von Eigenschaftswörtern (Adjektiven):

Als Hauptwörter (Substantive) gebrauchte Eigenschaftswörter werden in der Regel großgeschrieben:

Die Menschen zogen ins Freie. Sie fuhren ins Blaue. Wir wandern ins Grüne. – in die Fremde ziehen – das Gute erstreben – ins Trockene flüchten – ins Helle kommen – im Dunklen sitzen – vom leuchtenden Weiß geblendet – im Kalten schlafen – das Schlimmste befürchten

Bilde Sätze!

Häufig zeigen auch vorangehende Wörter wie *alles, etwas, nichts, viel, wenig* den substantivischen Gebrauch an: nichts Neues, alles Gute, wenig Interessantes, …

Übung

Übung 4

Dehnung durch ah:

Frühjahr, Nahrung, Gefahr, bezahlen, zahm, Naht, Fahne, Schlagsahne, Backenzahn, Draht, kahl, Pfahl, Kahnfahrt, zermahlen, Ahnung, ermahnen, zahllos, wahrhaft, Truthahn, lahm, einrahmen, Wahl, prahlerisch, Wahrheit, Einbahnstraße, ahnungslos, Wasserstrahl, gefahrvoll, Mahlzeit

Ordne nach Wortarten (Hauptwörter, Zeitwörter, Eigenschaftswörter)!

7. Ostervorbereitung

Diktat

Das Osterfest war in greifbare Nähe gerückt. Anne und Franz wollten diesmal ihren Eltern eine Osterüberraschung bereiten. Von ihrem Taschengeld kauften sie zwei dicke Gänseeier, die sie heimlich zu Hause kochten. Die Geschwister beabsichtigten, mit Wachsstiften lustige Gesichter darauf zu malen. Anne gab sich viel Mühe, eines der Gänseeier in einen Frauenkopf zu verwandeln. Gleichzeitig bastelte ihr Bruder aus schwarzem Umschlagpapier einen Zylinderhut, den er auf das andere Ei setzen wollte, auf das er bereits ein bärtiges Männergesicht gemalt hatte. Auf dem Tisch lag auch schon dünne, hellbraune Pappe bereit. Daraus wollte Franz zwei Ringe herstellen, die als Hälse den Eierköpfen Stütze und Halt geben sollten. Anne wollte anschließend in Mutters Lumpensack nach einem geeigneten Seidenläppchen suchen, um daraus ein kleines Kopftuch zu schneiden. „Bestimmt werden sich die Eltern über diese lustigen Köpfe freuen“, meinte Franz zuversichtlich. (138 Wörter)

Übung

Übung 1

malen – mahlen:

malen, ab-, auf-, aus-, an-, be-, nach-, über-, unter-, vor-; Maler, Kunst-, Landschafts-, -meister, -innung, -werkstatt, -beruf; Malerei, Kirchen-, Glas-; Mal, Denk-, Grab-, Schand-, Merk-, Brand-, -heft, -buch, -stifte; Gemälde, Öl-, Decken-, Wand-, -ausstellung, -handlung; malerisch mahlen, aus-, zer-; Mahl, Abend-, Gast-, Fest-, Mittags-, Hochzeits-, -werk, -zeit, -gang, -gut; Gemahl, -in; Mehl, Weizen-, Roggen-, Brot-, -sack, -suppe; Mühle, Wind-, Wasser-, Kaffee-; Mühlrad, -stein, -graben; Windmühlenflügel; Müller, -bursche, -in

Übung 2

Wörter mit chs:

Wachs, Fuchs, Achse, wechseln, Deichsel, Ochse, Büchse, Wichse, wachsen, Drechsler, Achsel, Dachs, sechs, Lachs, Eidechse
Bilde damit zusammengesetzte und verwandte Wörter!

Übung 3

Zusammensetzungen mit dem Wort „Papier":

Papier, Umschlag-, Zeichen-, Wert-, Schreib-, Brief-, Zeitungs-, Seiden-, Pack-, Zigaretten-, Bunt-, Sand-, Schmirgel-, Butterbrot-, Pergament-, Schrank-, Silber-, Paus-, Gold-, -fabrik, -händler, -geld, -korb, -waren

Übung 4

Schärfung durch pp:

Pappe, Sippe, Rappen, Kappe, Schippe, wippen, Suppe, Rippe, nippen, Wappen, Wippe, klappen, Gerippe, Lappen, Puppe, schnappen, Lippe, Gruppe, Knappe, Truppe, plappern, Mappe, klappern, tappen, Happen, Steppe, Strippe, Treppe, Krippe, Schleppe, tippen, knapp, schippen, schlapp, Klappe
Ordne die Wörter nach Reimen! Bilde zusammengesetzte Wörter!

8. An der Baustelle

Ein Grundstück, bisher beliebtes Spielgelände der Jungen aus der Nachbarschaft, war seit Tagen von einem hohen Bretterzaun umgeben. In kurzen Abständen fuhren Lastkraftwagen Schutt und Erde fort. Neugierig versuchten Thomas und Stephan durch die Ritzen der absperrenden Holzwand auf den Bauplatz zu blicken. Außer einer tief ausgeschachteten Grube war nichts zu erspähen. Nur hören konnten sie das Rumpeln der Betonmischmaschine jenseits des Bretterverschlages. Doch seit heute erhebt sich über der Baustelle der stählerne Turm eines Drehkrans. Sein langer Ausleger schwenkt soeben schweres Baumaterial durch die Luft. „Merkwürdig, dass der

Kran bei dieser Belastung nicht umkippt", meint Stephan auf dem Wege zur Schule. Thomas zeigt ihm das große Gegengewicht, das auf dem Sockel des Krans lagert. Nach dem Unterricht wollen beide länger an der Baustelle zuschauen. (128 Wörter)

Übung 1
fort – vor:

fort, fortgehen, fortfahren, Fortsetzung, fortwährend, fortschrittlich, fortlaufend, fortfliegen, fortschwimmen, Fortfall, sofort, immerfort, fortjagen, forttreiben, ...
vor, vorkommen, vorrechnen, vorlesen, vortragen, Vorstand, vorbeten, hervor, Vorsilbe, vorläufig, vorwärts, vorsichtig, Vorteil, vorturnen, vorhin, vorgestern, hervorkriechen, Vorgang, ...
Setze die Reihen fort! Beachte aber folgende Wörter: fordern, forschen, formen, Forst!

Übung 2
Langes a mit unbezeichneter Dehnung:

Nachbar, Schale, Wagen, Kran, Material, lagern, Schwan, Made, Plan, Altar, Span, Tran, Tal, Qual, Gabel, Salat, Tomate, Krater, Schnabel, Pate, Orkan, Reklame, Marmelade
Bilde damit verwandte oder zusammengesetzte Wörter!
Beachte: Dehnungs-h steht nur vor *l, m, n, r* aber fast nie nach mehreren Mitlauten, nicht nach *sch, sp* und *qu* (Kran, Schale, sparen, Qual).

Übung 3
Wortfeld „Abgrenzungen":

Zaun (Bretter-, Holz-, Eisen-, Draht-, Latten-), Wand (Trenn-, Holz-, Zimmer-, Haus-), Bretterverschlag, Gatter, Gitter, Grenze, Schlagbaum, Hindernis, Grenzsperre, Sperrkette, Wassergraben, Drahtverhau, Grenzlinie, Rain, Mauer, Wall, Umrandung, Geländer, Hecke, Leitplanke, Bordsteinkante

Übung 4
Wortfamilie „sehen":

sehen, ab-, an-, auf-, durch-, be-, ein-, entgegen-, er-, fort-, her-, hin-, nach-, über-, um-, ver-, vor-, voraus-, weg-, wieder-, zu-, zurück-; Sehkraft, -vermögen, -nerv, -winkel, -rohr, Fern-gerät; Fernsehen, Auf-, An-, Aus-, Wieder-, Ver-; Sehens-würdigkeit; Vorsehung; Seher, Hell-, Schwarz-, Auf-; sehenswert, -würdig; zusehends; absehbar, über-; unansehnlich; unvorhergesehen; sichten; besichtigen, beauf-, beab- ; Sicht, Weit-, Aus-, Auf-, Ab-, Nach-, An-, Über-, Um-, Vor-, Zuver-, Hin-, Rück-, Fern-, -verhältnisse, -weite, -vermerk; Gesicht, Mond-, Kinder-, An-, Verbrecher-; Gesichtsfarbe, -feld, -kreis, -punkt, -maske, -ausdruck, -wasser, -krem; Besichtigung, Beauf-; Nachsichtigkeit, Um-, Durch-; Übersichtlichkeit; vorsichtig, durch-, ein-, nach-, um-, kurz-, weit-; sichtbar, un-, offensichtlich, er-, hin-, über-, zuver-, unnach-, ab-; rücksichtslos, -voll; aussichtsreich, -los

9. Die gelbe Wiese

Diktat

„Hast du schon einmal eine gelbe Wiese gesehen?", fragte Sophie ihre jüngere Schwester Eva. Als sie verneinte, führt Sophie sie zum nahen Bach. Schon von weitem leuchtete die angrenzende Wiese in kräftigem Gelb. „So eine Menge Butterblumen!", rief Eva erfreut. Sophie hatte im Biologieunterricht bereits die richtige Bezeichnung für die in der Sonne so herrlich glänzenden Blume gelernt und belehrte Eva: „Das ist Hahnenfuß." Die kleinere Schwester lächelte über den lustigen Namen und schüttelte ungläubig den Kopf. Da pflückte Sophie eine der großen Blumen und deutete auf eines der feingliedrigen Blätter am Pflanzenstängel. „Ähnelt das Blatt nicht der Form eines Hühnerfußes?" „Tatsächlich!", stimmte jetzt Eva zu. „Nach oben zu werden die Blätter immer kleiner, damit die unteren genügend Licht bekommen", erklärte Sophie zusätzlich. Dann pflückten beide Mädchen vom Wiesenrand einen gelben Strauß und gingen froh nach Hause. (140 Wörter)

Übung

Übung 1

Dehnung durch ie:

Wiese, feingliedrig, Ziellinie, Kiefer, Betrieb, vielleicht, riechen, Gefrierpunkt, liederlich, ziemlich, schwierig, Gebiet, Lederriemen, erniedrigen, ...

Setze in die Lücken folgender Wörter ie oder i ein:

Gumm____ball, Fl____ge, B____bel, Zw____back, M____te,

Schm____rfink, L____ter, bed____nen, n____drig, Pr____mel,

Fortsetzung Seite 26

Kan____nchen, Apfels____ne, Z____gelstein,

Eisenbahnsch____ne, Zw____bel, verr____geln, L____ferwagen,

K____lometer, Sch____fer, Augenl____d, f____berhaft, K____no,

V____h, ____gel

Arbeitshilfe: 14 Wörter werden mit *ie* geschrieben.
▶ Lösungsteil Nr. 4

Übung 2
Dehnung durch üh:

führen, Hühnerfuß, Frühling, Gefühl, Mühle, berühmt, Stühlchen, Bühne, wühlen, kühl, rühren

Ordne die Wörter alphabetisch und schreibe verwandte Wörter hinzu!

Übung 3
lehren – leeren:

lehren, belehren, Lehrer, Lehrerin, Lehrgang, Lehrzeit, Lehrling, Lehrmeister, Lehrwerkstatt, gelehrig, lehrreich, Gelehrter, Belehrung, Lehrjahre

leeren, entleeren, ausleeren, leer, Leerlauf, Briefkastenentleerung, Entleerung

Ergänze folgende Wörter und ordne sie in die richtige Wortreihe ein:

Le____rmädchen, Le____rgut, gele____rte Leute, ein le____rer Teller, Hauptschulle____rer, Schreinerle____re, unbele____rbar, ein völlig gele____rtes Fass, Le____rerschaft, Le____rzug, Le____rjunge, Le____rjahr, Le____rungszeiten, Le____rsatz

Arbeitshilfe: in 9 Wörtern muss *eh* stehen.
▶ Lösungsteil Nr. 5)!

Übung 4
Wortfamilie „Herr“:
Herr, Haus-, Landes-, Bau-, Rats-, Grund-, Pfarr-, Guts-, -gott, -lichkeit, -schaft; Herrenhaus, -bekleidung, -schnitt; Herrscher, Be-, -macht; Herrschsucht; herrenlos; herrlich, -isch; herrschen, be-, mit-, vorherrschend

10. Heilpflanzen für Großmutter

Marias Großmutter war trotz ihrer siebzig Jahre noch recht rüstig. Sie behauptete, dass sie ihre Gesundheit den Heilkräutern verdankte, die sie jährlich zur Blütezeit sammelte, trocknen ließ und in luftdichten Blechbüchsen aufbewahrte. Fast täglich bereitete sich Großmutter Tee von selbst gepflückten Pfefferminzblättern oder anderen Heilpflanzen. Wenn vor Großmutters Haus die Linde duftete, erntete Maria die hellgelben Blüten von den unteren Zweigen. Bei gemeinsamen Spaziergängen lernte sie von Großmutter viele Heilkräuter kennen und konnte sogar die echte von der Hundskamille unterscheiden. Manchmal ging Maria auch allein auf die Wiesen und zu den Feldrändern, um Nachschub für Großmutters Teevorräte zu holen. Sie sammelte Blütenköpfe der Kamille gegen Entzündungen, Scharfgarbe gegen Schlaflosigkeit und Salbei zum Gurgeln. Derartige Kräuter fehlten früher in keinem Haushalt. (123 Wörter)

Übung 1
Schärfung mit ff:
Pfefferminz, treffen, Felsenriff, gaffen, Stoff, affenartig, schlaff, offen, Waffel, straff, Handgriff, Koffer, entziffern, Löffel, Kaffee, schiffbar, Offizier, bewaffnen, unverhofft, Pantoffel, Kartoffel, anschaffen, treffsicher, Giraffe, öffnen
Ordne nach Wortarten!

Übung 2
Schärfung mit ll:
Kamille, mutwillig, allmählich, gefällig, knallen, Gebrüll, Bestellung erfüllen, Kapelle, Helligkeit, ellenlang, völlig, Zollstelle, wollig, Erdwall, Gesellschaft, Wallfahrtsorte, Stall, grell
Setze in die folgenden Wörter ll oder l ein und ordne nach Silbenzahl:

Gewa____t, vielfä____tig, Mi____ion, Ka____ender,

Verwa____tung, Que____e, So____daten, Bri____e, Ze____t,

Gebe____, abschna____en, Suppenke____e, Meta____,

Mu____binden, Mo____kerei, To____kirsche, we____ig,

Wa____nüsse, Schi____d, schi____ern, Behä____ter, Ze____e

Arbeitshilfe: 12 Wörter werden mit *ll* geschrieben.

▶ Lösungsteil Nr. 6

Übung 3

Wortfamilie „pflanzen“:

pflanzen, an-, auf-, aus-, ein-, fort-, nach-, zwischen-; Pflanze, Wasser-, Blatt-, Trocken-, Garten-, Sumpf-, Schatten-, Zwiebel-, Nutz-, Zier-, Balkon-, Gemüse-, Heil-, Salat-; Pflanzenkost, -nahrung, -reich, -fasern, -schutzmittel, -züchtung, -fett, -kunde; Pflanzstock, -garten; Pflanzung, Bananen-, Kaffee-; Pflanzer, Tabak-; pflanzlich

Übung 4

Wortfamilie „schieben“:

schieben, ab-, an-, auf-, ein-, fort-, unter-, nach-, vorwärts-, ver-, vor-, zu-, zurück-; Schieber; Schiebung; Schiebetür, -dach, -fenster; Schub, Auf-, Vor-, -karre, -lade, -fach; Schubs, schubsen

11. Gartenschnecken

Nach einigen Regentagen dringt endlich die Sonne durch die Wolken. Noch sind Straßen und Wege mit Pfützen bedeckt, da drängt es die Kinder wieder ins Freie. Lena und Gerda sind in den Garten gegangen, um nach reifen Erdbeeren zu schauen. „Hier ist wohl eine Schneckenversammlung?“, ruft Lena erstaunt. Fast an allen Sträuchern sieht man gelbe, hellbraune oder lachsfarbene Schneckenhäuschen. Die meisten haben dunkelbraune Längsstreifen. Einige Schnecken kriechen mitten über die Gartenwege und hinterlassen eine silbrig glänzende Gleitspur. Diese Tiere lieben die Feuchtigkeit und sind bei regnerischem Wetter recht unternehmungslustig. „Wir veranstalten ein Schneckenwettrennen", schlägt Gerda vor. Aber als die Mädchen einige Schnecken zum Start nebeneinander setzen wollen, verkriechen sie sich in ihre kunstvoll gebauten Kalkgehäuse. Es dauert lange, bis die Erste ihre Fühler hervorstreckt und sich auf ihrem schleimigen Muskelfuß langsam in Bewegung setzt. (135 Wörter)

Übung 1

d – t:

endlich, Gleitspur, erstaunt, Start, Jagd, Fundament, blind, Pfad, unermüdlich, gemütlich, Gewalt, Wald, Brand, Branntwein, schädlich, entscheiden, Schiedsrichter, Strand, …

Setze in die nachfolgenden Lücken d *oder* t *ein und ordne dann die Wörter nach ihrer Schreibweise:*

Abschie____, Schil____kröte, win____geschützt, har____,

nör____lich, Glu____, Gedul____, brei____, lei____voll, Pfun____,

Hir____, Spor____platz, Mu____probe, Brau____, Zei____ung,

Verstan____, Bin____faden, Sturmflu____, Schlüsselbun____,

Unterschie____, Gehal____, Blu____, no____falls, Gewan____

Arbeitshilfe: In 12 Wörtern muss *d* stehen.

▶ Lösungsteil Nr. 7

Übung 2

k – ck:

Gartenschnecke, Wolken, strecken, Getränk, Brücke, Werkzeug, Imker, Blick, bedrückend, geschmackvoll, Balken, flink, flicken, verankern, Schluck, Zacken, zanken, Wecker, welken, Winkel, wickeln, Dackel, dankbar, Stärke, Stockwerk, zwinkern, zwicken, Gebäck, Gebälk, Molkerei, trocknen, packen, pauken, Schlacke, schalkhaft

Suche dazugehörige Wörter (Gartenschnecke, Schneckenhaus, Wolke, bewölkt, …)!

Beachte: Nach *l, m, n, r* steht nie *ck*.

Übung

Übung 3

Zusammengesetzte Eigenschaftswörter (Adjektive):

hellbraun, unternehmungslustig, kunstvoll, schwefelgelb, bleischwer, weitsichtig, dunkelrot, dreieckig, scharfkantig, haarscharf, zweiseitig, bärenstark, einarmig, gelbgrün, schnittfest, zuckersüß, gallebitter, freiwillig, pechschwarz, vierblättrig

Ordne die zusammengesetzten Eigenschaftswörter (Adjektive) nach der Art ihrer Bestimmungswörter (Haupt-, Eigenschafts- und Zahlwörter)!

Übung

Übung 4

Komma bei Aufzählungen:

Man sieht gelbe, hellbraune und lachsfarbene Schneckenhäuser. – Inge, Gerda und Lena spielen im Garten. – Auf dem Beet blühen Stiefmütterchen, Vergissmeinnicht, Maiglöckchen und noch andere Blumenarten. – Die Schnecken krochen über den Weg, an den Baumstämmen und auf den Sträuchern.

Bilde ähnliche Sätze mit Aufzählungen aus dem Sachgebiet „Garten“*!*

12. Das Wunder der Verwandlung

Diktat

An einer Brennnesselstaude entdeckt Sara einige dunkle, borstenhaarige Raupen mit kleinen, weißen Punkten. Auch Saras Mutter betrachtet die kohlschwarzen Tierchen und sagt dann: „Das sind Raupen des Tagpfauenauges, eines unserer schönsten Schmetterlinge.“ Das Mädchen wundert sich, dass sich ein solch hässliches Tier in einen herrlichen Falter verwandeln kann. Doch Mutter erklärt es ihr: „Zunächst hat ein Pfauenauge Eier auf den Brennnesselblättern abgelegt. Infolge der Sonnenwärme kriechen daraus bald winzige Raupen hervor. Ihre einzige Lebensaufgabe scheint es zu sein, massenhaft Blätter zu fressen. Daher wachsen sie so rasch, dass sie einige Male aus der zu eng gewordenen Haut schlüpfen müssen. Schließlich verpuppen sich die Raupen. Ohne Nahrungsaufnahme, in scheinbarer Totenstarre vollzieht sich das Wunder, dass aus dieser unansehnlichen Hülle ein zarter Schmetterlingskörper hervorbricht und seine braunen, bunt verzierten Flügel entfaltet.“ (133 Wörter)

Übung 1

Mitlauthäufung (Konsonantenhäufung):

3 gleiche Laute: Brennnessel, Schlammmassen, Stofffalte

Bilde aus folgenden Wörtern Zusammensetzungen mit drei gleichen Mitlauten!

Schiff – stiel – Bett – schnell –Sperre – Fußboden – Wolle – voll – Ballett – Schritt – schwimmen – Stoff – Metall – Krepp – Kontrolle – Fahrt – Tuch – Lauf – liegen – Länderspiel – lappen – Riegel – meisterschaft – laufen – Tanz – Tempo – Fetzen – Leiste – Papier – Lampe

Zur besseren Lesbarkeit können diese Zusammensetzungen auch mit Bindestrich geschrieben werden. (Stamm-Mutter, Bestell-Liste, …)

Nach *ck* fällt ein nachfolgendes *k* nicht fort: Rückkehr, Druckknopf, Dickkopf, Rockkragen, Strickkörbchen

Übung 2

Wörter mit pf:

Tagpfauenauge, entschlüpfen, empfehlen, pfeifen, Pfeffer, Tropfen, Zopf, verdampfen, Pflasterstein, Pfingsten, Pfarrer, Strümpfe, Gipfel, …

Füge noch andere Wörter mit pf hinzu!

Setze in folgende Wörter pf oder f ein:

schim____en, ____au, Zaun____ahl, Sa____t, ____irsich,

ver____ehlen, sto____en, ____annkuchen, ____undament,

Rhein____alz, ____ilzhut, ____ütze, san____t, Ge____ängnis,

Kar____en, Eisen____eile, ____eucht, ____lücken

Arbeitshilfe: 10 Wörter werden mit *pf* geschrieben.

▶ Lösungsteil Nr. 8

Übung 3

Dehnung duch eh:

unansehnlich, Lehm, benehmen, Rotkehlchen, Befehl, Lehrer, abwehren, ehrlich, ausdehnen, Stuhllehne, verkehrt, mehlig, Mehrzahl, stehlen, Fehler

Bilde davon abgeleitete Wörter (unansehnlich, Sehschärfe, …)!

Übung

Übung 4

Wörter mit aa:

borstenhaarig, Staat, Saat, Paar, paar, Aas, Waage, Aachen, Saar, Maas, Saale, Saarbrücken

Schreibe zu den Wörtern (borstenhaarig – Waage) davon abgeleitete oder damit zusammengesetzte hinzu (borstenhaarig, Haar, Härchen, ...)!

13. Katzenbesuch in der Klasse

Diktat

In der letzten Biologiestunde sprach der Lehrer vom Körperbau der Katze. Daher erlaubte er Max, am nächsten Tage seine Katze zur Schule mitzubringen. Max trug Möhrchen, so nannte er die schwarze Katze, liebevoll auf dem Arm in die Klasse. Zunächst guckte sich Möhrchen neugierig die so ungewohnte Umgebung an. Dann durfte die vierbeinige Besucherin durch die Klasse laufen. Obwohl die Kinder angestrengt lauschten, konnten sie keinen Laut beim Tapsen der Katze hören. „Eine Katze geht auf ihren Ballen wie auf ganz weichen Pantöffelchen", sagte der Lehrer. Als sich das Tierchen in eine dunkle Schrankecke verkroch, konnten die Kinder erkennen, wie sich die Pupillen weiteten. Danach schüttete Max etwas Milch in ein Schüsselchen, die Möhrchen mit der schmalen, rosigen Zunge rasch aufleckte. Dann konnte die Katze wieder heimgebracht werden. (132 Wörter)

Übung

Übung 1

ng – nk:

angestrengt, Schrankecke, verdrängt, Hengst, Angst, Schlingpflanze, Punkt, verjüngt, geschenkt, Zinkeimer, gehinkt, Sperling, Buchfink, angehängt, ...

Bilde Reihen:

Schrank, Kl_______, Tr_______, Zw_______, Ges_______,

schl_______, Anf_______, Ölt_______, Abh_______, Z_______,

D_______, b_______, Str_______, kr_______, Gartenb_______,

bl_______, Aussch_______, l_______

(1. Reihe: 8 Wörter mit *ng*);

eng, str________, Gel________, Gesch________
(2. Reihe: 2 Wörter mit *nk*);

Fink, Her________, Frühl________, fl________, Zwill________,

W________, R________, ger________
(3. Reihe: 5 Wörter mit *ng*);

jung, Tr________, Spr________, Str________, Schw________,

Rundf________, Änder________, Pr________
(4. Reihe: 4 Wörter mit *nk*)

► Lösungsteil Nr. 9

Übung 2
bs – ps – bst – pst:

tapsen, Klaps, Erbse, Papst, hopsen, Raps, Obst, Schlips, Herbst, Kapsel, Stöpsel, schubsen, Krebs, Gips, Propst, Mops, Schnaps, Klops, Knirps
Ordne die Wörter nach ihrer Schreibweise (b – p) und füge zugehörige Wörter hinzu (tapsen, tapsig, ...)!

Übung 3
Aufeinanderfolge gleicher Mitlaute (Konsonanten) bei Zusammensetzungen:

Unterricht, Vorrat, lehrreich, Stuhllehne, abbauen, Aufführung, zerreißen, annähen, Ziellinie, aussuchen, enttäuschen, Sprunggrube, gelbbraun, Laubbaum, verreisen, zahllos, Fahrrad, Reittier, hinnehmen, erreichen, ...
Schreibe ähnliche Zusammensetzungen! Benutze dazu besonders die Vorsilben er-, ver-, zer-, ent- und die Verhältniswörter vor, ab, auf, mit, aus!

Übung 4
Zeitwörter (Verben) werden Hauptwörter (Substantive):

beim Tapsen, beim Sehen, im Laufen, vom langen Wandern, richtiges Rechnen, mühevolles Arbeiten, das Sprechen, während des Turnens, nach dem Spielen, vom lauten Schreien, fleißiges Lernen
Bilde Sätze aus dem Bereich der Schule, in denen Zeitwörter (Verben) mit großem Anfangsbuchstaben geschrieben werden!

14. Die verschwundene Eintrittskarte

Ein bedeutendes Zirkusunternehmen war dabei, am Stadtrand seine Zelte aufzuschlagen. An den Kassenwagen kauften schon viele Leute Karten für die ersten Vorstellungen. Auch Leons Mutter hatte Eintrittskarten im Vorverkauf geholt und sie auf den Wohnzimmertisch gelegt. Doch als sie Leon die Karten zeigen wollte, erschrak sie, denn die roten Zettel waren verschwunden. An sämtlichen Stellen des Wohnzimmers wurde eifrig gesucht. Nur Strolch, dem Dackel, machte das Suchen Spaß. Sichtlich freute er sich, als Mutter und Leon auf den Knien durchs Zimmer krochen und unter die Möbelstücke schauten. Aber alle Mühe war vergeblich. Erst abends entdeckte Leon Reste der roten Eintrittskarten in Strolchs Körbchen. Anscheinend hatte der Wind die Zettel vom Tisch geweht, und Strolch hatte sie fast vollständig aufgefressen. Sicherlich hatte der Dackel etwas gegen den Zirkusbesuch. (130 Wörter)

Übung 1
Schwierige Mehrzahlbildungen (Pluralbildungen):

Zirkus – Zirkusse, Lehrerin – Lehrerinnen, Kürbis – Kürbisse, Atlas – Atlasse/Atlanten, Hindernis – Hindernisse

Bilde von den folgenden Wörtern die Mehrzahl: Autobus, Globus, Zeugnis, Künstlerin, Bildnis, Reiterin, Turnerin, Krokus, Gefängnis, Ergebnis, Sportlerin, Iltis, Bündnis, Meisterin, Geständnis, Rheinländerin

Übung 2
Von Tageszeiten und Tagesnamen abgeleitete Umstandswörter (Adverbien):

abends, mittags, vormittags, nachmittags, nachts, morgens, sonntags, werktags, montags, mittwochs

Bilde Sätze!

Übung 3
Selbstlaute (Vokale) können abgetrennt werden:

Einzelne Vokalbuchstaben am Wortanfang oder -ende werden nicht abgetrennt, auch nicht bei Zusammensetzungen: Abend, Kleie, Ju – li – abend, Bio – müll

Trenne folgende mehrsilbige Wörter: Abendessen, Ebene, Elefant, Irene, Ahornblätter, Akazie, Eberesche, Arabien, Edelstahl, Italien, Osterfest, übersetzen, Oberleitung, Amerika, abenteuerlich, Adele

Übung

Übung 4
Komma vor „wenn":
Strolch freut sich, wenn Erich mit ihm Gassi geht. – Wir schauen zu, wenn der Zirkus seine Zelte aufschlägt. – Es wäre schön, wenn du bald kämst.
Bilde ähnliche Sätze!

15. Der Dackel als Friedensstifter

Diktat

Julia und Leonie schienen unzertrennliche Freundinnen zu sein. Täglich sah man sie gemeinsam auf dem Schulweg. Nachmittags spielten sie bei günstiger Witterung fast regelmäßig im Garten. Am ausgelassensten war dann jedesmal Axel, Julias langhaariger Dackel. Er freute sich sichtlich, der Dritte im Bunde zu sein und mit den beiden Mädchen herumzutoben. Doch eines Tages hatten sich Julia und Leonie heftig gezankt und gingen sich seitdem aus dem Wege. Monate waren vergangen. Wieder einmal lief Julia zum Einkaufen in die Stadt. Wie üblich hatte sie Axel mitgenommen. Plötzlich zerrte der Hund an der Leine, bellte und jaulte. Er hatte auf der Straße Leonie entdeckt, sprang an ihr hoch und wedelte vor lauter Wiedersehensfreude mit dem Schwanz. Nun mussten beide Mädchen lachen. Der anhängliche, krummbeinige Dackel hatte sie wieder versöhnt. (132 Wörter)

Übung

Übung 1
Schärfung mit mm:
zusammen, krummbeinig, stramm, jammern, verschimmelt, Klammer, kummervoll, kämmen, Stimme, sommerlich, ...
Setze in die Lücken folgender Wörter mm oder m ein:

tra_____peln, Ha_____er, Tro_____pete, Ka_____eradschaft,

Bodenka_____er, Bahnda_____, Da_____hirsch, versa_____eln,

Sa_____t, Sa_____stag, Ko____pass, Ko_____ode, Absta_____ung,

Fortsetzung Seite 36

sta_____pfen, wi_____ern, Wi_____pel, Ru______, du______,

Tu_____elplatz, Tü_____pel

Arbeitshilfe: 9 Wörter werden mit *mm* geschrieben.
▶ Lösungsteil Nr. 10

Übung 2

e – ä:
regelmäßig, anhänglich, eng, ängstlich, Schärpe, Stängel, derb, schmelzen, kentern, Geländer, Sperber, Gerste, Getreideähre, März, Verspätung, umkrempeln, Glasscherben, Anstrengung, abwärts, ...
Setze ä oder e in die folgenden Wortlücken ein:

Tr____ne, Tr____nnung, H____ft, H____ftling, Erk____ltung,

Suppenk____lle, Z____hlung, Z____ltplatz, abgegr____nzt,

bekr____nzt, verl____tzt, L____tzchen, H____nne, H____ndler,

Sch____llengeläute, absch____len, Gef____lligkeit, schr____g,

Schr____ck, abs____gen, s____gensreich, p____chschwarz,

P____chter, Feldl____rche, L____rchenzweig, Gest____nge,

Blütenst____ngel, qu____len, Qu____lle

Arbeitshilfe: In 16 Wörtern fehlt *ä*.
▶ Lösungsteil Nr. 11

Übung 3

Weibliche Standes- oder Berufsbezeichnungen mit der Nachsilbe -in:
Freundin, Lehrerin, Schülerin, Kellnerin, Verkäuferin, Schneiderin, Schauspielerin, Meisterin, Läuferin, Künstlerin, Arbeiterin, ...
Setze die Reihe fort und bilde davon die Mehrzahl (Freundin – Freundinnen, Lehrerin – Lehrerinnen, ...)!

Übung 4
seid – seit:

Ihr seid – Seid ihr allein gekommen? – Ihr seid sicherlich hungrig. – Seid willkommen! „seid“ = 2. Person Mehrzahl des Zeitwortes „sein“ seitdem, seither, seit vorgestern, seit Sonntag, seit vielen Jahren, seit Weihnachten (Hier handelt es sich um Zeitangaben.)

16. Rehkitz in Pflege

Eines Tages fand Revierförster Hartmann ein verendetes Reh in einer Drahtschlinge, die gewissenlose Wilderer gelegt hatten. Zitternd und halb verhungert stand ein Kitz neben dem toten Muttertier. Behutsam näherte sich der Förster dem verwaisten Jungtier. Als er wie eine Ricke durch Fiepen das Rehkind heranlockte, nahm er es liebevoll auf den Arm und trug es ins Forsthaus. Obwohl ein Kitz schwer aufzuziehen ist, schaffte es der Revierförster. Ute, seine Tochter, half ihm täglich gewissenhaft bei der Tierpflege. Bald hatte sich das Rehlein so an Ute gewöhnt, dass es ihr freundlich entgegensprang und an ihrer Seite blieb. Auch während der Mahlzeiten wich das Rehkitz nicht von Utes Seite. Im Laufe der Zeit war das Reh groß und kräftig geworden, aber der Förster konnte es nicht wieder in die Freiheit seiner Waldheimat entlassen, da es zahm geworden war. (139 Wörter)

Übung 1
Dehnung durch uh:

Stuhl, Fuhre, Ruhm, Uhr, Huhn, Ruhr

Setze in die Lücken folgender Wörter uh oder u ein:

Sp____le, ____rwald, Armband____r, Meeresfl____t, Tr____bel,

Fl____gzeug, j____beln, F____rwerk, Lehnst____l, H____feisen,

R____derboot, R____rgebiet, P____del, r____mvoll, Feldh____n,

Hausfl____r, ____rlaub, ____rwerk, m____tig

Arbeitshilfe: In 7 Wörtern steht *uh*.

▶ Lösungsteil Nr. 12

Übung 2

Eigenschaftwörter (Adjektive) mit der Nachsilbe -haft:

gewissenhaft, boshaft, jungenhaft, traumhaft, zauberhaft, sündhaft, schmackhaft, nahrhaft, …

Verbinde folgende Wörter mit der Nachsilbe -haft: Schmerz, krank, naschen, glauben, Fehler, zagen, Scham, ernst, Spaß, Namen, lachen, Sprung, wohnen, Meister, Vorteil, leben, Mann, Tugend, Schuld, Traum, Geschmack

Übung 3

ai – ei:

verwaist, Freizeit, Heimat, Mai, seitwärts, Violinsaite, Schleier, Blei, Hain, Eiter, Kaiser, heilig, Haifisch, steinig, Heidekraut, Trauerweide, Waisenhaus, Rheinwein, entleihen, Mais, Reisbrei, Main, Verzeihung, heidnisch

Ordne die Wörter nach ihrer Schreibweise (ai – ei) und füge zugehörige Wörter hinzu (verwaist, Waisenkinder, Vollwaise, …)!

Übung 4

Kommas beim Beisatz:

Ute, seine Tochter, half tüchtig. – Herr Hartmann, unser Revierförster, fand ein verendetes Reh. – Hanna und Leandra, meine Mitschülerinnen, haben viele Steinpilze gefunden.

Schreibe ähnliche Sätze aus dem Bereich des Waldes!

17. Marienkäfer

Nur wenige Tiere sind bei allen Menschen so beliebt wie die Marienkäfer. Niemand wird diesen kleinen, hübschen Gesellen etwas zuleide tun. Außerdem sind Marienkäfer sehr nützlich, denn sie und ihre Larven ernähren sich ausschließlich von schädlichen Blattläusen. Es sieht spaßig aus, wenn diese fast halbkugelförmigen Insekten mit ihren dünnen Beinchen vorwärtstrippeln oder munter an Halmen und anderen Pflanzenteilen emporklettern. Wegen der roten, mit schwarzen Punkten verzierten Flügeldecken fallen die Marienkäfer auf Gräsern oder Blättern leicht auf. Auch Brigitte hat auf einem Stachelbeerstrauch einen rotbefrackten Käfer entdeckt und setzt ihn liebevoll auf die Hand. Doch der kleine Kerl stellt sich tot. Dann eilt er plötzlich über die Handfläche bis zu den Fingerspitzen. Hier spreizt er seine Flügeldecken, entfaltet die Hautflügel und fliegt ein kurzes Stück bis zum nächsten Strauch. (131 Wörter)

Übung 1

e – ä:

Marienkäfer, Geselle, ernähren, schädlich, Insekt, vorwärts, klettern, Handfläche, Flügeldecke, stellen, Erbschaft, Änderung, sterblich, Verspätung, trennen, Träne, Stängel, behände

Bilde damit zusammengesetzte und davon abgeleitete Wörter!
Vervollständige die folgenden Wörter zu Reihen:

Geselle, B__________, Flutw__________, Hühnerst__________,

Baust__________, Schw__________, K__________, Wasserf__________,

Kap__________, Sch__________, For__________
(1. Reihe: 3 Wörter mit *ä*);

behände, W__________, Sp__________, Arbeitsh__________,

Lebens__________, Gel__________, St__________, Verb__________,

Leg__________, Bl__________, Br__________
(2. Reihe: 6 Wörter mit *ä*)

► Vergleiche dann im Lösungsteil Nr. 13.

Übung 2

z – tz:

nützlich, Pflanzen; Schwarz, setzen, plötzlich, Fingerspitzen, heizen, Blitz, schmerzlich, Salz, Weizen, Spritze, Pelzmantel, glänzen, Wurzel, Dutzend, Schmalz, kitzeln, schwitzen, schmutzig, Panzer, hetzen, Hustenreiz, witzig, Waldkauz, scherzen, blinzeln, Spaziergang, geizig, Tatze, Schnauze, kratzen, Sülze, Gewürz, Facharzt, Hausputz, Sitzplatz, Schnitzel, stolzieren, Wachskerze, bekränzt, Verletzung, spreizen.

Ordne die Wörter nach der Schreibweise ihres z-Lautes und beachte den jeweils davorstehenden Buchstaben!

Übung 3

f – v:

Marienkäfer, Larven, fast, vorwärts, verziert, Flügel, fallen, Frack, entfalten, fliegen, Vieh, er fiel hin, vielleicht, folgen, vollständig, fortlaufen, Frost, Vetter, …

Setze in die Lücken folgender Wörter f oder v ein:

ge____ährlich, ____ollmond, Schnee____locken, Groß____ater,

____ertig, ____ergissmeinnicht, ____lüssigkeit, ____olk, bra____,

bestra____en, Haarschlei____e, ____ordergrund, ____orderung,

Ner____, stei____, ____ierzig, ____eilchen, ____eilen, Gusta____,

Gedicht____ers, ____er____olgung, ____orläu____ig, ____orscher,

Rind____ieh, Kie____ernwäldchen, ____ohlen, Sing____ogel,

____rühstück

Arbeitshilfe: In 15 Lücken muss *v* eingesetzt werden.

► Lösungsteil Nr. 14

Übung 4

Wortfamilie „Form“:

Form, Kuchen-, Back-, Blüten-, Blatt-, Hut-, Kugel-, Lebens-, Guss-, Körper-, Holz-, -sache, -schönheit, Former, Formung, formen, aus-, ab-, nach-, vor-; formschön, -los, formenreich, kugelförmig, stern-, tropfen-, ei-, kasten-, luft-, kegel-, un-, kreis-, förmlich

18. Hansi ist für Körperpflege

Hansi ist ein munterer, singfreudiger Kanarienvogel. Täglich sorgt Johannes für den gefiederten Sänger und schüttet frisches Futter und sauberes Wasser in die Porzellannäpfchen. Gelegentlich reizt es Hansi, das Trinkgefäß als Waschschüssel zu benutzen. Dann pickt er mit dem Schnabel ins Wasser und benetzt sein Federkleid. Eines Tages hängt Johannes ihm ein gläsernes Badehäuschen an das Drahtgestänge des Käfigs. Schon nach wenigen Sekunden hüpft Hansi auf den Rand seiner neuen Badeanstalt, beäugt das Glashäuschen und ist sogleich mitten im Wasser. Nun veranstaltet Hansi einen Freudentanz, taucht den Schnabel ein und flattert mit den Flügeln, dass das Wasser nach allen Seiten spritzt. Endlich hüpft er auf eine Sitzstange, plustert die Federn auf und streicht sie mit dem Schnabel glatt. Nun fühlt sich Hansi doppelt wohl. (127 Wörter)

Übung 1

t als Gleitlaut vor der Nachsilbe -lich:

gelegentlich, eigentlich, öffentlich, wöchentlich, versehentlich, ordentlich, namentlich, wesentlich, hoffentlich, unkenntlich
aber: morgendlich, abendlich, jugendlich, endlich
Ordne die Wörter alphabetisch und bilde damit Sätze!

Übung 2

Wortreihe „Draht":

Drahtgestänge, -korb, -glas, -rolle, -geflecht, -zaun, Stachel-, Leitungs-, Blumen-, Eisen-, Kupfer-, Maschen-, Telegrafen-

Übung 3

Zusammengesetzte Eigenschaftswörter:

(Das Bestimmungswort ist ein Zeitwort)
singfreudig, schwimmfähig, redegewandt, lesehungrig, wissbegierig, schreibfaul, schaffensfroh, sterbenskrank, denkfaul, lebensmüde, rauflustig, sehenswert, gehbehindert, fahruntüchtig, gleitfähig, rutschfest, wanderfroh, lernwillig
Füge zu den Eigenschaftswörtern (Adjektiven) passende Hauptwörter (Substantive) hinzu! (singfreudige Kinder, ...)

Übung 4

Komma vor dass:

Er flattert mit den Flügeln, dass das Wasser nach allen Seiten spritzt. – Hansi freut sich, dass er jetzt ein schönes Badehäuschen hat.
Bilde ähnliche Sätze mit dem Bindewort „dass" (Johannes wartet darauf, dass ... – Der Vogel sieht, dass ...)!

19. Fliegende Laternchen

An einem wolkenlosen Junisonntag sind Wolfgang und Lisa mit den Eltern durch die mit jungem Grün belaubten Wälder gewandert. Sie sind auf dem Heimweg. Rasch ist die Dämmerung angebrochen und die Rotfärbung des Himmels wechselt ganz allmählich ins Violette. Unter dem Blätterdach des Waldes dunkelt es bereits. Da schweben plötzlich zwei hellgelbe Lichtlein vor ihnen her, sinken herab und heben sich wieder. „Was ist das?“, fragt Lisa etwas ängstlich. „Glühwürmchen!“, rufen die Eltern fast gleichzeitig. Wolfgang gelingt es, eins der leuchtenden Tierchen zu erhaschen. Vorsichtig schaut er nach seinem seltsamen Gefangenen. Es ist ein dunkler, geflügelter Käfer, der mit seinem Leuchtorgan am Hinterleib Wolfgangs Handfläche ein wenig erhellt. Mit zunehmender Dunkelheit sehen sie noch mehr Laternchen durch die Luft fliegen. Da entlässt auch Wolfgang seinen Leuchtkäfer zum munteren Lichterreigen der Artgenossen. (133 Wörter)

Übung 1

Eigenschaftswörter (Adjektive) mit der Nachsilbe -sam:

seltsam, sparsam, einsam, gemeinsam, gehorsam, langsam, geruhsam, …

Verbinde folgende Wörter mit der Nachsilbe -sam: wachen, Wunder, achten, biegen, Mühe, kleiden, fügen, streben, Sitte, arbeiten, schweigen, Furcht, bedeuten

Übung 2

Hauptwörter (Substantive) mit der Nachsilbe -heit:

Dunkelheit, Gemeinheit, Einheit, Schönheit, Torheit, Kindheit, Schlauheit, Christenheit, …

Verbinde folgende Wörter mit der Nachsilbe -heit: frei, Mensch, Gott, selten, Narr, sicher, klug, dumm, frech, gesund, krank, schwach, rein, gewiss, bestimmt, grob

Beachte: Wörter mit der Nachsilbe *-heit* sind Hauptwörter!

Übung 3

Kleinschreibung von Mengenbezeichnungen:

ein wenig, ein bisschen, ein paar Kinder (aber: ein Paar Handschuhe, ein Paar Strümpfe – je zwei gehören zusammen)

Bilde Sätze mit den angegebenen Mengenbezeichnungen! (Wir wollen ein wenig zuschauen. – Darf ich ein bisschen spielen?)

Übung

Übung 4

Wortfamilie „Angst“:

Angst, Todes-, Prüfungs-, -hase, -gefühl, -schweiß, -schrei; Ängstlichkeit, Ängstigung; ängstlich; verängstigt; sich ängstigen

Wortfeld „ängstlich“:

ängstlich, bange, feige, mutlos, furchtlos, verzagt, kleinmütig, schreckhaft, scheu, schüchtern, zaghaft, übervorsichtig, angstvoll, beklommen

20. Die Schwanenburg in Kleve

Diktat

Wer zum Niederrhein fährt, wird nicht versäumen, sich die noch immer trotzig anmutende Schwanenburg am Steilhang des Klever Höhenzuges anzuschauen. Besonders wuchtig wirken die von Zinnen umgebenen Türme. Der höchste von ihnen trägt als Wetterfahne über seiner achteckigen Turmhaube das Wahrzeichen der Burg, einen Schwan. Er soll an den sagenhaften Schwanenritter erinnern, den die Grafen von Kleve als ihren Ahnherren betrachten. Wenn man durch das breite Tor den Innenhof der Burg betritt, schaut man auf einen ehemals bedeutsamen Platz mittelalterlichen Lebens. Vor Jahrhunderten fanden hier farbenprächtige Ritterspiele statt, Minnesänger schritten über den Burghof, und Ritter zogen zur Jagd in den nahen Reichswald. Später weilte der große Kurfürst oft und gern auf der Schwanenburg. Höhenburgen sind in Nordwestdeutschland eine Seltenheit. Daher ist es besonders schön, dass uns die Klever Burg erhalten blieb. (135 Wörter)

Übung

Übung 1

Schärfung mit nn:

Zinnen, erinnern, Minnesänger, brennbar, spinnen, Innenraum, anspannen, dünn, Pfennig, Brunnen, Gewinn, Erkennungszeichen, sonnig, Pfannkuchen, sinnlos, Antenne, Kaffekanne, wonnig, ...

Setze in die Lücken folgender Wörter nn oder n ein und ordne anschließend nach Wortarten:

gü____stig, gö____en, Erke____tnis, spi____deldürr,

Spi____weben, Tre____ung, Trä____e, Kü____stler, kö____en,

Fortsetzung Seite 44

Dachri____e, Baumri____de, Ma____schaft, jema____d,

ma____chmal, Ka____te, beka____t, Ki____ , Ki____o,

Holzspa____, Spa____ung

Arbeitshilfe: 10 Wörter werden mit *nn* geschrieben.

▶ Lösungsteil Nr. 15

Übung 2

Von Städtenamen abgeleitete Eigenschaftswörter (Adjektive):

Von erdkundlichen Namen abgeleitete Wörter auf *-er* (Köln*er* Dom) schreibt man immer groß, die von erdkundlichen Namen abgeleiteten Eigenschaftswörter auf *-isch* (köln*isch*) schreibt man klein, wenn sie nicht fester Bestandteil eines Namens sind (Beispiel: kölnisches Bier, aber: Kölnisch Wasser).

a) Gebäude- und Gebietsbezeichnungen: die Klever Burg, der Klever Höhenzug, der Kölner Dom, der Düsseldorfer Hauptbahnhof, die Münchner Frauenkirche, im Würzburger Schloss, …

b) Bezeichnungen für Nahrungs- und Genussmittel: Lübecker Marzipan, Königsberger Klopse, Frankfurter Würstchen, Rüdesheimer Wein, Dortmunder Biere, Kieler Sprotten, Wiener Schnitzel, …

Setze die Reihen fort!

Übung 3

Wortfamilie „jagen“:

jagen, ab-, auf-, fort-, weg-, ver-, hinein-, entlang-, vorbei-; Jagd; Hasen-, Fuchs-, Treib-, Hubertus-, Verfolgungs-, Verbrecher-, Enten-, -aufseher, -schein, -revier, -hund, -gewehr, -horn, -pächter, -haus, -wagen, -frevel, -beute, -flugzeug, -staffel, -hütte, -recht; Jäger, Sonntags-, -hütchen, -latein; Jagen (forstwirtschaftl. Gebiet); jagdbar

Übung 4

Wortfamilie „wahr“:

wahr, un-, ver-lost, -haft, -haftig, -scheinlich, -nehmbar, -heitsliebend, -heitsgemäß, -heitstreu, -lich, -nehmen, -sagen, ver-losen, be-en, aufbe-en, ver-en, be-heiten; gewähren; Wahrsagerin, -zeichen, -haftigkeit, -heit, -scheinlichkeit; Währung, Gold-; Währungsreform; Bewährung; Bewährungsfrist, -helfer

aber: Ware, Warenhaus, Fleischwaren, ich war, wir waren, ihr wart

21. Städte im Ruhrgebiet

Diktat

Wer heutzutage mit Eisenbahn oder Auto von Duisburg nach Dortmund fährt, wird fast ständig an Häuserreihen oder Fabrikgebäuden vorüberkommen. Dabei entsteht der Eindruck, als durchquere man eine einzige Stadt von riesenhaften Ausmaßen. Niemand wird bei dieser Fahrt genau angeben können, wie weit jeder einzelne Stadtbezirk reicht, durch den sein Weg führt. Noch am Ende des vorigen Jahrhunderts gab es hier nur unbedeutende Orte mit wenigen tausend Einwohnern. Damals bewohnte ein wesentlicher Teil der Menschen des Ruhrgebietes Dörfer, bearbeitete Felder und betrieb Viehwirtschaft. Die Kohle wurde in immer größerem Umfang für die sich rasch entfaltende Industrie benötigt. Daher mussten hier überall Wiesen und Äcker für die Errichtung von Wohn- und Arbeitsstätten Platz machen. Innerhalb weniger Jahrzehnte dehnten sich diese Orte zu Großstädten aus, die ihre Bedeutung der Steinkohle verdanken.

(131 Wörter)

Übung 1

Übung

Hauptwörter (Substantive) mit der Nachsilbe -schaft:

Viehwirtschaft, Landwirtschaft, Gemeinschaft, Gesellschaft, Gewerkschaft, Mannschaft, Patenschaft, Schülerschaft, Eigenschaft, Freundschaft, Kameradschaft, Landschaft, Gefangenschaft, Arbeiterschaft, Lehrerschaft, Bauernschaft, Knechtschaft, Schulpflegschaft, Dienerschaft

Ordne die Wörter alphabetisch!

Übung 2

Übung

Wörter mit qu:

durchqueren, Quelle, Qual, quietschen, quaken, Quark, quieken, Qualm, bequem, quetschen, Quader, Quartier, Quarz

Bilde davon abgeleitete Wörter (durchqueren, quer, Querbalken, ...)!

Beachte: In Wörtern mit *qu* gibt es kein Dehnungs-h!

Übung 3

Übung

Wortreihe „Industrie":

Industrie, Schwer-, Textil-, Nahrungsmittel-, Leder-, Schuh-, Glas-, Tabak-, Papier-, Auto-, Eisen-, Holz-, -gebiet, -stadt, -erzeugung, -arbeiter

Schreibe eine Wirtschaftsübersicht deines Heimatbezirks (Textilindustrie in ...; Eisenindustrie in ...)!

Übung 4
Städte – Stätte:
Arbeitsstätte, Großstädte, Wohnstätte, Handelsstädte, Industriestädte, Heimstätte, ...
Setze folgende Wörter mit „Städte" oder „Stätte" zusammen:
Werk, klein, Lager, Regierung, Kreis, Grab, Brand, Hafen, Ruhe, Gast, Haupt, schlafen, Feuer, pflegen, Grenze, Industrie, Kampf, Sport
▶ Lösungsteil Nr. 16

22. Vor dem Kölner Dom

Die Kinder des 5. Schuljahres sitzen frohgemut im Eisenbahnabteil. Sie fahren mit ihrer Lehrerin ins Siebengebirge. Der Zug nähert sich Köln. Deutlich sind schon die Umrisse des Domes zu sehen. Am Hauptbahnhof müssen die Kinder umsteigen. Da haben sie etwas Zeit, sich den Dom anzusehen. Nur Vanessa war schon einmal mit den Eltern in Köln. Die anderen staunen gewaltig, als sie die Bahnhofshalle verlassen und das berühmte Gotteshaus in voller Größe erblicken. „Der Dom ist bestimmt doppelt so hoch wie unsere Pfarrkirche", meint Jessica. „160 Meter sind hier die Türme hoch", erklärt die Lehrerin. „Da haben die Bauleute aber viele Jahrzehnte schaffen müssen!", denkt Peter. Am Chor des Domes steht ein Gerüst. Häufig müssen Ausbesserungsarbeiten vorgenommen werden, denn der Sandstein verwittert leicht. Vor der Rückfahrt haben die Kinder Zeit, auch das Kircheninnere zu besichtigen. (138 Wörter)

Übung 1
Schärfung mit rr:
Pfarrkirche, herrlich, Irrtum, schnurren, Geschirr, schwirren, starr, Zigarre, knurrig, surren, Schubkarre, irrtümlich, Schnurrbart, beherrschen, wirr, stärrisch, scharren, dürr, Herrscher, zerren, Verwirrung, verdorren
Ordne nach Wortarten!

Übung 2
Schärfung mit ss:
Ausbesserungsarbeiten, Umrisse, verlassen, müssen, aufessen, vermissen, hassen, Messe, Genossenschaft, Wissenschaft, lässig, fesseln, ...
Setze in die Lücken folgender Wörter ss oder s ein:

Mu____kel, gewi____enhaft, Wei____heit, Bela____tung,

Entla____tung, verpa____en, rie____ig, ri____ig, erfa____en,

Pflanzenfa____ern, Se____el, E____ig, Ma____ke, Ma____e,

Rö____chen, Ra____e, flü____tern, flü____ig

Arbeitshilfe: 9 Wörter werden mit *ss* geschrieben.

▶ Lösungsteil Nr. 17

Übung 3

Dehnung durch ah:

Fahrt, Jahrhundert, Zahlung, Stahl, Kahn, ermahnen, Wahrheit, zahm, Draht, Prahlhans, Mahlzeit, ahnungsvoll, Pfahlbau, Dahlien, Bilderrahmen, Gefangennahme

Bilde Reihen:

Gefahr, St____, P____, J____, unw____, kl____, Sch____, H____,

S____, g____, r____

(1. Reihe: 2 Wörter mit *ah*, 5 Wörter mit *a*, 3 Wörter mit *aa*);

Aal, schm____, Str____, k____, Z____, Sch____, St____, Merkm____,

Mittagsm____, Kan____, S____, Pf____, Schicks____, Sign____,

T____, Landtagsw____, Qu____

(2. Reihe: 7 Wörter mit *ah*, 8 Wörter mit *a*, 1 Wort mit *aa*);

Zahn, Schw____, B____, K____, Ork____, Fas____, H____, Kr____,

Pl____, Lebertr____, W____, Holzsp____

(3. Reihe: 4 Wörter mit *ah*, 7 Wörter mit *a*)

Beachte: Die Dehnung *ah* steht nicht hinter mehreren Mitlauten. Allerdings gibt es ein paar Ausnahmen (Stahl, prahlen, Draht). *St* und *pf* gelten nur als ein Mitlaut (Stahl, Pfahl).

▶ Vergleiche mit Nr. 18 im Lösungsteil.

Übung

Übung 4

Langes o ohne Dehnungszeichen:

Dom, Probe, Mode, Motorrad, Schote, Zone, Erholung, betonen, Schmorbraten, Königsthron, Nordpol, erfroren, Montag, hobeln, Strom, Bienenhonig, ...

Setze in die Lücken folgender Wörter o, oo oder oh ein:

b____ren, Kr____ne, abh____len, H____lweg, verb____gen,

M____nkuchen, R____twein, M____nat, Patr____ne, M____s,

____ne, M____t____rb____t, Kan____ne, Verl____bung,

bew____nen, Ziehharm____nika, M____rland, Gummis____le,

versch____nen, Z____, F____len

Arbeitshilfe: 12 Lücken müssen mit *o*, 7 mit *oh* und 4 mit *oo* ausgefüllt werden.

▶ Vergleiche mit Nr. 19 im Lösungsteil.

Beachte: Dehnungs-h steht nur vor *l, m, n* und *r*.

23. Blick vom Drachenfels

Diktat

Nach einer schönen Wanderung ist die 6. Klasse soeben auf dem Drachenfels angekommen. Geschwind suchen sich alle Kinder an der Begrenzungsmauer einen guten Aussichtsplatz. Alle freuen sich, dass sie eine so klare Sicht haben. „Oh, geht das steil hinunter!“, ruft Lea. Wie eine Spielzeuglandschaft sieht das Rheintal aus. Der breite Strom erscheint wie ein graues, in der Sonne silbern funkelndes Seidenband. Motorschiffe und Schleppkähne sind so klein, dass man sie hauptsächlich durch ihr Kielwasser bemerkt. Nur ein Ausflugsdampfer fällt wegen seiner weißen Farbe besser auf. „Da, ein Zug!“, ruft Kevin und zeigt auf das jenseitige Ufer. „Der kriecht wie eine Raupe“, entgegnet Julia lachend. Auf der Rheinuferstraße erkennen die Kinder lange Autoschlangen. „Schaut einmal, dort hinten sieht man den Kölner Dom!“, ruft Nicole. Immer wieder entdecken die Kinder etwas Neues. (133 Wörter)

Übung 1

Langes u ohne Dehnungsbezeichnung:

Ausflug, Rheinufer, Schnur, Spule, Eigentum, Figur, Frisur, Hausflur, mutwillig, Badekur, verurteilen, Trubel, Hauptschule, Puter, …

Setze in die Lücken folgender Wörter u oder uh ein:

N____del, ____rmacher, K____rhaus, Treppenst____fen,

Apfelm____s, Christent____m, j____beln, Schw____r, bl____tig,

____rbar, Heldenm____t, Schloßr____ine, Dress____r,

Polsterst____l, r____mreich, R____ne, Zwergh____n, Tr____thahn,

F____rmann, Wasserfl____ten

Arbeitshilfe: Nur 5 Wörter werden mit *uh* geschrieben.

▶ Vergleiche mit Nr. 20 im Lösungsteil

Übung 2

Zusammensetzungen mit Bindungs -s:

Begrenzungsmauer, Ausflugsdampfer, Aussichtsturm, Arbeitszeit, Wirtshaus, Gesellschaftsfahrt, Bahnhofsvorplatz, mannshoch, ehrfurchtslos, Lieblingsbeschäftigung, … *Setze die Reihe fort!*

Setze folgende Wortpaare zusammen und prüfe, wo das Bindungs-s eingefügt werden muss: Unterricht – Stunde, Gericht – Sitzung, Rat – Haus, Volk – Tanz, Frühling – Anfang, Arbeit – eifrig, Geburt – Stunde, Hering – Salat, Blut – Wurst, Fabrik – Arbeiter, Schmetterling – Raupe, Alter – schwach, Abschied – Geschenk, Leben – froh, Sport – Fest, Rind – Fleisch, Vorrat – Lager, Burg – Ruine, Geduld – Probe, Hand – breit

▶ Lösungsteil Nr. 21

Übung 3

Großschreibung von Eigenschaftswörtern (Adjektiven) nach Mengenbezeichnungen:

etwas Neues, nichts Warmes, viel Erfreuliches, wenig Gutes, eine Menge Süßes, alles Gute, …

Setze andere Eigenschaftswörter (Adjektive) hinter Mengenbezeichnungen und bilde Sätze!

Übung 4
Wortfamilie „Haupt“:
Haupt, Ober-, -mann, -sache, -straße, -stadt, -leute, -bahnhof, -post, -schule, -lehrer, -eingang, -satz, -wort, -fehler, -wache, -merkmal, -mahlzeit, Be-ung, Ent-ung; Häuptling, Stammes-; behaupten, ent-; hauptsächlich

24. Zum ersten Male in einer Jugendherberge

Mit Taschen, Rucksäcken und Koffern bepackt, standen die Kinder des 5. Schuljahres zum ersten Male vor einer Jugendherberge. Von hier aus wollten sie einige Tage lang einen Teil der Eifel erwandern. Der Lehrer stellte soeben seiner Klasse den Herbergsvater vor, der seine neuen Gäste mit spaßigen Worten begrüßte und sie in einen Tagesraum führte. Sauber und gemütlich sah es hier aus. Nachdem die Kinder das Gepäck abgestellt hatten, erklärte der Herbergsvater die Hausordnung und zeigte ihnen die Schlafsäle. Die Kinder staunten über die vielen paarweise übereinander stehenden Betten. Einige Jungen freuten sich, in den oberen Betten schlafen zu dürfen. Das war etwas ganz Neues für sie. „Gibt es hier auch Einzelzimmer?“, fragte Tom den Herbergsvater. Der lachte und antwortete: „Eine Jugendherberge ist doch kein Hotel!“ (131 Wörter)

Übung 1
Umlautbildung bei verdoppelten Selbstlauten (Vokalen):
Schlafsaal – Schlafsäle, Haar – Härchen, Boot – Bötchen,
Paar – Pärchen
Bilde Sätze!

Übung 2
Zusammensetzungen mit „-weise“ und „Weise“:
paarweise, ruckweise, stoßweise, unglücklicherweise, ausnahmsweise, …
Redeweise, Lebensweise, Spielweise, Fahrweise, Ausdrucksweise, …
Verbinde folgende Wörter mit „-weise“ oder „Weise“: Dutzend, Arbeit, klug, Bau, schreiben, Stunde, Tag, Kampf, sprechen, leihen, Teil, Schritt, Stelle, Probe, Massen, Satz
▶ Lösungsteil Nr. 22

Übung 3

Die wörtliche Rede (Der Ansagesatz vor oder nach dem Sprechsatz):

„Gibt es hier auch Einzelzimmer?", fragte Tom den Herbergsvater. – Tom fragte den Herbergsvater: „Gibt es hier auch Einzelzimmer?" Der Herbergsvater antwortete: „Die Jugendherberge ist doch kein Hotel!" – „Die Jugendherberge ist doch kein Hotel!", antwortete der Herbergsvater.

„Euer Gepäck könnt ihr in den Tagesraum stellen", sagte der Lehrer. – „Euer Gepäck", sagte der Lehrer, „könnt ihr in den Tagesraum stellen." – Der Lehrer sagte: „Euer Gepäck könnt ihr in den Tagesraum stellen."

Bilde ähnliche Sprechsätze aus dem Gebiet des Schulwanderns! Schreibe ein Zwiegespräch (Herbergsvater – Schüler)! Beachte dabei das Schema der Zeichensetzung! A: „S." – A: „S?" – A: „S!" – „S", A. – „S", A, „S." – „S?", A. – „S!", A. (A = Ansagesatz, S = Sprechsatz)

Übung 4

Komma bei Aufzählungen:

Mit Taschen, Rucksäcken und Koffern bepackt, standen die Kinder vor der Herberge. – Die Räume machten einen sauberen, freundlichen Eindruck. – Peter, Gerd, David und Tom hatten am ersten Tag Küchendienst. – Neben der Herberge standen einige Buchen, Birken und Kastanienbäume.

Bilde andere Sätze von Wandertagen und Schulfahrten, die Aufzählungen enthalten!

25. Die Arbeit der Winzer

Wer durch die Weinbaugebiete von Rhein, Mosel, Ahr, Nahe oder Neckar fährt, wird Winzer bei ihrer schweren Arbeit beobachten können. Bereits im Frühjahr beginnen die Weinbauern mit dem Umgraben und dem Behacken des steinigen Bodens. Jedoch können landwirtschaftliche Maschinen, die den Bauern in der Ebene wesentliche Hilfe leisten, zur Erleichterung dieser schweren Arbeit kaum benutzt werden. Dünger und alles, was im Weinberg benötigt wird, muss in Kiepen hinaufgetragen werden. Damit der mühsam bearbeitete Boden nicht vom Regenwasser heruntergespült wird, müssen die stufenartig angelegten Steinmauern stellenweise ausgebessert werden. Bis zur Weinlese müssen die Winzer die Rebstöcke unablässig pflegen. Sie binden die Reben an Pfählen fest, schneiden überflüssige

Triebe fort und spritzen die Pflanzen gegen allerlei Schädlinge. Das ist bei sonnigem Wetter eine mühselige Arbeit. (127 Wörter)

Übung 1

Langes e ohne Dehnungsbezeichnung:

Ebene, Reben, Weinlese, bequem, Schemel, überqueren, Schere, Krem, Vertreter, strebsam, verpflegen, Ferien, wenig, Sekunde, Telefon, ...

Setze in die Lücken folgender Wörter e, eh oder ee ein:

Abendgeb____t, Blumenb____t, S____gelboot, S____bad,

S____rohr, Märchenf____, Hühnerf____der, F____ler, Kriegsh____r,

H____rkunft, Schafh____rde, Stachelb____ren, entb____ren,

Sp____rber, Sp____r, kl____ben, Kl____feld, L____rgangsleiter,

L____rchengesang, entl____ren, Kam____l, Weizenm____l,

S____le, S____ligkeit, Rak____te, Rotk____lchen, S____ne,

Sir____ne

Arbeitshilfe: 12 Wörter werden mit *e*, 9 mit *ee* und 7 mit *eh* geschrieben.

▶ Lösungsteil Nr. 23

Übung 2

Hauptwörter (Substantive) mit der Nachsilbe -ling:

Schädling, Feigling, Frühling, Säugling, Häftling, Zögling, Weichling, Firmling, Täufling, Wüstling, Häuptling, Eindringling, Pfifferling, Kohlweißling, Schmetterling, Prüfling, Lehrling, Findling, Liebling

Ordne die Wörter alphabetisch!

Übung 3

Eigenschaftswörter (Adjektive) mit der Nachsilbe -ig:

steinig, stufenartig, unablässig, überflüssig, billig, ölig, mehlig, wollig, schmierig, heilig, gutwillig, eilig, haarig, madig, bergig, sonnig, mühselig, ...

Setze -ig oder -lich an folgende Wörter: nebl-, wolk-, vergeb-, gefäll-, wind-, brüder-, hügel-, moll-, reich-, kugel-, adel-, gier-, unzähl-, schwerfäll-, vielfält-, einmal-, zweistell-, pünkt-, droll-
Arbeitshilfe: Nur 4 Wörter erfordern die Nachsilbe *-lich*.
▶ Lösungsteil Nr. 24

Übung 4
Zeitwörter (Verben) werden Hauptwörter (Substantive):
Die Winzer beginnen mit dem Umgraben und dem Behacken des steinigen Bodens.
Sammle die Tätigkeiten des Winzers (Das Bearbeiten des Bodens, das Ausbessern der Steinmauern, das Festbinden der Reben, das Spritzen gegen Schädlinge, ...) und schreibe davon Satzpaare! (Die Winzer müssen den Boden sorgfältig bearbeiten. – Das Bearbeiten des Bodens erfordert viel Sorgfalt.)

26. An der Rurtalsperre

Rektor Schneider ist mit seiner Klasse in die Eifel gefahren und wandert nun am Rande der Rurtalsperre entlang. Durch den Ausbau der Staumauer wurde vor Jahren der Wasserspiegel so gehoben, dass hier zur Zeit die Talsperre mit dem größten Fassungsvermögen in Westdeutschland ist. Unterwegs erzählt der Rektor allerlei Wissenswertes: „Der Weg, den ich früher mit Schulklassen gegangen bin, ist längst überspült. Die ursprüngliche Gaststätte liegt jetzt tief unter Wasser. In höherer Lage wurde ein größerer, neuzeitlicher Bau errichtet. Jede Talsperre ist von vielseitiger Bedeutung. Sie dient der Trinkwasserversorgung, bannt die Hochwassergefahr und ermöglicht die Ausnutzung der Wasserkraft für die Stromgewinnung." Vom Staudamm aus sehen die Kinder am Fuße der Mauer das Kraftwerk, in dem Turbinen den elektrischen Strom erzeugen. Im schmalen Tal fließt die Rur in Richtung Heimbach weiter. (132 Wörter)

Übung 1
g – k:
Rektor, entlang, Kraftwerk, längst, ursprünglich, elektrisch, Pfingsten, versenkt, schwungvoll, undankbar, karg, schräg, Koks, links, rücklings, Hengst, Strunk, Andrang, Zwang, Gelenk, Ehering, flink,

blank, Zweigstelle, Blinklicht, Klugheit, Parkplatz, Schlingpflanze, Plastik, genug, Unfug, anfangs

Ordne die Wörter nach ihrer Schreibweise und setze g oder k in die Lücken folgender Wörter ein:

Buchfin____, Bratherin____, en____stirnig, An____st, Ke____s,

Tro____, schlan____, Öltan____, eingeren____t, Gelen____,

verdrän____t, Geträn____, Zin____, Bezir____, Schwächlin____,

Quar____, Sar____, star____

Arbeitshilfe: 11 Wörter werden mit *k* geschrieben, 7 mit *g*.

► Lösungsteil Nr. 25

Übung 2

Hauptwörter (Substantive) mit der Nachsilbe -ung:

Fassung, Bedeutung, Trinkwasserversorgung, Ausnutzung, Stromgewinnung, Richtung, Erzeugung, Behinderung, Erfahrung, Erbauung, Absperrung, Prüfung, …

Bilde aus folgenden Zeitwörtern (Verben) mithilfe der Nachsilbe -ung Hauptwörter: errichten, strömen, erzählen, wandern, überspülen, führen, erklären, erweitern, erheben, pflanzen, verbannen, entstehen, behindern, bearbeiten, beruhigen, beseitigen, beobachten, beschreiben, zerlegen, unterhalten, ausbessern, erfinden

Übung 3

Dehnung durch öh

Höhle, dröhnen, stöhnen, Möhre, ungewöhnlich, Versöhnung, Nadelöhr, Röhre, höhnisch, Höhle, Köhler

Übung 4

Wortfamilie „sperren":

sperren, ab-, aus-, auf-, ein-, ver-, zu-; Sperrgebiet, -müll, -gut, -sitz, -gitter, -mauer, -riegel, -frist, -holz, -kette; Sperre, Weg-, Straßen-, Stacheldraht-, Tal-, Strom-, Urlaubs-, Hunde-, Liefer-; Sperrung, Ab-, Aus-; sperrig; sperrangelweit

27. Eine westfälische Wasserburg

In letzter Zeit hat Sven im Geschichtsunterricht viel von Burganlagen gehört. Daher beabsichtigt sein Vater, ihn bei einer Fahrt zu Verwandten ins Münsterland mitzunehmen. „Dann zeige ich dir auch einmal eine Wasserburg“, verspricht der Vater. Nach einer Fahrt vorbei an Weiden und Feldern, an Eichenwäldern und vereinzelten Bauernhöfen, entdeckt Sven über dichten Baumkronen einen grünlichen, geschwungenen Turmhelm. Bald darauf steht Sven mit seinem Vater an einem breiten Wassergraben, der die Burg von ihnen trennt. Nur über eine Steinbrücke gelangt man auf den von Gebäuden fast ganz eingeschlossenen Burghof. Lediglich der mächtige Turm und die kleinen Fenster an den Außenmauern machen einen wehrhaften Eindruck. Ruhig und friedlich ist es hier. „Wie ein Märchenschloss“, denkt Sven. Gern würde er hier noch etwas bleiben, aber der Vater drängt zur Weiterfahrt. (130 Wörter)

Übung 1

Eigenschaftswörter (Adjektive) mit der Endung -isch:

westfälisch, regnerisch, himmlisch, betrügerisch, katholisch, europäisch, …

Wandle folgende Wörter mithilfe der Nachsilbe -isch in Eigenschaftswörter (Adjektive) um: zanken, Kind, Teufel, Räuber, Herr, Mörder, Sturm, England, verführen, Tier, gebieten, verraten, Italien, Seele

Übung 2

Langes ü ohne Dehnungsbezeichnung (aber mit 2 Fehlern):

grünlich, Hüne, betrübt, zerkrümeln, Geflügel, müde, belügen, spüren, gefügig, schwül, Übung, verprügeln, fülen, Obstbaumblüte, verschnüren, südlich, Übelkeit, wütend, Gemüse, pflügen, Prüfung, Bügeleisen, hügelig, Geschwür, Büne

Ordne nach Wortarten und füge davon abgeleitete oder damit zusammengesetzte Wörter hinzu! Hast du die beiden Fehler entdeckt?

▶ Lösungsteil Nr. 26

Übung 3

Wörter mit dt:

Verwandte, Stadt, gewandt, Gesandter, Gewandtheit, beredt – aber: Wand, Gewand, Staat, Sand, bereden

Bilde Sätze!

Übung

Übung 4

sst – ßt – st:

fast, gefasst, bewusstlos, geistreich, westlich, verhasst, rastlos, rüstig, entblößt, köstlich, meistens, versüßt, meisterhaft, Verlust, ausgepresst, husten, Kleister, gegrüßt, Äste, Mast, verbüßt, verpasst, Quaste, flüstern, verrußt, Rost, verblasst, fristlos, zerreißt

Ordne die Wörter nach ihrer Schreibweise (sst – ßt – st) und füge bei den Wörten mit sst die Herkunftswörter hinzu (gefasst – fassen, ...)!

28. Unverhofft kommt oft

Diktat

An einem heißen Sommertag ging Georg mit seinen Eltern zum Schwimmbad ihres in den Alpen gelegenen Ferienortes. Da das kühle Wasser lockte, beeilten sie sich mit dem Umziehen. Plötzlich hörte Georg ein fernes Donnern. Unheilvoll schoben sich schwarzgraue Wolkenmassen über den Gebirgskamm. Ängstlich schauten einige Badegäste zum Himmel. Doch Georg sprang sorglos kopfüber ins Wasser. Freudig winkte er seinen Eltern, die noch unentschlossen am Beckenrand standen. Geschwind und drohend bereiteten sich die Wolkenballen aus und das Rumpeln wurde unheimlicher. Ein jäher Sturm fegte Sandkörnchen und Papier durch die Luft. Mehr und mehr Leute rafften ihre Sachen zusammen und verschwanden in den Umkleidekabinen. „Schnell anziehen!“, rief Georgs Vater. Kurz danach setzte ein wolkenbruchartiger Gewitterschauer ein. „In den Bergen ist das Wetter unberechenbar“, meinte der Vater. (127 Wörter)

Übung

Übung 1

Zusammensetzungen mit „los“:

sorglos, kampflos, arbeitslos, gefahrlos, gewissenlos, ehelos, kinderlos, verständnislos, wolkenlos, selbstlos, ...

Verbinde folgende Wörter mit „los“: Führer, leben, Bewegung, Sieg, Ende, Schatten, Freude, Lust, Furcht, Wahl, Ziel, Hoffnung, glauben, Treue, Draht, Tadel, Fett, Laut, Spur, Blatt, Scham, Gott, Rettung, Hemmung, Macht, schaden, Geruch, Frieden, Ehre

► Lösungsteil Nr. 27

Übung 2

d – t:

geschwind, Sand, bunt, Spalt, rund, Gehalt, bald, Rind, Schlund, Strand, Rand, Ort, Wäldchen, Zeltlager, Branntwein, Blinddarm, Furt, drohend, Brandstelle, weltlich, …

Stelle Reihen auf:

Bad, Gemeindera____, Drah____, Pfa____, Nah____, Rückgra____,

Sala____, Fahrra____, Winkelgra____ Staa____, Maa____
1. Reihe: 7 Wörter mit *t*);

verbrannt, Wan____, Ran____, bekann____, Han____, Ban____,

Stan____, Bran____, Auslan____, verwan____, Stran____,

Gewan____, gewan____, genann____, Verstan____, Elefan____,

Pfan____, nieman____, San____, gesan____
(2. Reihe: 13 Wörter mit *d*, 3 Wörter mit *dt*, 3 Wörter mit *t*);

Laubwald, al____, kal____, bal____, Spal____, Gestal____, hal____
(3. Reihe: 5 Wörter mit *t*);

bunt, Grun____, gesun____, wun____, run____, Mun____,

Schlüsselbun____, Pfun____
(4. Reihe: 7 Wörter mit *d*);

Mord, Or____, for____, Spor____, Hor____, dor____, Bor____,

Wor____
(5. Reihe: 6 Wörter mit *t*)

▶ Lösungsteil Nr. 28

Übung 3
ß nach Doppelselbstlauten:

heiß, Strauß, Fleiß, abreißen, äußerlich, Preußen, Schweiß, dreißig, scheußlich, weiß, außerordentlich, ...
Setze in die Lücken folgender Wörter *ß* oder *s* ein:

Rei____suppe, Rei____zwecke, Gei____lein, Grei____,

Wei____brot, Wei____heit, Streu____elkuchen,

Blumensträu____chen, drau____en, herau____lassen, Mei____el,

Mei____terschaft, bei____en, drei____t, au____en, flei____ig,

Begei____terung

Arbeitshilfe: 9 Wörter erfordern *ß.*
► Lösungsteil Nr. 29

Übung 4
Hauptwörter (Substantive) mit der Nachsilbe -nis:

Besorgnis, Ergebnis, Hindernis, Verständnis, Zeugnis, Bildnis, Ersparnis, Verhältnis, Wagnis, Fäulnis, Begräbnis, Geständnis, Finsternis
Schreibe die Wörter mit ihren Mehrzahlformen in alphabetischer Ordnung (Begräbnis – Begräbnisse, ..., Zeugnis – Zeugnisse)

29. Im Wattenmeer

Von einem Erholungsheim nahe der Nordseeküste ist eine Kindergruppe mit ihren Pflegerinnen unterwegs, um ein Stück durchs Wattenmeer zu laufen. Für die Jungen und Mädchen, die alle aus verschiedenen Gebieten des Binnenlandes stammen, ist eine Wattwanderung etwas völlig Neues. Dort, wo sie erst gestern lustig in den Wellen herumgesprungen sind, ist heute nichts als feuchter, weißlicher Sand. Es ist Ebbezeit und das Wasser hat sich zurückgezogen. Doch gut, dass alle Kinder barfuß laufen, denn in Bodenvertiefungen steht noch zurückgebliebenes Seewasser. Eine Betreuerin erzählt den Kindern, dass der Wasserspiegel täglich je zweimal steigt und fällt, dass Ebbe und Flut alle sechs Stunden abwechseln. Die Kinder sammeln nun schöne Muscheln in ihre bunten Eimerchen und suchen Seesterne. Dann ziehen sie wieder heimwärts, denn niemand möchte im Watt von der Flut überrascht werden. (132 Wörter)

Übung 1

sch – ch:

feucht, täglich, überrascht, Gericht, gemischt, flechten, reichlich, Muscheln, bleich, flüchten, marschieren, deutsch, Waschschüssel, Kaffeemischung, Enttäuschung, Verpflichtung, Erfrischung, …

Setze in die Lücken folgender Wörter sch oder ch ein:

He______t, Haarbü______el, unterstrei______en,

Nähma______ine, Waldli______tung, lau______en,

Knö______el, Feuerlö______er, du______en, stürmi______,

Ei______eln, Fi______tei______, dur______lö______ern,

schwä______li______, Kir______baum, e______t,

verräu______ert, ra______eln, gere______t,

A______enbe______er, Pfirsi______, Hir______,

Wun______zettel, fre______, Fri______flei______,

hu______en, Gesträu______

Arbeitshilfe: In 15 Lücken muss *sch*, in 17 *ch* eingesetzt werden.

▶ Lösungsteil Nr. 30

Übung 2

Wortfeld „Gewässer“:

Meer, See, Teich, Bach, Fluss, Strom, Wildwasser, Rinnsaal, Wasserfall, Ozean, Tümpel, Weiher, Haff, Bucht, Golf, Meeresstraße, Stausee, Baggerloch, Wasserstelle, Pfütze, Gerinnsel, Kanal, Wasserstraße, Quelle, Nebenfluss

Ordne die Wörter! (stehende Gewässer – fließende Gewässer)

Übung 3
Großschreibung von Eigenschaftswörtern (Adjektiven):

Als Hauptwörter (Substantive) gebrauchte Eigenschaftswörter werden in der Regel großgeschrieben. Häufig zeigen auch vorangehende Wörter wie *alles, etwas, nichts, viel, wenig* den substantivischen Gebrauch an:

etwas völlig Neues, das kühle Nass, im Seichten, ein helles Blau, auf dem Trockenen, ins Tiefe, etwas sehr Schönes, das frische Grün, die Armen und die Reichen, das Gute und das Böse, der Kluge, viele Fremde

Bilde Sätze!

Übung 4
Kommas vor „denn":

Die Kinder laufen barfuß, denn in Bodenvertiefungen steht noch das Wasser. – Sie ziehen wieder heimwärts, denn niemand möchte im Watt von der Flut überrascht werden. – Alle freuen sich auf das Mittagessen, denn die Seeluft macht hungrig.

Verbinde folgende Satzpaare mit „denn": Erika kann noch nicht schwimmen. Sie ist noch sehr klein. – Die Kinder sammeln Muscheln. Sie wollen damit spielen. – Die Kindergruppe wandert ein Stück durchs Wattenmeer. Es ist Ebbe. – Die Kinder baden und schwimmen fast täglich. Bewegung im Wasser ist gesund. – Peter und Willi bauen am Strand Burgen. Es macht ihnen viel Freude. – Nur Gerda hat etwas Heimweh. Sie ist das erste Mal von ihren Eltern fort.

30. Mit dem Wagen auf den Dachboden

„Mutter, kannst du dir vorstellen, dass man mit einem Wagen auf den Dachboden eines Wohnhauses fahren kann?", fragt Marie, als sie aus der Schule heimkehrt. Die Mutter, die gerade das Mittagessen vorbereitet, glaubt zunächst an einen Scherz ihrer Tochter. Doch Marie erzählt ihr, was sie im Erdkundeunterricht Wissenswertes vom Schwarzwald gehört hat: „Dort sind die fast ganz aus Holz errichteten, großen Häuser so an den Berghang gebaut, dass die Bauern auf einer breiten Rampe den mit Heu beladenen Wagen in den geräumigen Dachboden fahren können. Hier lagern sie die Futtervorräte, die sie während des langen Winters für Rinder, Pferde und Ziegen benötigen." – „Wir können ja einen Teil der nächsten Sommerferien in einem Schwarzwaldhaus verleben", schlägt Mutter vor. „Oh, das wäre fein!", ruft Marie erfreut. (130 Wörter)

Übung 1
s oder z im Auslaut:

ganz, Schwarzwald, Scherz, bereits, Schmalz, Fels, Filz, Puls, Zins, Hans, Franz, Prinz, Hals, Erzbergwerk, Kranz, links, März, nachts, vergebens, schmerzlich, Gips, Salzfass, anfangs, mittags, Schweiz, Gans, Sturz, als, morgens, stolz, Pfefferminz, Klaps, herzhaft, rechts, Pelzmantel, abends

Ordne die Wörter nach ihrer Schreibweise (s oder z) und versuche sie so zu verlängern, dass der s- oder z-Laut hörbar wird (ganz – ergänzen, Fels – Felsen, …) Umstandswörter (Adverbien), die nicht verlängert werden können, schreibt man mit s (bereits, abseits, …).

Übung 2
Komma hinter Ausrufen:

Oh, das wäre fein! – Hu, wie ist das Wasser kalt! – Ah, das wird schön! – Au, ich habe mich gestoßen! – Pfui, schäme dich! – Ach, wie schade! – O weh, das geht schief! – Hoppla, fall nicht! – O nein, das darf nicht sein!

Schreibe noch andere Ausrufesätze mit „hallo! ei! hui! patsch! pst! aha! juchu! ätsch!"

Beachte: oh! (allein stehend mit h), aber: O weh! – O ja! – O nein!

Übung 3
Komma vor „als":

Marie fragt, als sie aus der Schule heimkehrt. – Es begann zu regnen, als wir mitten im freien Feld waren. – War das eine Freude, als wir uns trafen! – Es war schon spät, als die Eltern zurückkehrten.

Der mit „als" eingeleitete Nebensatz steht oft am Anfang: Als der Regen nachließ, gingen wir weiter. – Als die Ferien näher rückten, schmiedeten wir Reisepläne.

Bilde ähnliche Sätze!

Übung 4
Wortfeld „fahren":

fahren, rollen, vorüberdröhnen, vorbeibrausen, rattern, rasseln, kutschieren, gondeln, rudern, kreuzen, segeln, paddeln, staken, treiben, abdampfen, in See stechen, fliegen, aufsteigen, kurven, schweben, trudeln, gleiten, sausen, radeln

31. Fahrt in die Bayerischen Alpen

Diktat

Felix stand am Abteilfenster des Schnellzuges, der ihn mit seinen Eltern und den älteren Geschwistern in die Bayerischen Alpen bringen sollte. Für ihn war es die erste Fahrt ins Hochgebirge. Daher war Felix neugierig, wann endlich die erwarteten Bergriesen sichtbar würden. Schon hatten sie Münchens Häusermeer durchfahren, und noch immer hielt Felix vergeblich nach den Alpengipfeln Ausschau. „Man sieht die Berge noch immer nicht!“, klagte er ungeduldig. Nun schaute Peter, sein Bruder, aus dem halb geöffneten Schiebefenster in die Fahrtrichtung. Der vordere Teil des Zuges bog gerade in eine Kurve. Plötzlich rief Peter: „Ich kann die Zugspitze sehen!“ In der Hoffnung, nun Deutschlands höchsten Gipfel zu erblicken, sprang Felix ans Fenster. Enttäuscht merkte er, dass Peter einen Scherz gemacht hatte. Sein Bruder hatte die Spitze des Zuges gemeint. Doch bald danach tauchte die Alpenkette im Morgendunst auf. (142 Wörter)

Übung

Übung 1

Schärfung mit tz:

Zugspitze, plötzlich, kitzeln, abhetzen, Tatze, Platz, Versetzung, Schlitz, Hausputz, glitzern, Hitze, Mützchen, Unterstützung, schmutzig, Bodenschätze, kratzen (*tz* steht nie nach *l, m, n, r*)

Setze in die Lücken folgender Wörter tz oder z ein:

schwa____haft, bekrän____t, Kinderar____t, schwi____en,

Bli____ableiter, nü____lich, Wei____enfeld, schmer____haft,

Besi____, Küchenschür____e, wi____ig, Gewür____, tro____ig,

versal____en, ungeschü____t, Dampfwal____e, Fuchsschwan____,

kri____eln, schni____en, zerfe____en, glän____end, Gese____,

Käu____chen, Verle____ung, schma____en, Kreu____, Fil____hut,

Pfü____e

Arbeitshilfe: 15 Wörter werden mit *tz* geschrieben.

► Lösungsteil Nr. 31

Übung 2

b – p:

Abteilfenster, vergeblich, Rezept, zerlumpt, Halbjahr, Apotheke, Republik, Häuptling, Klopse, Schnaps, Rebhühner, ...

Setze in die Lücken folgender Wörter b oder p ein:

Pro____eller, Stau____, Lau____frosch, ha____gierig, Mo____s,

O____stkuchen, Siru____, Ka____lan, Schli____s, ho____sen,

Er____schaft, Trei____stoff, Hau____tmann, tau____stumm,

Schu____karre, einstö____seln, Rau____tierkäfig,

Lei____schmerzen, ta____sen, der____, hau____tsächlich,

Spitzenhäu____chen, Kre____s, tram____eln, Schräu____chen,

Industriebetrie____e, kla____sen, A____teilung, zerscha____t,

Nachttischläm____chen

Arbeitshilfe: In 13 Lücken muss *p* stehen.

▶ Lösungsteil Nr. 32

Übung 3

Wörter mit v:

vergeblich, vorn, Kurve, viel, Villa, vollständig, Volk, Vase, vorlaufen, Veranda, Lokomotive, Vater, Ventil, Vers, Larve, Viehhändler, Klavier, Adventszeit, Provinz, Singvogel, November, Veilchen, Olive, vierzig, violett, Vergissmeinnicht, Violinkonzert, Vetter, nervös, vielleicht, Evangelium, Vorrat

Ordne die Wörter nach der Aussprache des v (v = f; v = w)!

Übung 4

Wortfamilie „Ende“:

Ende, Lebens-, Monats-, Jahres-, Wochen-, Ferien-, Orts-, Welt-, Kriegs-, Wurst-, Spiel-, Weg-; Endpunkt, -silbe, -buchstabe, -station,

-kampf, -runde, -spurt, -lauf, -reim, -zweck; Unendlichkeit; enden, be-, ver-; endlich, -los, -gültig, un-lich

32. Im Fährschiff auf dem Bodensee

Diktat

Viele Ferienreisende fahren während der Sommermonate mit Dampfern und Booten über den Bodensee. Auch Peter sitzt auf dem Deck einer Autofähre und schaut zu, wie Fahrzeuge aus den verschiedensten Staaten Europas in den Bauch des Fährschiffes rollen. Peter will mit seinen Angehörigen zur Insel Mainau fahren, um sich dort den berühmten Schlosspark anzuschauen, wo infolge des günstigen Klimas sogar Zitronen und Apfelsinen im Freien reifen. Im Inneren des Dampfers stampfen die Maschinen und langsam entfernt sich das Schiff vom Ufer. Auffallend warm ist es hier auf dem von Höhen umgebenen und geschützten Bodensee. Von einem entgegenkommenden Fährschiff winken froh gestimmte Menschen. Am Horizont schimmern schneebedeckte Gipfel der Schweizer Alpen. Inzwischen haben sie sich der Insel Mainau genähert und der Dampfer nimmt Kurs auf den Landungssteg. (130 Wörter)

Übung

Übung 1
Wörter mit oo:

Boot, Moos, Moor, Zoo

Verbinde folgende Wörter mit den vier genannten: Motor, Ruder, Polster, Segel, Paddel, Land, Gebiet, Tiere, Wärter, Anlegestellen, Direktor

Beachte die Umlautbildung! (Ruderbötchen, Paddelbötchen, ...)

Übung

Übung 2
Wörter mit mpf:

Dampfer, stampfen, sumpfig, Empfänger, stumpf, Impfung, unempfindlich, Strumpffabrik, krampfartig, empfehlen, dumpf, verdampfen, Krämpfe, rümpfen, Kartoffelstampfer, Klampfe, empfinden, Empfehlung, Strümpfe, Ringkämpfer, Trümpfe

Ordne nach Wortarten und trenne die mehrsilbigen Wörter! (Damp-fer, stamp-fen, ...)

Übung 3

Langes i ohne Dehnungsbezeichnung:

Zitronen, Apfelsinen, Maschine, Horizont, Musik, Igel, Bibel, Benzin, Margarine, Kamin, Kilo, Lid, Liter, Primel, Lilie, Anis, Kaninchen, Krokodil, Tiger, Biber, Klima, Mine, Rosine, Marine, Gardine, Benzin, Linie, Mandarine, Familie

Bilde damit zusammengesetzte Hauptwörter! (Zitronensaft, Blutapfelsinen, ...)

Übung 4

Wortfeld „Wasserfahrzeuge":

Fährschiff, Dampfer, Boot, Kahn, Floß, Schlepper, Frachter, Gondel, Einbaum, Nachen, Kreuzer, Kanu, Zerstörer, Flugzeugträger, Jacht, Galeere, Tanker, Zweimaster, Unterseeboot, Kajak, Surfbrett

Schreibe noch andere Wasserfahrzeuge durch Zusammensetzungen mit *„Schiff, Boot, Dampfer, Kahn"*!

33. Steigungsregen am Harz

Rings um den Wohnzimmertisch sitzt Familie Baumann und schmiedet Ferienpläne. Von Verwandten aus Goslar haben sie eine Einladung bekommen, die Ferien im Harz zu verbringen. Die beiden Kinder sind über dieses Angebot sehr erfreut und möchten das waldreiche Mittelgebirge gern kennen lernen. Auch Frau Baumann ist wegen der verhältnismäßig kurzen Fahrstrecke für dieses Reiseziel. Doch ihr Mann hat Bedenken und sagt: „Wisst ihr, dass der Harz Deutschlands regenreichstes Gebiet ist? Die Nordwestwinde wehen über die Norddeutsche Tiefebene viele feuchtigkeitsgesättigte Wolken, die am Harz erstmalig höher steigen müssen. Dabei kühlt sich diese Luftschicht ab und kann die mitgeführte Feuchtigkeitsmenge nicht mehr halten. So kommt es besonders an der dem Meer zugewandten Seite des Harzes häufig zu Steigungsregen." Baumanns werden ihre Pläne noch gründlich durchdenken und sich bald entscheiden. Jedoch haben Baumanns schon oft sonnige Tage im Harz verbringen können. (141 Wörter)

Übung 1

Wörter mit ie:

schmieden, Reiseziel, Gebiet, tief, verzieren, Betrieb, fieberhaft, Priester, Eisenbahnschiene, Blütenstiel, Stiefel, Mietpreis, Erziehung,

beliefern, siegreich, liederlich, Kiefer, Flieder, Verdienst, Zwiebel, niedrig, Ziegelei, Briefpapier
Bilde davon abgeleitete oder damit zusammengesetzte Wörter! (Schmied, Schmiedeeisen, zielen, zielsicher, ...)

Übung 2
Wörter mit der Vorsilbe ver-:
verbringen, verhältnismäßig, Vertrag, verlieren, vergeblich, verwenden, Verbot, Verständnis, vertreiben, Verlobung, verbergen, vermögend, verstaubt, Verdacht, verlassen, Versicherung, Verrat, versuchen, verletzt, verzögern, verantwortlich, vergesslich, vergleichen, verkehrswidrig, Vergrößerung, vernichten, Verteidiger, verwendbar, verurteilt, verstellbar
Wandle in andere Wortarten um!

Übung 3
Hauptwörter (Substantive) mit der Endsilbe -keit:
Feuchtigkeit, Bequemlichkeit, Ewigkeit, Gefälligkeit, Schnelligkeit, Geschwindigkeit, Helligkeit, Deutlichkeit, ...
Setze die Nachsilbe -keit an folgende Wörter: ehrlich, tapfer, gründlich, sauber, großzügig, strebsam, freigebig, ritterlich, übel, hoffnungslos, gemütlich, traurig, müde, fähig, eitel, unpünktlich, sparsam, dankbar

Übung 4
Eigenschaftswörter (Adjektive) in erdkundlichen Namen:
Ableitungen von geografischen Namen auf *-er* schreibt man groß: Norddeutsche Tiefebene, Hohe Acht, Kahler Asten, Bayerischer Wald, Fränkischer Jura, Oberrheinische Tiefebene, Westfälische Pforte, Roter Main, Kurisches Haff, Thüringer Wald, Hessisches Bergland, ...
Schreibe noch andere erdkundliche Namen, die Eigenschaftwörter (Adjektive) enthalten, aus dem Atlas heraus!

34. Dampferfahrt ins Elbsandsteingebirge

Während der Sommerferien besuchte Gerd seine Großeltern in Dresden. Eines Tages fuhren sie gemeinsam in einem Ausflugsdampfer zum Elbsandsteingebirge. Allmählich wurden die Hänge beiderseits der Elbe steiler und felsiger. Wie Burgruinen sahen die rötlichen Sandsteinfelsen aus, die den dichten Bergwald überragen. Nach jeder Flussschleife wurden andere Felsen und Berge sichtbar. Großvater nannte die Namen all der so unterschiedlich geformten Erhebungen und machte Gerd auf einige Bergsteiger aufmerksam, die an einer senkrechten Felswand mithilfe von Seilen versuchten, den Gipfel zu erklimmen. An der nächsten Dampferanlegestelle verließen Gerd und seine Angehörigen das Schiff, um auf steilem Pfad eine der Felskuppen zu erreichen. Weit konnte Gerd von hier aus das schmale, kurvenreiche Elbtal überblicken. Doch er merkte, dass er hier auf einer Hochfläche stand, durch die der Fluss sich tief eingegraben hatte. (133 Wörter)

Übung 1

Langes ö ohne Dehnungszeichen:

rötlich, Angehörige, Störenfried, Unmöglichkeit, zögern, schwören, königlich, römisch, Öl, unnötig, veröden, grölen, höflich, persönlich, zuhören, Likör, Öse, Auflösung, Gehör, löten, bösartig

Ordne nach Wortarten!

Übung 2

f – v:

Dampferfahrt, Sommerferien, Ausflugsdampfer, felsig, Flussschleife, geformt, tief, seufzen, Fersenbein, Zofe, häufig, anfertigen, … kurvenreich, versuchen, vollständig, vorwärts, olivgrün, vielleicht, Vikar, Vordergebäude, Viehhändler, Stativ, …

Fülle die Lücken folgender Wörter duch Einsetzen von f oder v:

____olk, ____olgen, ____orderung, ____orstellung, ____rühstück,

Detekti____, Kali____, bra____, Ner____, stra____bar, Lar____e,

Har____e, ____ertig, ____ertilgen, ____orm, ____ormittag,

____eilen, ____eilchen, ____orgehen, ____ortgehen, ____etter,

____ettigkeit, ____ollmilch, ____licken

Arbeitshilfe: 12 Wörter werden mit *v*, 12 mit *f* geschrieben.

▶ Lösungsteil Nr. 33

Übung 3
Langes ä ohne Dehnungszeichen:
eingesägt, schmäler, Träne, nämlich, abschälen, spärlich, dämlich, quälen, Fischgräte, Schädel
Ordne nach Wortarten und füge abgeleitete Wörter hinzu!

Übung 4
Wortfamilie „nennen“:
nennen, be-, er-; Nenner; Nennung, Er-; benennenswert; Namen, Vor-, Familien-, Ruf-, Spitz-, Orts-, Straßen-, Tauf-, Pflanzen-, Tier-, Länder-, Firmen-, Haus-; Namenstag, -schild, -fest; namentlich
aber: Aufnahme, Annahme, Übernahme, Ausnahme, ...
Bilde damit zusammengesetzte Hauptwörter! (Schulaufnahme, Filmaufnahme, ...)

35. Bernstein aus Ostpreußen

Zum Geburtstag erhielt Peters Mutter eine geschmackvolle Halskette mit einem schönen Anhänger aus geschliffenem Bernstein. „Der funkelt und strahlt wie ein durchsichtiges Goldstück!“, rief die Mutter beglückt. „Wie wird denn eigentlich Bernstein hergestellt?“, fragte Peter. „Bernstein findet man an der ostpreußischen Küste“, erklärte der Vater. „Es ist verhärtetes Harz urzeitlicher Bäume, die längst unter der Erdoberfläche versunken sind. Bei Sturm wühlt das Wasser die ursprünglichen Harzbrocken vom Ostseegrund auf und die Wellen schwemmen sie an den flachen Strand. Bereits in vorchristlicher Zeit hat man in Ostpreußen Bernstein gefunden. Er wurde zu Knöpfen, Broschen, Ketten und anderem Zierrat verarbeitet und auf dem Tauschwege sogar bis in die Mittelmeerländer gebracht. Seit einigen Jahrzehnten wird der größte Teil des Bernsteins mit riesenhaften Baggern aus der Erde geholt.“ (127 Wörter)

Übung 1
Wörter mit der Vorsilbe ur-:
urzeitlich, Ursache, Urwald, Urgroßeltern, Uraufführung, urbar, Ursprung, verurteilen, Urkunde, Urlaub, Urtier, Urahnen, uralt, Urschrift, Urtext, Urzustand, Ureinwohner, Urheberrecht
Ordne nach Silbenzahl!

Übung 2
t vor der Nachsilbe -lich:
eigentlich, gelegentlich, wissentlich, öffentlich, wesentlich, wöchentlich, ordentlich, namentlich, hoffentlich
Bilde Sätze!

Übung 3
Die wörtliche Rede (Der Ansagesatz wird vom Sprechsatz eingeschlossen):
„Oh", rief die Mutter, „der Bernsteinanhänger funkelt wie durchsichtiges Gold!" – „Wie ist es denn möglich", fragte Peter, „dass sich im Bernsteinschmuck manchmal kleine Insekten befinden?"
Bilde selbst Sätze der angegebenen Art, und beachte dabei das Schema der Zeichensetzung! („Sprechsatz", Ansagesatz, „Sprechsatz")

Übung 4
Mann – man:
Mann, Kaufmann, Tormann, Sportsmann, Schneemann, Fährmann, Bootsmann, Schutzmann, Feuerwehrmann, Seemann, Hauptmann, Mannschaft, bemannen, mannhaft, jedermann, männlich, ...
Setze die Wortreihe fort!
man, jemand, niemand, manchmal, mancher – *Bilde Sätze!*

36. Der Freiballon

Auf einem Stoppelfeld wollen Luca und Tobias ihren Drachen soeben auf eine Luftreise schicken. Da entdeckt Luca plötzlich über dem Wald eine silberglänzende Kugel, die er unablässig beobachtet. „Da schwebt ein Freiballon! Ich glaube, er kommt näher!", jubelt Luca. Nun hat auch Tobias die graue Hülle am Himmel erspäht. Beide können jetzt sogar den Korb erkennen, in dem sich die Ballonbesatzung befindet. „Da möchte ich mitfliegen", meint Tobias. „Aber ich hätte doch etwas Angst, denn in einem Freiballon ist man ganz dem Wind ausgeliefert." – „So schlimm ist es nicht", entgegnet Luca, der ältere von beiden. „Das Ballongewicht lässt sich verändern. Durch Abwerfen von mitgeführtem Sand erhält das motorlose Luftfahrzeug Auftrieb. Wollen sie landen, lassen sie aus der Ballonhülle Gas entweichen." Zur Begrüßung des sich nähernden Ballons lassen die Jungen jetzt ihren Drachen aufsteigen. (135 Wörter)

Übung 1
Wörter mit der Vorsilbe ent-:

entdecken, entgegnen, entweichen, Entscheidung, entsetzlich, Entstehung, entzwei, entsenden, entwickeln, unentbehrlich, Entzündung, unentschuldigt, Entwurf, entgleisen, entmutigt

Füge verwandte Wörter hinzu! (entdecken – Entdeckung, ...)

Übung 2
Schärfung mit ll:

Ballon, wollen, Hülle, Wallfahrtsort, Geselligkeit, Milliarde, unerfüllbar, böswillig, Gefälligkeit, Millimeter, allmächtig, Porzellan, Propeller, Zwilling, Kellner, ...

Bilde Reihen:

Marschall, F____, Kn____, Fußb____, über____, Anpr____, W____,

Karnev____, Nachtig____, Krist____, Pferdest____, Wiederh____,

Met____, Sch____
(1. Reihe: Ein Wort wird nur mit einem *l* geschrieben);

Elle, K____, Stromsch____, Z____, St____, Wurstp____,

W____, Türschw____, D____, Gaz____, Lib____, For____, Qu____,

Kap____, Ges____, Sard____, Nov____

Fell, gr____, Hot____, schn____, Geb____, Tunn____, Gest____,

h____, Karuss____, Pantoff____
(3. Reihe: 3 Wörter werden nur mit einem *l* geschrieben)

▶ Lösungsteil Nr. 34

Übung 3
ä – e:

unablässig, glänzend, schwäbisch, näher, erspäht, verändern, beschädigen, Träne, Erklärung, Verspätung, sämtlich, verständlich, ...

entdecken, schweben, entgegnen, abwerfen, Hering, schwer, Wachskerze, Jugendherberge, Dornenhecke, zwecklos, Gletscher, gerecht, Eltern, …

Setze in die Lücken folgender Wörter ä oder e ein:

Anstr____ngung, k____rkerhaft, k____rglich, ____rgerlich,

m____rken, ____ng, ____ngstlich, qu____r, qu____len,

Gedr____nge, Ankl____ger, K____gel, St____ngel, Gest____nge,

l____rmen, l____rnen, z____nkisch, Wasserk____ssel,

Schmuckk____stchen, pr____chtig, gebr____chlich, verg____sslich,

h____sslich, pr____ssen, pr____digen, bek____hren, Begr____bnis,

besch____mt, Z____ntner, Tr____nnung, Tr____ne,

Untersch____nkel, Schnürs____nkel, z____hmen

Arbeitshilfe: 17 Wörter werden mit *ä*, 17 mit *e* geschrieben.

▶ Lösungsteil Nr. 35

Übung 4
Wortfamilie „lassen“:

lassen, ab-, an-, auf-, be-, ein-, er-, ent-, fort-, herab-, herein-, hinunter-, los-, nach-, nieder-, offen, übrig, sitzen, stehen, liegen, vor-, ver-, weg-, über-, unter-, zu-, zurück-; Ablass, An-, Er-, Nach-, Einkarte; Ver-; Anlasser; Unterlassung, Ent-, Nieder-, Zu-; Verlassenheit; Hinterlassenschaft; lässig, nach-, fahr-, zu-, zuver-; lässlich, an-, ver-; Lässigkeit; Nach-, Zuver-, Fahr-

Setze die Zeitwörter (Verben) in die Du- oder Ihr-Form der Gegenwart und Vergangenheit (Präsens und Perfekt)!

Übung

37. Raumschifffahrt

Die Abendnachrichten im Fernsehen brachten Aufnahmen vom gelungenen Start einer Raumfähre. Mit einem gewaltigen Feuerstrahl zischte sie ins Weltall. Außer den beiden russischen Astronauten gehörte diesmal auch ein Deutscher zur Besatzung. Eine Vorbereitungszeit von mehr als einem Jahr mit anstrengendem Trainingsprogramm hatte er hinter sich, wobei er auch die russische Sprache erlernen musste. Sicherlich beneideten viele Jungen den deutschen Astronauten um dieses erlebnisreiche Unternehmen. Auch der elfjährige Frank träumte davon, später einmal bei einer Raumfahrt dabei zu sein. Er stellte es sich toll vor, schwerelos mit unvorstellbarer Geschwindigkeit durch das Weltall zu sausen. Für die Blicke aus der Luke der Raumkapsel auf die Erde und andere Himmelskörper würde er gern alle Entbehrungen an Bord der Raumfähre ertragen. (118 Wörter)

Übung 1

Mitlauthäufung durch Zusammensetzungen:

Raumschifffahrt, Wolllappen, Fußballländerspiel, Eisschnelllauf, Krepppapier, Stofffetzen, …

Schreibe ähnliche Verbindungen zu: Ballett, Metall, Schritt, Bett, voll, still, Kontrolle, Fett

Übung 2

sch – ch:

dicht, Grasbüschel, Eichel, Gelächter, pirschen, flüchtig, zeichnen, Muschel, richtig, bleich, tauschen, Löschblatt, feucht, rascheln, gleich, Erfrischung, huschen. Schwächling, Bierflasche, echt, Becher, fürchterlich, herrisch, leicht, rutschen, schlicht, Habicht, naschhaft, Frösche, Storch, stürmisch, Brecheisen, Blindschleiche

Ordne die Wörter nach ihrer Schreibweise (sch – ch) und ergänze die Reihen durch verwandte oder zusammengesetzte Wörter! (dicht, Dichtung, verdichten, …)

Übung 3

Langes a mit unbezeichneter Dehnung:

Fasan, Signal, Hasen, Kanal, Holzspan, Lebertran, Salat, Kabel, Kranich, Marmelade, klar, abladen, …

Setze in die Lücken folgender Wörter a oder ah ein:

Wasserstr___l, Kr___n, Denkm___l, Tom___te, St___l,

Erf___rung, Bestr___fung, Dromed___r, T___l, Pf___l,

Dr___t, schm___l, Blumens___men, z___m, H___gel,

Schokol___de, Pok___l, k___l, W___lfang, N___t, B___re,

Schicks___l, Gr___n___te, Chor___l, unheilb___r,

mühs___m, M___nung, W___rheit

Arbeitshilfe: In 17 Lücken muss *a*, in 11 *ah* eingesetzt werden.
▶ Lösungsteil Nr. 36

Übung 4

g – k:

Jagd, Hornsignal, rücklings, Hengst, Burg, Angst, Pfingsten, Flugzeug, Talg, Zwerg, Klugheit, Magd, Zweigstelle, …
Oktober, denkbar, Merkheft, Kork, verwelkt, Marktplatz, Republik, Gelenk, Werkstatt, Buchfink, Kekse, Kontakt, …
Bilde Reihen:

Spaziergang, Zw______, Ges______, Schr______, Empf______,

D______, l______, B______, kr______, R______, schl______,

Kl______, Gest______, Str______, Abh______, bl______,

Andr______, Fischf______, Tr______, Ölt______, Z______,

Aussch______
(1. Reihe: 11 Wörter mit *k*);

Buchfink, Zwill______, fl______, Schwächl______, ger______,

W______, Feigl______, Frühl______, Z______, Eisenr______,

Mess______, Her______
(2. Reihe: 8 Wörter mit *g*);

Fortsetzung Seite 74

arg, st______, Qu______, S______, k______, M______,

Stadtp______,
(3. Reihe: 4 Wörter mit *k*);

Strunk, j______, Schw______, Üb______, Tr______,

Nahr______, Rundf______, Spr______, Erfahr______,

Pr______, Verzier______
(4. Reihe: 7 Wörter mit *g*)

► Lösungsteil Nr. 37

38. Erstmals Menschen auf dem Mond

Diktat

Nachmittags geht Jan oft zur Stadtbücherei, um sich neuen Lesestoff zu beschaffen. Er hat sich dort schon viele Bücher ausgeliehen. Wenn er etwas Spannendes gefunden hat, liest er manchmal von früh bis abends. Diesmal hat er sich einen Bericht von der ersten Mondlandung geholt. Dieses Buch enthält auch zahlreiche farbige Aufnahmen vom Flug des amerikanischen Raumschiffes und der Landung der zwei Astronauten auf dem Mond. Bei den Bildern erinnert sich Jan an eine Fernsehdokumentation vor mehreren Jahren. Damals sah er auf dem Bildschirm, wie erstmals Menschen zaghaft und vorsichtig aus der Lukenöffnung der Landefähre die Mondoberfläche betraten. Obwohl Jan damals noch ein kleiner Junge war, hat er gespürt, dass dies ein bedeutsames Ereignis gewesen war. Mihilfe des Buches wollte er sich jetzt darüber genauer unterrichten. (130 Wörter)

Übung

Übung 1
Wörter mit üh:

früh, durchgeführt, Gefühl, wühlen, Führung, berühmt, kühl, Bühnenvorhang, Hühnchen, Kaffeemühle, …

Setze in die Lücken folgender Wörter üh oder ü ein:

Gänsebl____mchen, W____lmaus, Kirschbl____te, sp____ren,

Erm____dung, bel____gen, M____lrad, K____lschrank,

____bungsweise, H____nerfuß, feinf____lig, Schulgest____l,

____bel, betr____bt, Gr____nspecht, umr____ren, r____pelhaft,

Sch____ler, Drehb____ne, Gem____se

Beachte: Nur vor *l, m, n* und *r* steht ein Dehnungs-h, aber nicht in Wörtern, die mit *sch, sp, qu* oder mehreren Mitlauten beginnen!
Arbeitshilfe: 8 Wörter werden mit *üh* geschrieben, 12 mit *ü*.

▶ Lösungsteil Nr. 38

Übung 2
Dehnung durch eh:

Fernsehgerät, unternehmen, bekehren, ehrlich, Lehnstuhl, ausdehnen, benehmen, fehlerhaft, Feuerwehr, Lehrling, Sehnsucht, stehlen, Kehle, lehmig, mehlig

Bilde damit verwandte oder zusammengesetzte Wörter! (zusehen, Sehfehler, ...)

Übung 3
Von Tagesnamen und Tageszeiten abgeleitete Umstandswörter (Adverbien):

frühmorgens, abends, nachmittags, heute Mittag, werktags, seit gestern Nacht, donnerstags

Wandle folgende Hauptwörter (Substantive) in Umstandswörter (Adverbien) um und bilde damit Sätze: Sonntag, Freitag, Nacht, Morgen, Vormittag, Feiertag, Mittwoch!

Übung 4
Schärfung mit ff:

Raumschiff, hoffen, Lukenöffnung, Griff, Stoff, Koffer, klaffen, raffen, straff, Giraffe, ...

Setze in die Lücken folgender Wörter ff oder f ein:

Klu____t, Ka____eelö____el, geschli____en, Gru____t,

Beschri____tung, Gesellscha____t, bescha____t, ö____entlich,

anga____en, sa____tig, tre____en, Eiswa____el, Pfi____,

Karto____el, Zi____erblatt, He____t, du____ten, Bewa____nung,

Pfe____erminztee, he____tig, O____izier

Arbeitshilfe: In 14 Lücken gehört *ff.*

▶ Lösungsteil Nr. 39

39. Die wertvolle Fundsache

Diktat

Zur Zeit ist es morgens ziemlich dunkel, wenn die Kinder zur Schule gehen. Überall in der Stadt sind die Straßenlaternen noch eingeschaltet. Da sieht Marina im Schein einer Lampe auf dem Pflaster etwas funkeln. Dicht an der Hauswand liegt eine goldene Damenarmbanduhr, die jemand verloren hat. Marina hebt sie rasch auf und betrachtet wohlgefällig die sicherlich recht kostbare Uhr mit dem feingliedrigen Armband. Kein Mensch hat beachtet, dass Marina etwas aufgehoben hat. „Niemand wird mich verdächtigen, wenn ich diese hübsche Uhr behalte", denkt sie. Aber Marina hat bereits anders entschieden. Gleich nach dem Unterricht geht sie zum Rathaus, um die Uhr beim Fundamt abzugeben. Dort hat sich die rechtmäßige Besitzerin schon gemeldet und für den ehrlichen Finder zwanzig Euro hinterlegt. Gegen eine Quittung darf Marina das Geld als Belohnung einstecken. (133 Wörter)

Übung

Übung 1

d – t:

Fundsache, Hauswand, Armband, jemand, niemand, Geld, blond, Bestand, neidvoll, Mord, bald, Geduld, geschwind, ...
wertvoll, dort, amtlich, Kinderhort, Wirtschaft, Diamant, Gestalt, hoffentlich, Gemütlichkeit, Rückgrat, ...

Setze d oder t in die Lücken folgender Wörter:

Schlun____, Spor____, Kobol____, grün____lich, Spal____,

A____ven____, unermü____lich, gemü____lich, mün____lich,

stün____lich, Heima____, jugen____lich, Gehal____,

Blu____wurst, Kun____schaft, Regierungsra____, Wagenra____,

kin____lich, Brann____wein, Bekann____schaft, lei____voll,

Gelei____

Arbeitshilfe: In 12 Lücken muss *d* eingesetzt werden.

▶ Lösungsteil Nr. 40

Übung 2

Wortfeld „Beleuchtungskörper":

Lampe (Taschen-, Küchen-, Nacht-, Gruben-, Bogen-, Glüh-, Fahrrad-, Petroleum-, Steh-, Hänge-, Schreibtisch-, ...), Laterne (Straßen-, Gas-, Stall-, ...), Leuchter (Kron-, Kerzen-), Ampel, Scheinwerfer, Kerze (Talg-, Wachs-), Kienspan, Fackel, Glühbirne, Neonröhre, Leuchtfeuer, Streichholz

Übung 3

Dehnung durch oh:

wohlgefällig, Belohnung, Schnittbohnen, Ohnmacht, Steinkohlebergwerk, Bohnerwachs, Fohlen, hohl, Hohn, ...

Setze in die Lücken folgender Wörter oh oder o ein:

Pr____be, H____nig, M____natsl____n, D____le, Schm____rbraten,

emp____r, ____rmuschel, B____rturm, Patr____ne, Verl____bung,

W____nzimmer, R____tk____l, Leders____le, H____lraum,

Erh____lungsurlaub, Makkar____ni, M____nblumen, erfr____ren,

Fortsetzung Seite 78

Kaiserkr____ne, L____rbeerblatt, T____n, H____n,

L____strommel, Alk____hol, bel____nen, Gan____ve

Arbeitshilfe: In 17 Lücken gehört *o.*

▶ Lösungsteil Nr. 41

Übung 4

Schärfung mit tt:

Quittung, Schritt, zittern, Schlitten, Mutter, Watte, Rettung, Fett, Tritt, flattern, klettern, zerknittern, Brett, Zaunlatte, bitten, zerschmettern, Schnitt, Natter, Motte, Zigarette, vergittert, Felsengrotten, verbittert, Ritter, Kleeblatt, Fischotter, Wette, Kittel, Gewitter, glatt, Eidotter, Tablette, Lebensmittel

Suche damit zusammengesetzte oder davon abgeleitete Wörter! (Quittung, Quittungsblock, quittieren, …)

40. Ein Weihnachtspaket für Großvater

Daniel und Laura wollen auch ihrem Großvater zu Weihnachten eine Freude bereiten. Schon seit vielen Tagen hat Daniel mit Laubsäge, Feile, Pinsel und Lackfarben gearbeitet und einen Briefständer für Großvater fertiggestellt. Laura hat für ihn in ihrer Freizeit einen Wollschal gestrickt, der auch ins Weihnachtspaket hineingelegt werden soll. Nun dürfen beide Kinder helfen, die Pakete zu packen. Mit Eifer wickeln sie alle Gaben, die für den Großvater bestimmt sind, in buntes, glitzerndes Weihnachtspapier und verschnüren sie mit silberner Kordel. Behutsam verstaut Mutter die schön verpackten Geschenke in einem festen Pappkarton. Obenauf legt Laura einen kleinen Tannenzweig mit einem Strohstern, den sie selbst gebastelt hat. Daniel holt Packpapier und Bindfaden für das Paket. Bei dieser Beschäftigung spüren die Kinder, dass nicht nur das Empfangen von Geschenken erfreut, sondern dass auch das Geben glücklich macht. (138 Wörter)

Übung 1

Langes ü ohne Dehnungszeichen:

verschnüren, spüren, für, Vergütung, Zügel, prüfen, ermüdet, Blütezeit, Trübe, Hünengräber, schwül, …

Setze ü oder üh in die Lücken folgender Wörter:

Geschw____r, B____ne, ber____mt, zerkr____meln, ausbr____ten,

Fl____gelt____r, absp____len, verbl____t, K____ltruhe,

Gem____se, Kleiderb____gel, H____nerstall, m____sam,

Fr____lingsbl____ten, M____lrad, ____bung, umr____ren

Arbeitshilfe: In 10 Lücken muss *ü* eingesetzt werden

► Lösungsteil Nr. 42

Übung 2

Großschreibung von Zeitwörtern (Verben):

das Empfangen, das Geben, das Zuschauen, das Laufen, das Turnen, …
Setze vor andere Zeitwörter (Verben) das Geschlechtswort (Artikel) und bilde damit Sätze! (Auch das Geben macht glücklich.)

Übung 3

Wortfamilie „packen“:

packen, an-, aus-, auf-, ein-, be-, ver-, zu-, zusammen-; Packpapier, -esel, -eis, -tasche, -raum; Packung, Schwitz-, Probe-, Geschenk-, Ver-, Schutz-; Packer, Möbel-; Gepäck, Reise-, Hand-, Sturm-, -träger, -stück, -wagen, -raum, -abfertigung

Übung 4

Eigenschaftswörter (Adjektive) mit der Nachsilbe -lich:

glücklich, vergeblich, ehrlich, fürsorglich, endlich, …
Bilde Eigenschaftswörter mit der Nachsilbe -lich! Aber dreimal muss die Nachsilbe -ig angefügt werden.
Schrift, Punkt, Freund, Wolle, Gemüt, Herbst, Abscheu, Öl, Schaden, Bild, Weihnachten, Nebel, Beruf, Süden

► Die Wörter mit *-ig* findest du im Lösungsteil Nr. 43

4. Diktate und Übungen für das 6. Schuljahr

41. Moderne Kunst

Bei einem Malwettbewerb der Stadtsparkasse hatte Steffi, Schülerin einer zweiten Klasse, den ersten Preis gewonnen. Als Anerkennung erhielt sie ein Sparbuch mit einem Betrag von hundert Euro. Doch darüber, dass ihre Zeichnung, sauber gerahmt und mit ihrem Namen versehen, tagelang in der Sparkassenhalle ausgestellt war, hatte sie sich am meisten gefreut.
„Ich bin jetzt eine richtige Künstlerin!“, rief sie stolz und überglücklich. Neulich durfte Steffi ihre Mutter bei einem Bummel durch die Geschäftsstraßen der Innenstadt begleiten. Vor dem Schaufenster einer Gemäldegalerie machte das Mädchen auf einige großflächige Bilder aufmerksam und fragte: „Haben das auch Schulkinder gemalt?“ Als Mutter ihr sagte, dass das Arbeiten namhafter Kunstmaler seien, machte Steffi ein erstauntes Gesicht. „Was soll das denn bedeuten? Das sind ja nur Kleckse und krumme Linien“, meinte sie verwundert. (129 Wörter)

Übung 1
Zusammengesetzte Verben (Zeitwörter) mit ver- und vor-:
versehen, verzweifeln, verzinsen, verwelken, vorschlagen, vorsingen, vornehmen, vorbeten;
Bilde Zusammensetzungen mit den folgenden Verben:
laufen, kochen, bringen, arbeiten, fahren, malen, sprechen, stellen, geben, ziehen, führen, setzen

Übung 2
malen – mahlen:
Malwettbewerb, gemalt, Gemäldegalerie, zermahlen, Gastmahl, abmalen, Kunstmaler, Mühle, Mahlwerk, Ölgemälde, Malerwerkstatt, Mehl, Denkmal, Gemahlin, Müller, Malbuch, Mahlzeit, vermählen, bemalen, Mahlgang, Hinterglasmalerei, Mühlrad, mehlig, Malerinnung, Deckengemälde, Abendmahlsfeier, aufmalen, Merkmal, übermalt, Festtagsmahl
Ordne die durcheinander geratenen Wortfamilien!

Übung 3

Zusammengesetzte Substantive (Hauptwörter) aus Bestimmungswort (erster Bestandteil) und Grundwort (zweiter Bestandteil):

Ein Substantiv kann als Grundwort oder als Bestimmungswort auftreten. Spar*buch*/Buch*halter*, Spar*kasse*/Kassen*schlüssel*, Geschäfts*straße*/Straßen*bahn* (Die Grundwörter sind in den Beispielen unterstrichen.)

Setze die folgenden Substantive einmal als Grundwort und einmal als Bestimmungswort ein:

Haus, Maler, Geld, Kinder, Zimmer, Schirm, Dach, Hund, Fabrik, Mühle, Fenster, Quelle, Karte, Treppe

Übung 4

das – dass:

Artikel (Geschlechtswort): das Schaufenster, das Mädchen, das Gedicht, …

Demonstrativpronomen (hinweisendes Fürwort): Haben das auch Schulkinder gemalt? – Das ist mein Geburtsort. – Ersatzwort: dies(es) (Dies ist mein Geburtsort.)

Relativpronomen (bezügliches Fürwort): Das Mädchen, das den Preis erhielt, heißt Steffi. – Das Kaninchen, das im Garten herumhoppelt, gehört mir. – Das Haus, das abgebrannt war, wird wieder aufgebaut. Ersatzwort: welches (Das Haus, welches …)

Konjunktion (Bindewort): Darüber, dass ihre Zeichnung ausgestellt wurde, freute sie sich am meisten. – Ich hoffe, dass er kommt. – Wir vermuten, dass Gerd den Zug verpasst hat. – Hier ist kein Ersatzwort möglich.

Bilde zu allen vier Wortarten eigene Sätze! Beachte das Komma vor den Relativpronomen und den Konjunktionen!

Übung 5

Schreibweise des langen a:

Sparbuch, Namen, aufmerksam, … gerahmt, Kahnfahrt, Schlagsahne, … Aal, staatlich, Haar (Härchen), Paar (Pärchen)

Fülle die Wortlücken durch Einsetzen von a, ah oder aa!

Kan___l, schm___l, S___tbeete, Ausn___me, str___len,

Gran___te, N___t, P___r, Dr___t, Vorr___t, Vulk___n,

Diebst___l, w___gerecht, w___gemutig, W___rheit,

Wasserw___ge, Lok___l, k___l, diagon___l, Chor___l,

sonderb___r, z___m, Hörs___l, Schicks___l, heils___m,

pr___len, l___m, ___nungslos, n___rhaft, Z___r, Gef___r,

Rekl___me, Dromed___r, Ausw___l, S___men, erm___nen,

Z___nr___db___n, katastroph___l, Holzpf___l, D___lien,

Qu___l, Gem___l

Beachte dabei, dass Fremdwörter kein Dehnungs-h haben, ebenso Wörter, die mit *sch, sp* oder *qu* beginnen.

▶ Lösungsteil Nr. 44

42. Schneeschauer mitten im Frühling

Diktat

In der Frühlingssonne leuchteten Wiesen und Sträucher im frischen Grün und in den Gärten blühten Tulpen, Narzissen und Krokusse. Da verwandelte ein plötzlicher Witterungswechsel mit polarer Kaltluft und heftigem Schneegestöber die schon frühlingsmäßige Natur in eine Winterlandschaft. Das Schneetreiben war gebietsweise so dicht, dass die Autofahrer mit aufgeblendeten Scheinwerfern nur im Schneckentempo vorwärts kamen. Regina stand am Fenster und blickte in den Flockenwirbel. Sie dachte besorgt an ihren Vater, der als Fernfahrer mit einem Lastzug unterwegs war. Durch die Nachrichtensendung des Fernsehprogramms erfuhr sie von kilometerlangen Fahrzeugschlangen auf mehreren Autobahnen. Auf den schneebedeckten Fahrbahnen war es infolge des Temperatursturzes an vielen Stellen zu Auffahrunfällen gekommen, sodass dort der Autoverkehr in beiden Fahrtrichtungen völlig zusammengebrochen war. Wieder einmal hatte es sich gezeigt, dass die Natur stärker als die Technik ist. (134 Wörter)

Übung 1

Schreibweisen des langen u:

Natur, sie erfuhr, Temperatur, Uhrwerk, nur, Ruhr, Spule, Brotkrumen, Feldhuhn, Urgroßvater, Herzogtum, Ruhm, …

Setze in die Wortlücken u oder uh ein!

Spr____del, Eigent____m, Lehnst____l, Sp____r, ____rmacher,

____rwald, Min____te, r____mlos, P____ter, Rebh____n, Fl____r,

Garnit____r, K____le, F____rwerk, Gl____t, R____ine,

schn____rgerade, ____rbar, Fig____r, R____rgebiet, Literat____r,

Fl____t, Einf____r

► Lösungsteil Nr. 45

Übung 2

Adverben (Umstandswörter) mit der Nachsilbe -wärts:

vorwärts, abwärts, ostwärts, rückwärts, flussaufwärts, heimwärts, …

Ersetze folgende Ausdrücke durch die kürzeren Adverbien! Nach oben, zur Seite, nach Westen, zum Himmel, den Fluss hinab, nach Norden, in Richtung Heimat, nach außen, in das Landinnere, nach Südosten

► Lösungsteil Nr. 46

Übung 3

Zusammensetzungen mit Partizipien und Wortgruppen mit Partizipien (Mittelwörter) – Der erste Bestandteil ist ein Substantiv (Hauptwort):

schneebedeckt, windgeschützt, kampferprobt, Zeit raubend/zeitraubend, ohrenbetäubend, gefahrdrohend, eisgekühlt, Hilfe suchend/hilfesuchend, gottverlassen, durststillend, moosbewachsen, silberglänzend, naturverbunden, leidgeprüft, sieggewohnt, sportgestählt, welterfahren, schmerzverzerrt, spannungsgeladen, handgeschnitzt, blumengeschmückt, schmutzlösend, stadtbekannt, strohbedeckt

Ordne nach der Art der Partizipien (Partizip Präsens – Partizip Perfekt) und füge passende Substantive hinzu!

(Schneebedeckte Straßen, ... eine Zeit raubende Beschäftigung, ...) Partizipien im Präsens erkennst du leicht durch das d am Wortende. Zusammensetzungen mit einem Substantiv (Hauptwort) als erstem Bestandteil sind oft Verkürzungen von Wortgruppen. Wenn dabei ein Artikel (Geschlechtswort) oder eine Präposition (Verhältniswort) eingespart wird, schreibt man Substantiv und Partizip (Mittelwort) zusammen; Beispiel: schneebedeckt = **mit** Schnee bedeckt. Wenn es sich hier um keine Verkürzung handelt, kann man das Substantiv auch groß und vom Partizip getrennt schreiben; Beispiel: Hilfe suchend: er sucht Hilfe.
Bei Verbindung von Hauptwörtern, Eigenschaftswörtern, Umstandwörtern oder Fürwörtern mit adjektivisch gebrauchten Partizipien ist Getrennt- wie auch Zusammenschreibung möglich; Beispiel: Erfolg versprechend – erfolgversprechend

Übung 4
Schärfung durch mm:

Abstammung, zusammen, Schimmel, schlammig, himmlisch, unbestimmt, schwimmen, kummervoll, Dummheit, verschlimmern, stumm, Nummer, Summe, Himmel, Schlamm, schimmlig, Gesamtheit, Bestimmtheit, stämmig, nummerieren, verstummt, dumm, schlimm, kümmerlich, Rückenschwimmer, Summanden, gekrümmt, Kommando, bekömmlich, krumm, Kommandant, ankommen, Damm, eindämmen
Je zwei Wörter gehören zu einer Familie. Schreibe sie heraus und ergänze sie! (Zusammen, Gesamtheit; Versammlung, sämtlich; einsammeln, Sammlung)

Übung 5
Komma vor „dass – sodass – ohne dass“:

Das Schneetreiben war so dicht, dass die Autofahrer nur im Schneckentempo vorwärts kamen. – Es hatte sich gezeigt, dass die Natur stärker als die Technik ist.
Es war zu Auffahrunfällen gekommen, sodass der Autoverkehr völlig zusammengebrochen war. – Es war plötzlich kalt geworden, sodass wir uns Wintersachen anzogen.
Der Winter kehrte zurück, ohne dass er aber den Frühling verdrängen konnte. – Regina stand am Fenster, ohne dass sie sich über das Schneetreiben freute.
Ändere die folgenden Satzverbindungen in Gliedsätze mit dass, sodass oder ohne dass um: Sie gingen, ohne sich zu verabschieden.

– Wir freuen uns, dich wiederzusehen. – Ohne zu fragen, nahm sich Ingrid meine Bücher. – Peter war gefallen und blutete am Knie. – Die Straße war vereist, und der Wagen kam ins Schleudern. – Wir bemühten uns, die Arbeit rasch zu beenden. – Der Junge sprach mit uns, ohne uns anzusehen. – Die Hoffnung, sein Ziel zu erreichen, hatte er längst aufgegeben.

▶ Lösungsteil Nr. 47

43. Briefmarkensammler

Diktat

Lukas und sein Freund Norbert sind eifrige Briefmarkensammler. Beide haben schon viele Postwertzeichen aus allen Erdteilen sorgfältig in ihre Alben eingeordnet. Oft betrachten sie ihre Marken und tauschen die doppelten. Heute hat Norbert einen Katalog mitgebracht, damit sie einmal den Sammlerwert ihrer Marken feststellen können. „Du, ich habe eine ganz teure österreichische Marke! Die hier kostet fünfzig Euro!“, ruft Lukas und schiebt Norbert den aufgeschlagenen Katalog zur Kontrolle hin. „Das ist aber der Preis für ungestempelte Marken. Deine gestempelte ist leider viel billiger, die kostet nur zwanzig Cent. Guck mal, Lukas, die erste Preisspalte bezieht sich nämlich auf postfrische Marken“, erklärt Norbert. Enttäuscht steckt Lukas die karminrote Marke mit dem Bildnis des alten österreichischen Kaisers wieder in sein Album zurück. Für ihn hat sie weiterhin ihren Wert behalten, und die Freude am Briefmarkensammeln ist trotzdem ungetrübt. (137 Wörter)

Übung 1

Übung

pf am Wortanfang:

Pflanze, Pflaster, pflegen, Pfeffer, Pfingsten, Pfirsich, Pflaume, Pfütze, Pfund, Pfand, Pfahl, Pfau, Pfarrer, pfeifen, Pfanne, Pförtner, Pflicht, pflücken, pflügen, Pfeil

Schreibe damit zusammengesetzte oder davon abgeleitete Wörter! (Pflaumenbaum, einpflanzen, ...)

Übung 2

Übung

Schreibweisen des langen ä:

nämlich, Träne, Kapitän, gären, quälen, Prämie, ...
allmählich, strähnig, Mähne, Vermählung, Ähnlichkeit, Gefährtin, ...

Setze in die folgenden Wortlücken ä oder äh ein!

Holzsp____ne, ungef____rlich, Versp____tung, Gr____ten,

M____re, M____drescher, Qu____lerei, g____nen, ____nlich,

w____rend, Ern____rung, unz____lig, j____ten, Getreide____ren,

allj____rlich, Wagenf____re, unerkl____rlich, W____rung,

ausw____len, D____monen, st____lern, erw____nen, Eisb____r,

s____mig, gel____mt, S____mann, sp____rlich

► Lösungsteil Nr. 48

Übung 3
Zeichensetzung bei Anreden:

a) Innerhalb des Satzes wird die Anrede durch Komma abgegrenzt: Du, ich habe eine ganz teure Marke! – Guck mal, Lukas, die erste Preisspalte bezieht sich nämlich auf ungestempelte Marken. – Wann kommst du mich denn besuchen, Philipp? – Ich wusste nicht, Anna, wohin du verreisen wolltest.

b) Bei Anreden außerhalb des Satzes (im Brief, bei Ansprachen) steht entweder das Ausrufezeichen (Liebe Eltern! – Sehr geehrter Herr Direktor! – Werte Frau Kessels, liebe Mitschüler oder ein Komma (Liebe Eltern, – Sehr geehrter Herr Direktor, – Werte Frau Kessels, liebe Mitschüler,).

Schreibe ähnliche Sätze und briefliche Anreden!

Übung 4
Schreibung allein stehender Adjektive (Eigenschaftswörter) bei vorangestelltem Artikel (Geschlechtswort):

a) Kleinschreibung, wenn sich das Adjektiv auf ein vorausgehendes Substantiv bezieht: Sie betrachten ihre Marken und tauschen mehrere ausländische. – Das ist der Preis für ungestempelte Marken, gestempelte sind viel billiger. – Zum Satz gehören acht Marken, die rote ist die wertvollste.

b) Großschreibung, wenn sie als Substantive gebraucht werden: Du musst das Wesentliche vom Unwesentlichen unterscheiden. – Wir habendieKrankengepflegt.–DieReichensolltendenArmenhelfen.

Häufig zeigen auch vorangehende Wörter wie alles, etwas, nichts, viel, wenig den substantivischen Gebrauch an: nichts Neues, alles Gute, ...

Entscheide über Groß- und Kleinschreibung in den folgenden Sätzen: Die beiden (S/s)chwerverletzten wurden vom Hubschrauber ins Krankenhaus geflogen. – Wir haben viele Fahrten unternommen. Die (S/s)chönste war die nach Neuschwanstein. – Der (K/k)lügere gibt nach. – Wir mussten das (S/s)chlimmste befürchten. – In letzter Zeit gab es viele Naturkatastrophen. Die (S/s)chlimmsten waren in Kanada und in Norditalien. – Im Schrank liegen drei Schals. Gib mit bitte den (R/r)oten, denn das ist der (W/w)ärmste. – Sie gehören zu den (Ä/ä)rmsten der (A/a)rmen. – Dieser Weg ist von allen, die nach Oberstdorf führen, der (B/b)equemste, allerdings der (W/w)eitere. – Das ist ja eine alte Tageszeitung. Wo ist denn die (N/n)eue?

▶ Lösungsteil Nr. 49

44. Vertrauensvoll

Peter, einem Sechsjährigen, war beim Spielen der Ball in den Brunnen gefallen. Da er sich nicht zu helfen wusste, lief er zum Vater und bat ihn, den Ball wieder herauszuholen. Er dachte sich: „Der Vater kann doch alles." Die beiden gingen zum Brunnen und sahen den Ball auf dem Wasserspiegel schwimmen. „Komm her", sagte der Vater, packte seinen Sohn bei den Füßen und hielt ihn mit dem Kopf nach unten in den Brunnen hinab. Peter griff mit beiden Händen nach seinem Ball und holte ihn herauf. Dann fragte der Vater: „Peter, hattest du denn keine Angst, als ich dich in den Brunnenschacht hinabhielt?" – „Nein", entgegnete der Junge, „warum sollte ich denn Angst haben? Ich wusste und fühlte es doch, dass du mich festhältst. Da brauchte ich mich doch nicht zu fürchten." (132 Wörter)

Übung 1

Mit „voll" zusammengesetzte Adjektive (Eigenschaftswörter):
vertrauensvoll, teilnahmsvoll, schwungvoll, maßvoll, gehaltvoll, prachtvoll, wundervoll, wertvoll

Schreibe als Adjektive und bilde damit Sätze: mit viel Mühe, Kraft, Rücksicht, Leid, Geschmack, Angst, Bedeutung, Gefahren, Gefühl, Unheil, Liebe, Hoffnung, Humor, Macht

Übung 2
Schärfung mit mm:

schwimmen, er kommt, Versammlung, schimmlig, Kommode, Programm, verstimmt, Trommlerchor, schlammig, Flamme, Kommandant, unbestimmt, Klimmzug, kämmen, zusammen

Setze in die Lücken folgender Wörter mm oder m ein:

ku_____ervoll, Nu_____er, nu_____eriert, Ka_____eradschaft,

Bodenka_____er, Sche_____el, Gesa_____theit, Zusa_____enstellung,

tra_____peln, Li_____onade, Hi_____el, Hi_____beeren, Ka_____,

Ka_____illenblüten, stu_____, Ru_____, Autogra_____,

ko_____andieren, Ko_____pass, gri_____ig, Kü_____el, Rheinda_____,

Da_____wild, stä_____ig

▶ Lösungsteil Nr. 50

Übung 3
Der s-Laut bei den Stammformen der Verben (Zeitwörter):

wissen – wusste – gewusst, schließen – schloss – geschlossen, preisen – pries – gepriesen

Ergänze die fehlenden Stammformen bei den folgenden Verben:

fassen	fasste	____________
schießen	schoss	____________
____________	aß	gegessen
büßen	____________	gebüßt
____________	reiste	gereist

reißen	riss	______________
______________	floss	geflossen
messen	______________	gemessen
lassen	ließ	______________
genießen	______________	______________
______________	biss	______________
______________	______________	gestoßen
______________	fraß	______________
passen	______________	______________
______________	grüßte	______________
______________	______________	gerostet
gießen	______________	______________
______________	______________	gehasst

▶ Lösungsteil Nr. 51

Übung 4

Großschreibung von Verben (Zeitwörtern), die als Substantive (Hauptwörter) gebraucht werden:

Verben sind leicht als Substantive zu erkennen, wenn ein Artikel vorausgeht (das Schreiben), ein Pronomen (sein Rufen), eine Präposition (beim Spielen) oder ein Adjektiv (gründliches Suchen) davorsteht. Bei der Substantivierung werden ursprünglich getrennt geschriebene Wörter miteinander verbunden (das Schlittschuhlaufen, durch das häufige Fußballspielen, beim Radflicken).

Vom Laufen, beim Essen, während des Fütterns, das Vorbereiten, geduldiges Warten, ständiges Üben, durch lautes Rufen, andächtiges Beten

In manchen Sätzen kann man den Artikel hinzufügen wie im folgenden Beispiel: (Das) Essen und (das) Tinken hält Leib und Seele zusammen.

Bilde Satzpaare wie im folgenden Beispiel! Helga und ich können gut schwimmen. – Wir freuen uns auf das Schwimmen im See.– Wir fahren mit dem Auto nach Oberstdorf. – Bei der Hitze hat uns das lange Autofahren sehr ermüdet.

45. Einquartierung

Diktat

Familie Wagner besitzt zwei muntere Wellensittiche, einen gelben und einen hellgrünen. Da sie verreisen wollten, brachten sie die Vögel zu Bekannten. Der zwölfjährige Florian, ein echter Tierfreund, übernahm freudig die Pflege der beiden Wellensittiche. Täglich gab er ihnen Futter und frisches Wasser und säuberte zweimal wöchentlich den Käfig. Kein Wunder, dass sich die Tiere in der neuen Umgebung bald ganz heimisch fühlten, was sie durch lautes Krächzen zeigten. Zufrieden betrachtete Florian seine Gäste. Um ihnen mehr Bewegungsfreiheit zu geben, öffnete er das Käfigtürchen. Sofort flogen die Vögel auf den Küchenschrank. Doch wie erschrak Florian, als er nach einem Telefonanruf eines Klassenkameraden wieder die Küche betrat! Die Wellensittiche saßen an einer Schale mit Sauerkirschen und hatten sich ihre Brustfedern mit dem Saft bespritzt. Schnell verjagte Florian die Sittiche, die kreischend zum Käfig flüchteten. (133 Wörter)

Übung

Übung 1

ch oder sch:

Wellensittiche, krächzen, flüchten, Küchenschrank, Türchen, weich, gerecht, wöchentlich, …

frisch, kreischend, mischen, Täuschung, Gebüsch, rascheln, Sauerkirschen, …

Setze die Reihen fort und ergänze die folgenden Wörter durch ch oder sch:

lä____eln, prä____tig, Kir____baum, Kir____turm, blei____,

inzwi____en, Gere____tigkeit, e____t, Hir____geweih,

westfäli____, niedli____, Erfri____ung, Ei____hörn____en,

hu____en, viellei____t, Tei____, Gewi____t, Mu____eln, ra____eln,

Be____er, lö____en, Rei____tum, Versi____erung, abwi____en,

Krani____

▶ Lösungsteil Nr. 52

Übung 2

Schärfung mit ll:

Karussell, Pullover, hellgrün, Kollege, grillen, Wellensittich, Porzellan, Ellipse, Kapelle, Milliarde, Satelliten, Ballast

Setze in die folgenden Wortlücken ll oder l ein und ordne anschließend diese Wörter alphabetisch:

Luftba____on, Nachtiga____, Wa____nuss, Mi____imeter,

Po____itiker, Mi____itär, A____uminium, a____mächtig,

A____arm, Gerö____, Protoko____, Ko____onie, we____ig,

we____tlich, Ga____e, abbeste____t, Erkä____tung,

Suppenke____e, A____kohol, a____mählich, Geschwu____st,

anschwe____en, Gese____igkeit, se____tsam, Libe____e,

Me____odie, vielfä____tig, zufä____ig, gewa____tig, Krista____,

Zwi____ing, schi____dern, schi____ern, Ka____ender, Bazi____en,

Se____tenheit, Se____erie

▶ Lösungsteil Nr. 53

Übung 3

t oder d vor der Nachsilbe -lich:

wöchentlich, eigentlich, … unempfindlich, rundlich, …

Bei den folgenden Wörtern stimmt in 6 Fällen die Schreibweise mit d und t nicht.

Suche die Fehler und schreibe jedes dieser Wörter dreimal in der richtigen Schreibung auf!
abendlich, unentlich, monatlich, gründlich, ordendlich, namentlich, empfindlich, versehendlich, gemeinschaftlich, morgentlich, stündlich, hoffendlich, flehentlich, mündlich, gelegentlich, verstäntlich, tödlich, unerkenntlich, öffentlich
▶ Lösungsteil Nr. 54

Übung 4
Komma vor Relativpronomen (bezügliche Fürwörter):
Oft werden Gliedsätze von Relativpronomen eingeleitet. Derartige Gliedsätze nennt man deshalb Relativsätze. Sie werden durch ein Komma vom Hauptsatz getrennt.
Florian verjagte die Sittiche, die kreischend zum Käfig flüchteten. – Er reinigte den Käfig, der auf einem Tischchen stand. – Der Junge stellte das Näpfchen, das er mit frischem Futter gefüllt hatte, in den Vogelbauer. – Die beiden Vögel saßen auf dem Teller, in dem Sauerkirschen lagen. – Der Mann, dessen Wagen hier parkt, ist mein Onkel. – Das ist die Frau, deren Mann gestern verunglückte.
Schreibe ähnliche Satzgefüge mit Relativpronomen!

Übung 5
Substantive (Hauptwörter) mit den Nachsilben -heit und -keit:
Verzagtheit, Gelegenheit, Frechheit, Seltenheit, Rohheit, Dummheit, …
Sorglosigkeit, Ewigkeit, Tätigkeit, Anhänglichkeit, Gleichgültigkeit, …
Füge noch andere Substantive hinzu und ergänze folgende Wörter durch die Nachsilben -heit oder -keit: krank, schuldig, gesund, rein, gemütlich, selig, bequem, flüssig, dunkel, hell, selbstständig, kühn, schwach, mutwillig, schön, freundlich, grob, wahr, schnell, klug

46. Die Amselkinder

Philipp sitzt auf der Terrasse und überprüft die Ergebnisse seiner Mathematikaufgaben. Hier im Garten ist sein Lieblingsplatz. Als Naturfreund findet er immer etwas Interessantes zu beobachten. Eben hat er einem zierlichen Zaunkönig zugeschaut, der munter an einem Kirschzweig herumturnte. Gleich danach wird Philipps Aufmerksamkeit auf eine Amsel gelenkt, die auf der Wiese landet. Sofort kommen zwei Junge unter den tief hängenden Zweigen einer Eibe zum Vorschein. Weit sperren sie ihre gelbrandigen Schnäbelchen auf, in die die Mutter abwechselnd die ersehnte Nahrung hineinsteckt. Dann hüpfen die Kleinen wie braune Federbällchen zurück in ihr geschütztes Versteck. Nicht lange danach bringt der Amselvater Futter für die stets hungrigen Jungen, die sogleich piepsend auf ihn zu trippeln. Philipp wagt sich kaum zu bewegen, um die Vögel nicht zu erschrecken. „Hoffentlich können die Amselkinder bald fliegen", denkt er, „damit sie nicht eines Tages das Opfer von Nachbars Katze werden."

(146 Wörter)

Übung 1

Schärfung mit pp:

Philipp, trippeln, zappelig, umkippen, Felsklippe, appetitlich, Knüppel, doppelt, Schuppen, Teppich, knapp, Gestrüpp, Pappeln, klappern, struppig, schnappen, Grüppchen, schlapp, Pappdeckel, wippen, abstoppen, Truppe, galoppieren, verkrüppelt, Stadtwappen, schleppen, Steppe, nippen, suppig, Putzlappen

Ordne nach Wortarten! (Substantive, Verben, Adjektive)

Übung 2

Großschreibung von Adjektiven (Eigenschaftswörtern) nach Mengenangaben:

etwas Interessantes, viel Neues, mancherlei Erfreuliches, nichts Gutes, wenig Schönes, nichts Warmes, …

Füge ähnliche Beispiele hinzu und bilde damit Sätze!

Übung 3

Substantive (Hauptwörter) mit der Nachsilbe -keit:

Aufmerksamkeit, Müdigkeit, Schnelligkeit, Geschwindigkeit, Genauigkeit, Persönlichkeit, Ewigkeit

Verbinde die folgenden Wörter mit der Nachsilbe -keit: ehrlich, einig, gerecht, gewissenhaft, freundlich, fröhlich, unmäßig, natürlich, pünktlich, dankbar, herzlich, feucht, selbstständig, haltbar

Übung 4

Schärfung mit ss:

Terrasse, Ergebnisse, interessant, gewissenhaft, Nässe, russisch, Kassierer, Flüssigkeit, Dressur, Autobusse, Karussell, rissig

Setze in die Wortlücken s, ss oder ß ein:

verschlo____en, Schlie____fach, abme____en, mä____ten,

Me____becher, bi____chen, Bi____en, abbei____en, Wei____heit,

schneewei____, Verlu____t, lu____tig, Geno____enschaft,

genie____en, nie____en, Walnü____e, Bu____ard, bi____ig,

Verfa____ung, fa____ten, Ilti____e, Entschlu____,

Schlü____elbund, Kürbi____e, Kenntni____e, Pä____e,

Pa____tete, Mi____etat, Weinfä____er, Fa____ade, fa____t,

wi____begierig, Wi____enschaftler

▶ Lösungsteil Nr. 55

Übung 5
Wörter mit ph:
Philipp, Asphalt, Prophet, Strophe, Physik, Alphabet, philosophisch, Triumph, katastrophal, Atmosphäre, Phosphor, Hieroglyphen
Verwende diese Wörter in Sätzen oder schreibe damit zusammengesetzte und davon abgeleitete Wörter!

47. Ein Hund als Lebensretter

Die achtzigjährige Frau Gerber wohnt in einer kleinen Behausung am Dorfrand. Ihr einziger Gefährte ist Prinz, ein schwarzer Mischlingshund. „Er bedeutet mir alles", erzählt die alte Rentnerin, „der hat mir sogar das Leben gerettet." Als die Greisin einmal Kartoffeln aus dem Keller heraufholen wollte, stolperte sie mit ihren Pantoffeln und stürzte die steile Treppe hinunter. Bewusstlos blieb Frau Gerber auf dem Steinpflaster liegen. Prinz war durch das Poltern aufgeschreckt worden und fand seine Herrin regungslos und blutend vor dem Kellereingang. Jaulend stupste er die schwer Verletzte an, die sich aber nicht rührte. Prinz wollte Hilfe holen und hetzte in raschen Sätzen zum Nachbarhaus. Wegen des unaufhörlichen Bellens ahnten die Nachbarn Schlimmes, folgten eilends dem Tier und halfen gemeinsam mit einem Arzt der Verunglückten. Ohne Prinz jedoch wäre Frau Gerber rettungslos verloren gewesen. (136 Wörter)

Übung 1

Schärfung mit rr:

Herrin, unbeirrt, knurren, erstarrt, Verwirrung, verdorren, Terrasse, närrisch, Beherrschung, irrtümlich, knurrig, wirr, Narr, Terrarium, dürr, Starrheit

Je zwei Wörter haben den gleichen Wortstamm: Schreibe sie heraus!
Setze in die folgenden Wörter rr oder r ein:

He____zog, He____scher, He____berge, veri____t, Landwi____t,

Spe____linge, Spe____e, Spe____ber, scha____en, scha____f,

schnu____en, Schnu____, Ziga____ette, Ziga____e, Pfi____sich,

I____sinn, Pfa____er, Fah____t, schwi____en, Gu____t

▶ Lösungsteil Nr. 56

Übung 2

Substantive (Hauptwörter) mit der Nachsilbe -in und ihre Pluralbildung (Mehrzahl):

Greisin – Greisinnen, Herrin – Herrinnen, Rentnerin – Rentnerinnen, Nachbarin – Nachbarinnen, Schwimmerin – Schwimmerinnen, …
Schreibe weibliche Berufe oder Standesbezeichnungen im Singular und Plural auf!

Übung 3

Mit -los gebildete Adjektive (Eigenschaftswörter):

regungslos, bewusstlos, selbstlos, gefühllos, rettungslos, kraftlos
Bilde Adjektive durch Zusammensetzen mit -los aus: Freude, Glauben, Hoffnung, Bargeld, Ende, Macht, Gedanken, Furcht, Mut, Atem, Traum, Schlaf, Wert, Ruhe, Kosten, Geruch, Arbeit, Kinder und setze passende Substantive dahinter! (eine freudlose Zeit, …)

Übung

Übung 4
Substantive (Hauptwörter) mit der Nachsilbe -ling:

Mischlingshund, Schädling, Feigling, Zwilling, Pfifferling, Schmetterling, Frühling, Täufling, Prüfling, Liebling, Sonderling, Säugling, Häftling, Lehrling, Häuptling, Zögling, Sträfling

Ordne die Substantive in alphabetischer Reihenfolge!

Übung

Übung 5
b oder p:

stubsen, Papst, Raps, optisch, Hauptsachen, Gips, grapschen, …
Fränkische Alb, Nachschub, herbstlich, Abtei, Krebse, Abitur, …

Setze b, p oder pp in die folgenden Wörter ein:

Al____horn, Schwäbische Al____, Ka____elle, pä____stlich,

Er____sen, betäu____en, Behau____tung, ho____sen, Ka____sel,

Schli____s, O____stbäume, Al____traum, Betrie____srat,

Ter____entin, Schu____karre, Re____u____lik, Gelü____de,

Antrie____, o____dachlos, Re____hühner, Ze____ter, O____tiker,

Gi____sverband, Trom____eter, Sie____, Pro____st, Kla____s,

hü____sch, Erlau____nis, ____lombieren, Su____jekt,

Gerüm____el, su____tropisch, trü____sinnig, Dro____s,

Rau____tierdressur, Ste____tanz, Su____stantiv

▶ Lösungsteil Nr. 57

48. Kluge Schimpansen

Diktat

Bereits vor einigen Jahrzehnten testete ein deutscher Wissenschaftler, inwieweit Schimpansen Intelligenz besitzen. Vor die Gitterstäbe des Käfigs legte er eine Banane so hin, dass sie das Tier mit den Händen nicht fassen konnte. Fast eine halbe Stunde lang mühte sich eine Schimpansin vergebens, die lockende Frucht zu erreichen. Plötzlich schien sie eine Eingebung zu haben. Sie sprang auf und ergriff einen Stock, den sie schon vorher im Käfig bemerkt hatte. Sie steckte ihn durch das Gitter und angelte sich die begehrte Banane. Danach hatte man einem Schimpansen zwei hohle Bambusstöcke in seinen Käfig gelegt. Da der einzelne Stock zu kurz war, um die außerhalb des Gitters liegende Banane zu erlangen, steckte er die Stöcke ineinander und kam so zu seiner Lieblingsspeise. Diese Stöcke waren für die Affen ein wichtiges Werkzeug, das sie später sogar als Hebel verwendeten. (139 Wörter)

Übung 1

Wortfamilie „wissen“:

wissen, Wissenschaftler, gewissenhaft, wissbegierig, Bewusstsein, Unwissenheit, vergewissern, bewusstlos, Weisheit, ungewiss, naseweis, Besserwisser, ich weiß, Beweis, wissensmäßig, wissentlich, wissenschaftlich, Gewissheit, weise, Weisheitszahn, wohlweislich

Füge passende Wörter in die Satzlücken ein!

Er hatte ______________________ die Unwahrheit gesagt.

Für seine ______________________ Arbeit erhielt der Professor den Nobelpreis.

Die meisten Schüler hatten sich

______________________ auf die Mathematikarbeit vorbereitet.

Der Verletzte wurde noch ______________________ ins Krankenhaus gefahren.

Europäische ______________________ berieten über Probleme der Luftverschmutzung.

Der Architekt ______________________ sich über die ordnungsgemäße Durchführung der Bauarbeiten.

Fortsetzung Seite 98

Ein _______________________________ Kind stellt häufig viele Fragen.

_______________________________ schützt nicht vor Strafe.

Übung 2

g und k im Auslaut:

klug, Werkzeug, Kork, Blinklicht, Tabak, Erfolg, Volk, Schlingpflanze, Zweig, Burg, Bezug, Getränk, Gefängnis, Empfang

Verändere die Wörter so, dass du den Auslaut besser hörst (kluge, Werke), und bilde folgende Reihen:

Fang, bl_______, Ges_______, Gest_______, schl_______, G_______,

Dr_______, kr_______ (viermal k)

arg, P_______, Qu_______, M_______, st_______, S_______,

Knochenm_______, k_______ (sechsmal k)

Republik, Mosa_______, Fabr_______, Ess_______, Polit_______,

Käf_______, Phys_______ (zweimal g)

Buchfink, D_______, R_______, Schmetterl_______, Z_______,

fl_______, ger_______, W_______ (viermal g)

Sprung, j_______, Pr_______, Rundf_______, Schw_______,

D_______, Tr_______, Üb_______ (dreimal k)

Empfang, Tr_______, Ölt_______, Kl_______, Str_______,

kr_______, R_______, Z_______, Seet_______, bl_______,

entl_______ (fünfmal k)

klug, Unf_______, gen_______, B_______, Pfl_______, Sp_______,

Betr_______, Kr_______, Fl_______, Z_______ (einmal k)

Tabak, Schl_______, Ertr_______, Bel_______, Sonnt_______,

Anor_______, Vertr_______, Verl_______ (sechsmal g)

▶ Lösungsteil Nr. 58

Übung 3
Schärfung mit tt:

Gitter, Quittung, violett, Viehfutter, vierblättrig, gewittrig, spöttisch, zerknittert, Briketts, Attest, Quartett, Schlittschuhe, betteln, …
Setze in die Lücken folgender Wörter tt oder t ein:

Mi____woch, Mi____leid, Gewi____er, Wi____we, Tri____bre____,

Wildbre____, zerspli____ern, Appe____i____, Krawa____e,

Hängema____e, Maa____, Karo____e, Stafe____e, gesta____en,

Sta____iv, flo____, Großbri____annien, Balle____, Table____,

kri____isch, Li____er, Bo____ich, e____was, Opere____e,

A____raktion, Kapi____el, Dri____el

▶ Lösungsteil Nr. 59

Übung 4
Die verschiedenen Wortarten das – dass:

a) „das" als Artikel (Geschlechtswort): das Gitter, das Tier
b) „das" als Relativpronomen (bezügliches Fürwort) mit dem Ersatzwort „welches": Sie hatten ein Werkzeug, das sie auch als Hebel verwendeten.
c) „das" als Demonstrativpronomen (hinweisendes Fürwort) mit dem Ersatzwort „dies(es)": Das waren wichtige Erkenntnisse für die tierische Verhaltensforschung.

d) „dass“ eine Konjunktion (Bindewort) zwischen Haupt- und Gliedsatz: Er legte eine Banane so weit entfernt, dass sie das Tier nicht erreichen konnte.

Setze das oder dass in die folgenden Sätze ein!

a) Glaubst du, __________ wir den Bus noch erreichen?

b) Das Haus, __________ neu gestrichen wird, gehört den Großeltern.

c) __________ war ein schönes Spiel, __________ wir heute zu sehen bekamen.

d) Mit Obst, __________ noch unreif ist, verdirbt man sich den Magen.

e) Ein Sprichwort sagt, __________ Lügen kurze Beine haben.

f) Ich befürchte, __________ du das Geld, __________ du verloren hast, nicht mehr bekommst.

g) Soll __________ wirklich richtig sein?

h) Die Eltern hatten Sorge, __________ Peter die Schule schwänzt.

► Lösungsteil Nr. 60

49. Am Dachsbau

Diktat

Mit seinem Onkel, dem Oberförster Eichler, durchstreift Klaus ein ausgedehntes Waldstück. Mitten in seinem Revier deutet der Onkel auf einige Ausgänge eines Dachsbaues hin. Klaus erfährt, dass Dachse sich als tüchtige Architekten beim Bau ihrer geräumigen Wohnung erweisen. Da gibt es gesonderte Vorratsräume, Wohn- und Schlafstätten, eine Kinderstube mit benachbarter Wachhöhle und sogar eine Toilette mit eigenem Entlüftungsschacht. „Sonderbar“, meint Klaus, „dass ich noch nie einen lebendigen Dachs gesehen habe.“ - „Das ist verständlich“, meint der Onkel, „denn Dachse sind sehr scheue Tiere, die ihre Unterkunft erst bei Dunkelheit verlassen, um auf Nahrungssuche zu gehen. Wittern sie aber mit ihrem ausgeprägten Geruchssinn einen Menschen, flitzen sie sofort in ihren Unterschlupf und trauen sich die ganze Nacht nicht mehr heraus. Während des Winters verlassen Dachse nur notgedrungen ihre Behausung, wenn sie der Hunger zu arg quält." (136 Wörter)

Übung 1
Wörter mit chs:

Dachs, Gewächs, Luchs, Achsen, Büchse, gedrechselt, Buchsbaum, Flachs, sechs, Fuchs

Fülle die Wortlücken mit chs oder mit x!

Verwe_______lung, Bohnerwa_______, E_______port,

Nachwu_______, A_______tstiel, A_______elhöhle,

Kunstdre_______ler, erwa_______en, Sa_______en, Bo_______,

O_______en, Beatri_______, Wa_______kerze, verhe_______t,

Steckbu_______e, Le_______ikon, Vordera_______e, Te_______t,

La_______, Bu_______baumhecke, Te_______tilien

▶ Lösungsteil Nr. 61

Übung 2
f oder v:

Oberförster, Entlüftung, Unterkunft, flitzen, sofort, Friedrichshafen, … Vorratsräume, verlassen, vollständig, Larve, Ventil, Vers, Passiv, Cuxhaven, …

Ersetze die Anfangsbuchstaben durch f oder v bei:

Wetter, Blut, gern, Näschen, Norm, Mädchen, Reigen, Toll, Kater, Weilchen, Ziel, Wink, Schieber, halten, hier, Zeile, Wort, Bibel, Masern, rühren, Ginster, drei, zerstört, Kohlen, Base, Korn

und Buchstaben in der Wortmitte bzw. am Ende bei:

Grab, brach, reiben, Seide, Nerz, Gold, Schieber, steil, Soda, Straße, Lama, streiten, lustig, Eimer, Hagel, haltbar, Stube, Taube, satt, Opal, Schild, Statik

▶ Lösungsteil Nr. 62

Übung 3

Die Nachsilbe -bar:

sonderbar, verwundbar, undankbar, fühlbar, spürbar, unsichtbar, tragbar, …

Schreibe in kürzerer Form mithilfe der Nachsilbe -bar: nicht zu begreifen, zum Fürchten, nicht zu belehren, zum Drehen, zu heizen, nicht zu zählen, kaum zu überschauen, nicht zu verzichten, zum Verstellen, nicht zu schlagen, zum Waschen, nicht zu überbrücken, zu teilen

Übung 4

Zusammensetzungen mit Partizipien und Wortgruppen mit Partizipien (Mittelwörter) – Der erste Bestandteil ist ein Substantiv (Hauptwort):

notgedrungen, umweltbewusst, Erfolg versprechend, glückstrahlend, goldverziert, pflichtvergessen, postlagernd, Aufsehen erregend

Zusammensetzungen mit einem Substantiv (Hauptwort) als erstem Bestandteil sind oft Verkürzungen von Wortgruppen. Wenn dabei ein Artikel (Geschlechtswort) oder eine Präposition (Verhältniswort) eingespart wird, schreibt man Substantiv und Partizip (Mittelwort) zusammen; Beispiel: glückstrahlend = **vor** Glück strahlend. Wenn es sich hier um keine Verkürzung handelt, kann man das Substantiv auch groß und vom Partizip getrennt schreiben; Beispiel: Aufsehen erregend = erregt Aufsehen.

Bei Verbindungen von Hauptwörtern, Eigenschaftswörtern, Umstandswörtern oder Fürwörtern mit adjektivisch gebrauchten Partizipien ist Getrennt- wie auch Zusammenschreibung möglich; Beispiel: Rat suchend – ratsuchend

Verbinde die folgenden Partizipien mit den alphabetisch geordneten Substantiven!

befleckt, begabt, bekannt, bewachsen, erfahren, bewusst, gebräunt, geprüft, geschützt, gestählt, bewusst, glänzend, verbunden, verkleidet, verweht, verzerrt

Blut, Holz, Leben, Leid, Moos, Natur, Pflicht, Schmerz, Schnee, Schuld, Silber, Sonne, Sport, Sprachen, Stadt, Welt, Wind

▶ Lösungsteil Nr. 63

Übung 5
Kommastellung bei der nachgestellten Apposition (Beisatz):
Die Apposition wird wie ein eingeschobener Gliedsatz in Kommas eingeschlossen.
Mit seinem Onkel, dem Oberförster Eichler, durchstreift Klaus ein ausgedehntes Waldstück. – Dachse, sehr scheue Tiere, verlassen ihren Bau nur bei Dunkelheit.
Führe die folgenden Satzanfänge fort und setze die Kommas!
Das Brandenburger Tor das Wahrzeichen Berlins ... – Adenauer der erste deutsche Bundeskanzler ... – Düsseldorf die Landeshauptstadt von Nordrhein-Westfalen ... – Daniel ein Nachbarjunge ... – China das bevölkerungsreichste Land ... – Hamburg unsere größte Hafenstadt ... – James Watt der Erfinder der Dampfmaschine ...

50. Der letzte Vorhang

Allmählich verebbte der lang anhaltende Beifall. Die Kollegen traten in die Kulissen zurück und ließen Maria Burg allein auf der Bühne. Die alte Schauspielerin verneigte sich wiederholt. Dreimal öffnete sich der Vorhang, bis er sich endgültig schloss. Ihre letzte Vorstellung war beendet. Jahrzehntelang war sie eine beliebte Schauspielerin. Aber nun würde sie nie mehr im Rampenlicht des Theaters stehen. Sie hatte die Altersgrenze erreicht und fühlte sich jetzt unendlich überflüssig und einsam. Doch dann meldet sich der Leiter eines Seniorenheims, der sie durch frühere Theaterbesuche kennt und schätzt. Er fragt, ob sie nicht gelegentlich seine Heiminsassen durch Dichterlesungen und künstlerische Darbietungen erfreuen will. Maria Burg überlegt nicht lange. Gern stellt sie sich mit ihrer Vortragskunst ehrenamtlich zur Verfügung. Beglückt spürt sie, dass der letzte Vorhang für sie noch lange nicht gefallen ist. (135 Wörter)

Übung 1
Wortfamilie „Ende“:
Ende, Spiel-, Orts-, Monats-, Wurst-, Zug-, Wochen-, Jahres-, Lebens-, Sommer-; Endstation, -punkt, -kampf, -runde, -lauf, -silbe, -spiel, -spurt, -zweck, -ung, Un-lichkeit, Be-igung; endlich, -gültig, -los; enden, be-, ver-
Schreibe die Wörter vollständig ab!

Übung 2
Schreibweisen des langen ä:

allmählich, Tränen, alljährlich, schälen, Späne, gefährlich, nämlich, Erklärung, spät, Gemälde, Haarsträhne, Säbel, während, schädlich, Gärung, Mähne, Sämann, gelähmt, unzählig, wählen, Ähre, ich wäre, Gefährten, Ähnlichkeit, Gräte, Kapitän, vergrämt, Quälerei, Vermählung, Geräte, verträglich, bärtig

Ordne die Wörter nach der Schreibweise des ä-Lautes!

Übung 3
Wörter mit th:

Theater, Thronfolger, Leichtathletik, Thema, Mathematik, Thermometer, katholisch, Apotheke, Bibliothek, Theorie, Thermalbad, Theke, sympathisch, Theologe, Thermosflasche, Zither - Lothar, Theodor, Thomas, Martha, Käthe, Therese, Elisabeth, Mathilde - Thüringen, Lothringen

Bilde Sätze, in denen möglichst zwei oder drei der Wörter mit th enthalten sind! (Beispiel: Martha und Lothar sind katholisch.)

Übung 4
Schreibweisen des langen ü:

Bühne, fühlen, berühmt, Abkühlung, verblüht, Truthühner, sühnen, aufwühlen, … spüren, natürlich, Zügel, Eigentümer, Geschwür, Blüten, behüten, betrübt, südwärts, …

Berichtige die falsch zusammengesetzten Substantive:

Kuchenmühle	Zustelldüne	Wanderblüte
Sandbühne	Apfelschwüle	Wasserstühle
Lehngebühr	Windkrümel	Mohrspülung
Theaterrübe	Holzführer	Gewitterkübel
Prüfungsstall	Wühlfrüchte	Kühlmaus
Frühlingsschüssel	Geflügelsinn	Spülturm
Hühneranfang	Südtermin	Mühlenfläschchen
Sühnefarm	Trübschrank	Parfümopfer

► Lösungsteil Nr. 64

Übung 5

mal – Mal – Male:

Wird „mal“ als Adverb (Umstandswort der Zeit) gebraucht, schreibt man es zusammen und klein: dreimal, auf einmal, zum letztenmal, ein paarmal, keinmal, mehreremal, manchmal, jedesmal, beim drittenmal, ein andermal, vielmals

Wird „Mal“ als Substantiv (Hauptwort) gebraucht, schreibt man es getrennt und groß: das eine Mal, zum letzten Mal, manches Mal, dieses eine Mal, nächstes Mal, voriges Mal, ein einziges Mal, beim zweiten Mal (Es schellt schon zum dritten Mal. – Es hat dreimal geschellt.)

Mit Endungen erfolgt immer Großschreibung: ein paar Male, zum ersten Male, mit einem Male, mehrere Male, bei verschiedenen Malen, nach wiederholten Malen

„Mal“ in der Bedeutung „Zeichen“: Mal, Denkmal, Ehrenmal, Brandmale, Grabmal, Muttermal, Merkmale

Nicht zu verwechseln mit „Mahl“: Mahlzeit, Abendmahl, Mittagsmahl, Gemahl, Mahlwerk

Fülle die Satzlücken (Getrennt- oder Zusammenschreibung)! Aber Vorsicht, Rechtschreibfalle! Zweimal muss „Mahl“ eingesetzt werden!

Ich komme ein ander … wieder. – Sie hatte ein schmackhaftes … zubereitet. – Das nächste … treffen wir uns in Düsseldorf. – Beim letzten … waren mehr Zuschauer im Stadion. – Vater hat schon drei … angerufen. – Wir haben kein einziges … verloren. – Vorigen Monat habe ich Monika zum letzten …e gesehen. – Sogar zum Fest … kam er zu spät.

► Lösungsteil Nr. 65

51. Schon tüchtige Detektive

Wie üblich gingen Karl und Michael dienstags nach dem Sportunterricht gemeinsam nach Hause. Plötzlich vernahmen sie aus einem Juweliergeschäft Hilferufe, und Sekunden später stürzten zwei Männer aus der Ladentür, um sich mit hastigen Schritten zu entfernen. Ohne lange zu überlegen, folgten die beiden Jungen in sicherem Abstand, obwohl ihnen noch der Schreck in den Gliedern saß. Unauffällig blieben sie den Männern auf den Fersen und beobachteten, wie sie eilends in einem dreigeschossigen Wohnhaus verschwanden. Während Karl in einiger Entfernung zum Haus aufpasste, rannte sein Klassenkamerad, so schnell er konnte, zum Juweliergeschäft zurück. Dort waren bereits, vom Geschäftsinhaber alarmiert, Polizeibeamte mit ihrem Streifenwagen eingetroffen. Noch ganz außer Atem berichtete Michael von ihren Beobachtungen. Daraufhin konnten die Verbrecher, die sogar bewaffnet waren, rasch festgenommen werden. Eine Belohnung und ein besonderes Lob des Polizeipräsidenten waren den Jungen gewiss. (138 Wörter)

Übung

Übung 1
Schärfung mit ss:

Professor, Dressur, bissig, Spessart, Hessen, Delikatesse, verbessern, russisch, Fassade, Drossel, kassieren, Klassenkamerad, dreigeschossig, Missetat, Narzissen

Bilde Reihen, aber achte auf Rechtschreibfallen in jeder Reihe!

Asse, G__________, Terr__________, Str__________, T__________,

R__________

lassen, sp__________, f__________, p__________, h__________,

verpr__________

essen, m__________, pr__________, B__________, verg__________,

fr__________

Messe, Adr__________, Chin__________, Proz__________,

Inter__________, Kr__________

Gosse, Kar__________, S__________, Gen__________, Fl__________,

Spr__________

Flüsse, Gr__________, G__________, K__________, N__________,

Verschl__________

▶ Lösungsteil Nr. 66

Übung 2

Schreibweise der Tagesnamen und Tageszeiten:

a) Kleinschreibung, wenn sie als Adverb (Umstandswort) gebraucht werden: dienstags, werktags, mittwochs, morgens, mittags, nachmittags, nachts, sonntags, abends, gestern, übermorgen

b) Großschreibung, wenn sie als Substantiv (Hauptwort) gebraucht werden: am Dienstag, vor dem Sonntag, gegen Morgen, zum Nachmittag, für den Abend, des Mittags, am Freitagvormittag, außer Montag, gestern Abend, heute Morgen

Schreibe ähnliche Zeitangaben und bilde damit Sätze!

Übung 3

Die Schreibweisen des z-Lautes:

z nach langem Vokal: stürzen, Kreuz, Heizung, …
und nach *l, n* und *r*: Pelz, glänzen, harzig, …
tz nach kurzem Vokal, aber nicht in Fremdwörtern: beschützen, Witz, Platz, …
zz in einigen Fremdwörtern: Razzia, Puzzlespiel, Skizze, Pizza, Intermezzo, …
s am Wortende (Verlängern bringt Klarheit): Gans/Gänse, Fels/Felsen, …
ds und *ts* am Auslaut einiger Adverbien: eilends, nirgends, bereits, …
in der Nachsilbe *-tion*: Portion, Operation, Spedition, …
Schreibe den richtigen z-Laut in die folgenden Wortlücken!

Fachar____t, gese____lich, Gip____, Quar____, absei____,

Ja____musik, geri____t, schmu____ig, Gewür____e, Bli____e,

ki____eln, schmel____en, gleichfall____, Hal____schmerzen,

Ker____en, verle____t, Tro____, Käu____chen, vergeben____,

vollen____, Wei____en, gerei____t, Spa____iergang, seuf____en,

ra____ekahl, Matra____en, Zinssa____, Mar____ipan, abwär____,

Finan____minister, erhi____t, Medi____iner, Pul____, ski____ieren,

Fortsetzung
Seite 108

gegensä____lich, Ak____ionär, Kreu____ung, pu____ig,

Expedi____ion, Intelligen____

► Lösungsteil Nr. 67

Ü Übung

Übung 4
Fremdwörter mit der Endung -iv:

Detektiv, Stativ, Motiv, Archiv, positiv, negativ, massiv, objektiv, aktiv, passiv, subjektiv, produktiv, offensiv, defensiv, aggressiv, intensiv, primitiv

Einige der Adjektive kannst du auch als Substantive brauchen (Bergmassiv), andere umformen (Aktivität, Offensive).

Bilde damit einige Sätze!

Ü Übung

Übung 5
w und v in Fremdwörtern (aussprachegleich):

Juwelier, Krawatte, Witwe, Waggon – Kurve, Advent, Ventil, dividieren

Setze w oder v in die Lücken folgender Wörter!

Mö____en, ____eranda, ____itrine, verwit____et,

konser____ieren, No____ember, E____angelium, ____aseline,

____ulkanisieren, La____a, Uni____ersität, Ju____elen, La____ine,

Kilo____att, Gra____eur, Kara____ane, Kra____all, ____okal,

Pro____iant, Sla____en, Skla____erei, ____rack, ____ibrieren,

____ietnam, Sil____ester, ____ideofilme, ner____ös, Pa____illon,

I____an, Re____ue

► Lösungsteil Nr. 68

52. Das gerettete Seehundjunge

Alljährlich werden Anfang August, wenn die Seehunde ihre Jungen bekommen haben, zahlreiche Heuler, vom Muttertier durch Stürme getrennt, an die Strände gespült. So fand kürzlich eine Gruppe von Schülern aus Norddeich ein völlig erschöpftes, abgemagertes Jungtier hilflos am Strand. Sofort sorgten sie dafür, dass das erst wenige Tage alte Seehundbaby von Tierpflegern versorgt und aufgepäppelt werden konnte. Regelmäßig nachmittags schauten sie in der Pflegestation nach ihrem Findelkind und hatten Ursache, sich über die zunehmende Munterkeit des Jungtieres zu freuen. Durch den aus Heringen, Vitaminen und Wasser hergestellten Brei hatte Pit, wie ihn die Mädchen und Jungen liebevoll nannten, schon beträchtlich an Gewicht zugenommen. In ein paar Wochen würde er, der ohne menschliche Hilfe nicht überlebt hätte, gesund und gut genährt ins Wattenmeer zurückrobben können. (127 Wörter)

Übung 1

bb oder pp:

Krabbe, robben, schlabbern – aufpäppeln, Gruppe, klappern, …

Setze in die Wortlücken bb oder pp ein!

verdo____eln, schla____, E____e, umki____en, kna____,

kna____ern, sto____elig, Schru____er, kra____eln, schna____en,

Ro____en, geri____t, kri____eln, Kli____e, Futterkri____e,

pla____ern, Stadtwa____en, vere____en, A____arat, Ho____y,

dri____eln, Gestrü____, stru____ig

▶ Lösungsteil Nr. 69

Übung 2

paar – Paar:

in ein paar Wochen – ein neues Paar (Paar = je zwei gehören zusammen) Fußballschuhe

Setze paar oder Paar zu folgenden Substantiven: Schnürsenkel,

Walnüsse, Trauringe, Kaffeelöffel, Ziegelsteine, Stiefel, Wolken, Tabletten, Handschuhe, Monate, Pantoffeln, Tannenzweige, Skier, Manschettenknöpfe, Fahrräder, Strümpfe, Kilometer, Sandalen, Regentropfen, Kaninchen, Socken

Übung 3

Schreibweisen des langen e:

Seehunde, Wattenmeer, seelisch, Kamillentee – Heringe, Pflegestation, regelmäßig, bequem – zunehmen, Kehle, mehlig, fehlerhaft

Fülle die Wortlücken mit e, ee oder eh!

Sp____rwerfer, S____ligkeit, L____rgang, ausk____ren,

D____nung, entl____ren, d____mütig, Geb____t, t____lefonieren,

Erdb____rb____te, S____nsucht, f____nhaft, L____m, abw____ren,

bew____rten, R____der, R____densarten, Arm____führer,

umgek____rt, T____r, erl____digt, verm____ren, Empf____lung,

unentb____rlich, W____rmut, Rotk____hlchen, qu____r, Gel____

▶ Lösungsteil Nr. 70

Übung 4

Ableitbare Wörter in der Schreibung mit ä:

alljährlich, regelmäßig, beträchtlich, ernähren, Bewährung, Gemälde, gefährlich, nähen, Erklärung, einschränken, ängstlich, beständig, Quälerei, besänftigen, prächtig, hartnäckig, ärgerlich, Gedränge, schädlich, längst, Fähre

Schreibe: alljährlich – Jahr, …

▶ Lösungsteil Nr. 71

Übung 5

Wörter mit v:

Vitamine, liebevoll, Klavier, Karneval, Veilchen, Veranda, vervielfältigen, Universität, Lava, Vatikan, Vetter, servieren, vielleicht, Motive,

Revolver, Vulkan, Vertretung, eingravieren, Advent, vorwärts, frevelhaft, Kanarienvögel, violett, Olivenöl, brav, Provinz, Volk, November, Vogtei, Vollmilch, Ventilator, vierzig, Bibelverse, Vase, väterlich
Ordne die Wörter je nach Aussprache!
1. Deutsche Wörter (v wie f)
2. Fremdwörter (v wie w)

53. Das Wattenmeer

Zwischen dem Festland und den Friesischen Inseln erstreckt sich das Wattenmeer. Hier ist die Nordsee gekennzeichnet vom Kommen und Gehen des Wassers. Mal liegt das Watt trocken, dann rauschen wieder Wellen darüber. Im ewig gleich bleibenden Rhythmus von reichlich sechs Stunden wechseln Ebbe und Flut durch die Anziehungskraft des Mondes. Auf der dem Mond zugewandten Erdhälfte wird das Wasser angezogen und die Flut brandet an die Küsten. Etwa drei Meter beträgt der Unterschied zwischen Hoch- und Niedrigwasser. Das flutende Wasser entwickelt eine erstaunlich hohe Strömungsgeschwindigkeit, nämlich ungefähr fünfzig Meter in der Sekunde. Wehe dem, der unterwegs auf einer Wattwanderung ist, wenn die Flut heranwälzt! Zwar ist es erlebnisreich, über die weite, von Wind und Wellen gerillte Sandfläche zu laufen, aber man sollte das nur bei einer der Wattführungen unternehmen, um sicher und ungefährdet zu sein. (137 Wörter)

Übung 1

Der Ergänzungsstrich:

Hoch- und Niedrigwasser, zwischen der Nord- und Ostsee, Laub-, Misch- und Nadelwald, Feld- und Wiesenblumen, Eisengewinnung und -verarbeitung

Schreibe mit dem verkürzenden Ergänzungsstrich: zwischen Winteranfang und Winterende – Baumwolle und Schafswolle – Wanderschuhe, Straßenschuhe und Hausschuhe – ein regengeschützter und windgeschützter Platz – Fahrkartenschalter und Gepäckschalter – Kriminalromane und Kriminalfilme

Übung

Übung 2

Schärfung mit tt:

Wattenmeer, Hütte, Mittwoch, Quittung, vermitteln, schattig, schütteln, Werkstätten, spöttisch, vierblättrig, Schlittschuhe, matt, Batterie

Bilde Reihen!

Watte, Pl__________, M__________, L__________

Ballett, n__________, Lazar__________, F__________

Gitter, R__________, Schn__________, b__________

Gott, fl__________, Schr__________, Kompl__________

Krawatten, gest__________, Sch__________, M__________

Kassette, Oper__________, Kl__________, Zigar__________

platt, gl__________, s__________, anst__________

Flotte Kar__________, M__________, Gr__________

Splitter, Gew__________, Zw__________, Fl__________

einfetten, B__________, err__________, w__________

Bitte, Qu__________, Tr__________, Schr__________

Mutter, B__________, F__________, K__________

Boykott, Komp__________, Sp__________, Tr__________

Serviette, K__________, Pinz__________, M__________

Skelett, Tabl__________, Park__________, Br__________

schnattern, r__________, kn__________, fl__________

Übung 3

k oder ck:

Sekunde, Techniker, verwelken, Taktik, Buchfink, direkt, Enkel, …
erstrecken, trocken, Dock, Deckel, zwecklos, wackeln, Dackel, …

Setze in die folgenden Wörter k oder ck ein:

Di____tat, Di____icht, Dire____tor, Re____stange, Fli____zeug,

flin____, Konta____t, na____t, ne____en, Nel____en, Bara____e,

Ran____e, Schi____sal, Räucherschin____en, schlu____en,

Inse____t, Se____t, Archite____t, Kle____s, Ke____s, Fabri____,

Tri____, Politi____, ti____en, Pa____et, einpa____en, O____tober,

He____tar, Chara____ter, Ho____ey, Produ____t, du____en,

Ele____troni____

▶ Lösungsteil Nr. 72

Übung 4

Wörter mit th:

Rhythmus, Katheten, Korinthen, Zitherspieler, Apotheke, Lothar, Kathedrale, Katheder, Martha, Dorothea, Thüringen, Lothringen, Sympathie

Setze die falsch verbundenen Substantive richtig zusammen!

Theaterbad	Fiebertheater
Thermallehrer	Aufsatzathletik
Thronflasche	Stadtrhythmus
Mathematikanfall	Leichtthermometer
Asthmastudium	Königstheke
Hyazinthensessel	Leihthron
Theologiezwiebel	Walzerbibliothek
Thermosdirektor	Ladenthema

▶ Lösungsteil Nr. 73

Übung 5
Fremdwörter mit y:
Rhythmus, typisch, Gymnasium, rhythmisch, Zylinder, Typ, Märtyrer, Physik, Gymnastik, symmetrisch, Sympathie, Martyrium, zylindrisch, physikalisch, sympathisch, Symmetrie, Symbol, Hydrant, symbolisch, hydraulisch, Fahrraddynamo, pyramidenförmig, dynamisch, Pyramide
Je zwei Wörter haben den gleichen Wortstamm. Stelle diese Wortpaare zusammen!

54. Fischfang auf hoher See

Seit Tagen ist der Fischdampfer Bremen auf Kurs zum nächsten Fanggebiet an der Ostküste Grönlands, wohin ihn die Reederei durch Funkspruch gewiesen hat. Das Echolot hat dem Kapitän nicht nur die Wassertiefe, sondern auch die genaue Position der Fischschwärme angezeigt. Schon mehrere Stunden ziehen sie das weit geöffnete Schleppnetz, dessen Höhenlage durch Veränderung der Fahrtgeschwindigkeit reguliert wird. Bald wird die Mannschaft mit Winden das gefüllte Netz über das Heck einziehen. Sofort gleiten die Fische durch eine Luke in die Verarbeitungsräume. Dann gibt es viel Arbeit unter Deck, Fische schlachten, sortieren und in Eis verpacken, Kabeljau, Rotbarsch und Seelachs werden gleich verkaufsfertig in Filetstücke geschnitten und eingefroren. Fischabfälle werden getrocknet, zermahlen und als Viehfutter bereitgestellt. Nach dem Anlegen im Heimathafen wird der Fang in der Auktionshalle versteigert, dann teilweise in Konservenfabriken verarbeitet oder als Frischfisch mit Kühlfahrzeugen in die Städte transportiert. (144 Wörter)

Übung 1
Schärfung mit ck:
nur nach kurzen Vokalen (hacken), nie nach langen Vokalen (Haken) und nach Konsonanten (harken) oder in Fremdwörtern (Elektronik).
Bilde Reihen!

knacken, h__________, p__________, b__________

strecken, n__________, l__________, w__________

Versteck, Dr__________, Fl__________, Zw__________

ackern, g__________, fl__________, abr__________

Perücke, Br__________, St__________, Kr__________

Baracke, J__________, H__________, B__________

Ecke, Schn__________, D__________, Qu__________

Wrack, Geschm__________, S__________, Fr__________

trocken, Fl__________, h__________, Br__________

pflücken, missgl__________, dr__________, b__________

erschrocken, Gl__________, P__________, S__________

Geschick, d__________, Schl__________, T__________

Deck, H__________, Best__________, Sp__________

erquicken, st__________, fl__________, str__________

Kuckuck, Schm__________, R__________, Schl__________

Knick, Bl__________, Gen__________, Tr__________

Block, St__________, R__________, B__________

jucken, z__________, g__________, schl__________

entschlacken, eins__________, zerh__________, N__________

Barock, Pfl__________, Sch__________, Trockend__________

zwicken, n__________, p__________, versch__________

eckig, fl__________, sch__________, sp__________

schmecken, bed__________, erschr__________, anst__________

Übung

Übung 2

Fremdwörter mit der Nachsilbe -tion:

Auktion, Position, Koalition, Konstruktion, Präposition, Produktion, Expedition, Attraktion, Portion, Aktion, Konversation, Konzentration, Sensation, Infektion, Protektion, Proportion, Fraktion, Delegation, Kollektion, Spedition, Dekoration, Revolution, Reklamation

Schreibe die Wörter ab und setze die zutreffenden deutschen Ausdrücke dahinter! (Auktion – Versteigerung, ...) Abordnung, Anstecktung, höchste Aufmerksamkeit, Ausschmückung, Bauart, Beanstandung, Bündnis, Aufsehen erregendes Ereignis, Forschungsreise, Gespräch, Größenverhältnis, Handlung, Herstellung, Gruppe einer Partei, Lage, abgefasste Menge, Schutz, Transportunternehmen, gewaltsamer Umsturz, Verhältniswort, Versteigerung, Warenauswahl, zugkräftige Darbietung

▶ Lösungsteil Nr. 74

Übung

Übung 3

Verben (Zeitwörter) mit der Nachsilbe -ieren:

regulieren, sortieren, transportieren, interessieren, passieren, infizieren, spazieren, massieren, ...

Ändere die folgenden Substantive mithilfe der Nachsilbe in Verben um: Kur, Frisur, Probe, Marsch, Buchstabe, Diktat, Kontrolle, Gratulation, Ruine, Studium, Rasur, Fotograf, Regierung, Telefon, Export, Reparatur, Operation

Übung

Übung 4

Komma vor „sondern“:

Das Echolot zeigte nicht nur die Wassertiefe an, sondern auch die Fischschwärme. – Sie fischten nicht bei Island, sondern vor Grönland. – Sie fingen nicht nur Rotbarsch, sondern auch Kabeljau. – Die Fischabfälle werden nicht fortgeworfen, sondern als Viehfutter verwendet.

Bilde selbst Sätze aus anderen Lebensbereichen (Sport, Schule, ...) mit den Konjunktionen nicht – sondern, nicht nur – sondern auch!

Übung

Übung 5

Mit -weise zusammengesetzte Adverbien (Umstandswörter) und Substantive (Hauptwörter):

a) Adverbien: teilweise, paarweise, streckenweise, gebietsweise, klugerweise, glücklicherweise, ...

b) Substantive: Bauweise, Flugweise, Arbeitsweise, Kampfweise, Vortagsweise, …

Bilde zusammengesetzte Adverbien oder Substantive aus:
Schritt, Liter, Spiel, Meter, dumm, Stück, Probe, leihen, Zahlung, möglich, fahren, Reihen, Leben, Handlung, Beispiel, schreiben, Tage, lehren, Produktion, dankbar, Vortrag, Raten, reden, komisch

▶ Lösungsteil Nr. 75

55. Bei Ferienbeginn auf der Autobahn

Diktat

Familie Weber war heute frühzeitig aufgestanden, um die morgendliche Kühle zum Antritt ihrer Ferienreise zu nutzen. Vater hatte das Gepäck im Wagen schon verstaut. Gerd und Karin verpackten noch Badesachen im Kofferraum, und dann ging es endlich los. Alle freuten sich schon auf den zweiwöchigen Aufenthalt am Tegernsee. Wegen des Ferienbeginns war auf der Autobahn trotz der frühen Morgenstunde ein ziemlich starker Verkehr. Doch auf der dreispurigen Fahrbahn kamen sie zügig vorwärts. Plötzlich schob sich ein Golf ganz knapp vor den Wagen, sodass Herr Weber scharf bremsen musste, um einen Auffahrunfall zu vermeiden. Ein mit Lichthupe vorüberflitzender Mercedes hatte den Golf von der linken Fahrspur verdrängt. „Gut, dass Vater so rasch reagiert hat“, sagte Gerd. „Wie leicht gefährden rücksichtslose Fahrer die Sicherheit und das Leben anderer“, meinte der Vater. (135 Wörter)

Übung 1

Übung

Schärfung mit nn:
Ferienbeginn, dann, unbekannt, Innung, Mannschaft, Kinn, Spinngewebe, abtrennen, Stanniol, …

Setze in die folgenden Wortlücken nn oder n ein:

Beka____tschaft, Ka____ten, Ante____e, Te____isschläger,

eri____ern, Fi____sternis, verwe____den, bre____bar,

Bra____dstelle, Gummiba____d, verba____t, ma____chmal,

Sportsma____, Ma____tel, Tu____el, Dachri____e, Ri____dfleisch,

Fortsetzung Seite 118

bespa____en, Spa____ge, Zi____, Zi____k, Fahrzeugkolo____e,

spi____en, Gespi____st, A____anas, Re____tierherde

▶ Lösungsteil Nr. 76

Übung 2
Wortfamilie „fahren":

fahren, ab-, an-, auf-, be-, ein-, fort-, heim-, heraus-, hinein-, mit-, nach-, rückwärts-, ver-, vor-, vorbei-, weg-, zurück-, Fahrzeug, -spur, -weg, -schule; fahrlässig, -bar, -bereit; Fahrt, Aus-, Rück-, Wochenend-, Vergnügungs-; Fahrer, Renn-, Sonntags-, Fernlast-, Autobus-; Vorfahren; Gefahr, Lebens-, Einsturz-, Explosions-, Ansteckungs-; Gefahrenstelle, -zulage, -zone, gefahrlos, -voll, -bringend, -drohend; Gefährdung; Gefährt; Gefährte, Spiel-, Wander-; Fährte, Fuchs-; Fähre, Wagen-, Eisenbahn-, Rhein-; Fährschiff, -unglück; Erfahrung, Lebens-; erfahren, un-; Fuhre, Fuhrwerk, -lohn, -mann, -park; Einfahrt, Aus-, Ab-, Zu-; Furt, Frank-, Er-, Schwein-

Bilde von den Verben abgeleitete Substantive (Abfahrzeiten, Auffahrunfall, …) und verbinde Fahr-, Fahrt, Fahrten mit folgenden Wörtern:
Plan, Damm, Schiff, Richtung, Himmel, Buch, Bereitschaft, Dienst, Schein, Gestell, Stuhl, Weise, Bahn, Tal, Unterbrechung, Kostenrückerstattung, Rad, Gäste

Übung 3
Aufeinanderfolge gleicher Konsonanten (Mitlaute) bei Zusammensetzungen:

Kofferraum, Auffahrunfall, Morgennebel, Fahrräder, Stadttor, lehrreich, abbeißen, vorrätig, zahllos, Überraschung, Unterricht, Aussicht
Bilde noch mehr derartige Zusammensetzungen!
Auch drei gleiche Konsonanten können zusammenkommen.
Bilde Zusammensetzungen aus:
Fußball, Krepp, brennen, still, Schiff, Kunststoff, Ballett, Bett, Fluss, Wolle, Papier, Fahrt, Nessel, liegen, Länderspiel, Tuch, Fenster, Lappen, Sand, Tanz

Übung 4
end – ent:

morgendlich, endlich, Endstation, singend, …
Aufenthalt, enttäuschen, hoffentlich, eigentlich, …
Fülle die Lücken durch d oder t in folgenden Wörtern:

jugen____lich, versehen____lich, en____gültig, lachen____,

En____kämpfe, wesen____lich, en____gegen, En____lassung,

En____silbe, unen____schieden, unen____lich, aben____lich,

En____scheidung, en____weichen, En____punkt, frieren____,

unen____gel____lich

▶ Lösungsteil Nr. 77

56. Der Schäfer in der Lüneburger Heide

Diktat

Auf unserer Wanderung durch die Lüneburger Heide trafen wir einen Schäfer mit Hunderten von Heidschnucken. Gelegentlich gab er seinen beiden Hunden ein Kommando, damit sie die Herde ordnungsgemäß zusammenhielten. Bald kamen wir mit ihm ins Gespräch. „Tag für Tag, im Sommer wie im Winter, bei Wind und Wetter bin ich mit meinen Schafen unterwegs. Ohne die genügsamen gehörnten Heidschnucken wäre die Lüneburger Heide nicht denkbar. Mit scharfen Zähnen fressen sie das Heidekraut ab. Dadurch verholzen die Pflanzen nicht und bleiben erhalten", sagte er. „Durch die Freude am Beruf bin ich glücklich und zufrieden, obwohl ich auf viele Annehmlichkeiten des Lebens verzichten und mancherlei Entbehrungen ertragen muss." Deutlich spürte man seine große Tierliebe und Naturverbundenheit. Das Wohl seiner Heidschnucken war dem Schäfer Lebensinhalt, und für uns war diese Begegnung ein besonderes Erlebnis. (137 Wörter)

Übung 1

Übung

Die Zeichensetzung in der wörtlichen Rede:

„Tag für Tag, im Sommer wie im Winter, bei Wind und Wetter bin ich mit meinen Schafen unterwegs", sagte er. – Er sagte: „Tag für Tag, im Sommer wie im Winter, bei Wind und Wetter bin ich mit meinen Schafen unterwegs." – „Tag für Tag, im Sommer wie im Winter, bei Wind und Wetter", sagte er, „bin ich mit meinen Schafen unterwegs."

Setze die folgenden Sätze mit wörtlicher Rede in die beiden anderen möglichen Stellungen: „Ohne die Heidschnucken", meinte er, „ist die Lüneburger Heide nicht denkbar." – Wir fragten den Schäfer: „Fühlen Sie sich nicht einsam, wenn Sie immer nur von Tieren umgeben sind?" –"Viele Menschen, die mir begegnen", erzählt der Schafhirt, „glauben nicht, dass ich hier draußen glücklich und zufrieden bin." – „Bello, pass auf!", ruft der Schäfer seinem Hund zu.

Merkregel:
Die wörtliche Rede wird von Anführungszeichen umschlossen. Steht der Ansagesatz vor dem Sprechsatz, steht ein Doppelpunkt als zusätzliches Vorzeichen (Beispiel: Er sagte: „Tag für Tag, im Sommer wie im Winter, bei Wind und Wetter bin ich mit meinen Schafen unterwegs."). Steht der Ansagesatz hinter dem Sprechsatz, setzt man auch dann ein Komma, wenn der Sprechsatz mit einem Ausrufe- oder Fragezeichen schließt (Beispiel: „Bello, pass auf!", ruft der Schäfer seinem Hund zu.). Ein Punkt steht nur am Ende des abschließenden Ansagesatzes (Beispiel: „Tag für Tag, im Sommer wie im Winter, bei Wind und Wetter bin ich mit meinen Schafen unterwegs", sagte er.). Steht der Ansagesatz zwischen Teilen des Sprechsatzes, wird er wie ein eingeschobener Satz durch zwei Kommas abgegrenzt (Beispiel: „Tag für Tag, im Sommer wie im Winter, bei Wind und Wetter", sagte er, „bin ich mit meinen Schafen unterwegs.").

Übung 2
Schärfung durch ck:

gibt es in der Regel nur in deutschen Wörtern: Heidschnucken, glücklich, eckig, Fleck, wackeln, trocknen, Druckknopf, ungeschickt, bücken, Flocken, nackt, geschmacklos, Verpackung, schmücken
In Lehn- und Fremdwörtern schreibt man nur *k*: Rektor, Technik, Kontakt, Architekt, Tabak, Fabrik, Diktat, Musik, Hektoliter, Traktor, Mechaniker

Wechsle den Konsonanten vor dem k aus, damit du Wörter mit ck erhältst!

blinken	welken	Gebälk	lenken	Elke
werken	Harke	stinken	Park	Barke
Frank	geschenkt	Anker	zanken	Winkel
Winke	Schinken	Banken	bedenken	Zinken

Beachte, dass beim Silbentrennen ck in der Regel geschlossen auf die folgende Silbe kommt.

Übung 3

Substantive mit der Nachsilbe -nis:

Erlebnis (Erlebnisse), Hindernis (Hindernisse), Gleichnis (Gleichnisse)

Bilde aus folgenden Verben (Zeitwörtern) mithilfe der Nachsilbe Substantive (Hauptwörter), setze sie in den Plural (Mehrzahl) und bilde damit einige Sätze!

ersparen, versäumen, faulen, fangen, besorgen, ereignen, verstehen, verbünden, erlauben, begraben

Übung 4

Der s-Laut (s – ss – ß):

ordnungsgemäß, fressen, groß, Erlebnis, bisschen, Muskel, Grieß, Reissuppe, Reißzwecke, fasten, Küste, bloß, zuverlässig, lästig

Schließe die folgenden Buchstabenlücken:

Karu____ell, Firni____, Pa____ierschein, Pa____tete, Bu____ard,

Streu____elkuchen, ru____isch, Profe____or, Qua____te,

mei____tens, Flo____, verpa____en, Pa____tor, bla____,

Abrü____tung, Schlo____erei, Schlie____fach, Hei____erheit,

A____, Aa____, Flü____igkeit, fe____eln, bewu____t,

wi____enschaftlich, Flie____enleger, ro____tig, wä____rig,

hä____lich, Verme____ungen, Kri____tall, ma____enhaft,

Ma____kenball, Ma____band, Mi____trauen, Tonbandka____etten

▶ Lösungsteil Nr. 78

Übung 5

ä oder e:

Schäfer, ordnungsgemäß, Gespräch, veränderlich, beschädigt, ärgern, Gestänge, quälen, behände, verhältnismäßig, Stängel, denkbar, Entbehrungen, Stellung, Schwemmland, Eltern, Brennstoffe, Schwert, Kerze, spenden, ungerecht, Scheck, …

Setze die obigen Reihen fort und fülle die Lücken durch ä oder e!

D____mmerung, Kal____nder, Sch____rpe, Sch____rben,

schw____tzen, verd____rblich, rückw____rts, verw____nden,

Außenw____nde, g____rben, erb____rmlich, st____ndig,

m____rkwürdig, St____mpel, Gem____lde, vielf____ltig,

Tierf____lle, z____nkisch, n____mlich, widersp____nstig,

Hutkr____mpe, Fischgr____ten, unf____hig, Tr____nke, S____ssel,

allm____hlich, m____hlig, b____ndigen, ____ngerlinge,

Gel____nk, M____rz

▶ Lösungsteil Nr. 79

57. Am Mittellandkanal

Diktat

Die Großeltern hatten Lea für ein paar Tage in ihre Wohnung nach Goslar eingeladen. Nun saß sie im Zug und schaute interessiert nach draußen. Nach der Fahrt durchs Weserbergland führte die Bahnstrecke über eine mit Feldern und Wiesen bedeckte Ebene. Aber was war das? Zwischen den Wiesen entdeckte Lea ein mittelgroßes Frachtschiff und nahe dabei eine Schiffswerft. Es sah so aus, als ob sich das Wasserfahrzeug mitten durch Wiesen und Felder vorwärts bewegte. „Das muss der Mittellandkanal sein", dachte sie. Vom Unterricht her wusste Lea, das dieser Schifffahrtsweg eine wichtige, viel genutzte Querverbindung von Elbe, Weser und Rhein darstellt und Großstädte wie Osnabrück, Hannover und Braunschweig auf dem Wasserwege mit Waren und Rohstoffen versorgt. (116 Wörter)

Übung

Übung 1

Aufeinanderfolge von drei gleichen Konsonanten (Mitlauten):
Bei drei gleichen Konsonanten fällt keiner fort.

Schiff-fahrtsweg, Schlamm-masse, Sperr-riegel, voll-laufen, Metall-leiste

Zur besseren Übersichtlichkeit kann aber auch ein Bindestrich verwendet werden.

Verbinde die folgenden falsch zusammengesetzten Wörter sinnvoll und beachte dabei das Zusammentreffen gleicher Konsonanten!

Bettländerspiel	Wollmeister	Fußballfalte
Eisschnellpapier	Stofflösung	Schiffnessel
Ballettlampe	Nulltuch	Kreppfahrt
Kontrolltänzerin	Schwimmläufer	Brennlappen

▶ Lösungsteil Nr. 80

Übung 2
Wörter mit qu:

Querverbindung, Qualle, bequem, Quelle, Quartier, Quarz, quetschen, Quirl, quietschen, Quitte, Quark, Quadrat, qualmen, Kaulquappe, quälen

Bilde davon abgeleitete oder damit zusammengesetzte Wörter!

(Quer, überqueren, Querstraße)

Übung 3
Komma zwischen gleichartigen Satzteilen (Aufzählungen):

Der Kanal ist eine wichtige Querverbindung zwischen Elbe, Weser und Rhein. Große Städte wie Minden, Osnabrück, Hannover und Braunschweig werden durch ihn auf dem Wasserwege versorgt.

Schreibe die folgenden Sätze mit Kommastellung ab!

Kiel Hannover Düsseldorf Wiesbaden Mainz Saarbrücken Stuttgart und München sind Regierungsstädte der Bundesländer. (6 Kommas)

Ich gab Lea Julian und Max einen Apfel Peter Melanie und Stephan eine Apfelsine. (3 Kommas)

Der Zug fährt über Köln Duisburg Essen Dortmund Hamm und Bielefeld nach Hannover. (4 Kommas)

Mein Vater besitzt einen Opel Großvater einen Golf und Onkel Günter einen Mercedes. (1 Komma)

Auf dem Wochenmarkt wurden verschiedene Apfelsorten Erdbeeren süße und saure Kirschen Johannis- und Stachelbeeren angeboten. (3 Kommas)

Fünf Rosen ein paar Nelken einige Lilien und etwas Schleierkraut bildeten einen farbenprächtigen Strauß. (2 Kommas)

Übung

Übung 4
Die Schreibweisen des langen a:

Kanal, ein paar Tage, einladen, Bahnstrecken, Schifffahrtswege, Hafenanlagen, Waren, Tomatensalat, er kam, Aussaat, sorgsam, Reklame, lahm, Draht, Unwahrheit, Maar, Krater, haarsträubend, Mahlzeiten, Malstifte, Samen, Naht, unhörbar, Personenwaage, Zahnarzt, Festsaal, ahnungslos

Ergänze die folgenden Wörtstücke zu Reihen und schreibe die Wörter geordnet nach der Art des a-Lautes ab!

Aal, Lok______, Kan______, Z______, schm______,

Chor______, Gem______, Merkm______, Sch______,

Kapit______, Ausw______, St______, T______, Qu______,

S______, Reg______, Str______, Pf______, Blauw______,

k______, Pok______, Mor______, ov______

Ahn, Kr______, H______, Marzip______, K______, Org______,

Autob______, Oze______, Pl______, Z______, Schw______,

Tr______, Vatik______, Rom______, W______, Ur______,

Vulk______, Fas______, Ork______, Porzell______, Sp______

Ahr, heilb______, kl______, Brautp______, Dromed______,

J______, Janu______, M______, Alt______, Rad______,

unw______, St______, H______, Gef______, Sch______,

r______, sog______, Honor______, Not______, Tal______,

Formul______, P______

▶ Lösungsteil Nr. 81

Übung 5

Stadt – Statt – Staat:

Großstädte, Industriestädte, Stadtmauer, Stadtrat, stadtbekannt, städtisch – Statthalter, an Kindes statt, stattfinden, stattlich, gestatten, anstatt, statthaft – Staatsdienst, Staatenbund, Bienenstaat, staatlich, verstaatlichen, staatenlos

Verbinde die folgenden Wörter mit Stadt, Statt oder Staat: Werk, Bürger, Anwalt, Theater, finden, Vertrag, Lager, Feiertag, Ruhe, klein, geben, Park, Kreis, alt, Grenze, Hafen, Präsident, frei, Nachbar, Haushalt, Universität, Eigentum

▶ Lösungsteil Nr. 82

58. Bessere Nutzung der Mosel

Die Bundesrepublik, das Großherzogtum Luxemburg und Frankreich als Anliegerstaaten hatten beschlossen, die Mosel zu einer Großschifffahrtsstraße auszubauen. Dazu war notwendig, die Wassertiefe und stellenweise auch die Breite des Flusses zu vergrößern. In den folgenden sechs Jahren wurden umfangreiche Baggerarbeiten und Baumaßnahmen durchgeführt. Damit die erforderliche Tiefe von nahezu drei Metern erreicht werden konnte, musste man das Wasser anstauen. Dafür wurden bis zur Rheinmündung vierzehn Staumauern errichtet. An diesen Stellen entsteht ein Gefälle von durchschnittlich sieben Metern. Hierbei wird das Wasser durch Turbinen geleitet und zur Stromgewinnung genutzt. Diese Moselkraftwerke arbeiten vollautomatisch. Von einer Zentrale aus werden alle Kraftwerke überwacht und gesteuert. Neben den Staumauern befinden sich geräumige Schleusenkammern, in denen die Schiffe je nach Fahrtrichtung auf die entsprechende Wasserhöhe gesenkt oder gehoben werden. Zusätzlich gibt es für kleine Wasserfahrzeuge eine Bootsschleuse. Hoffentlich ist auch die häufige Hochwassergefahr durch die Schleusenanlagen gebannt. (145 Wörter)

Übung 1

Der scharfe s-Laut in seiner Schreibweise mit ss und ß:

Merkregel:
Am Wort- oder Silbenende steht ß nach einem Doppelvokal oder einem langen Vokal (beißen, vergrößern, fleißig, Straße, büßen,

Ostpreußen). Nach einem kurzen Vokal schreibt man ss (massenhaft, Rüssel, bissig, Kessel, Schlosserei).

Bilde von folgenden Substantiven den Plural!

Gruß	Fass	Schluss	Genuss	Nuss	Schuss
Fluss	Biss	Strauß	Gefäß	Guss	Stoß
Kloß	Kuss	Prozess	Schoß	Maß	Floß
Spaß	Bass	Schloss	Spieß	Ross	Riss

Übung

Übung 2

Wörter mit oo:

Boot, Moos, Moor, Zoo

Bilde Wortzusammensetzungen mit:

Schleuse, Torf, Motor, Polster, Tiere, Ruder, Land, Paddel, Wärter, Segel, Anlegestelle, hoch, Direktor, Beere, Bäder, Eingang, Pflanzen, Erde

Übung

Übung 3

eu oder äu:

geräumig, Schleuse, verscheuchen, Kreuz, läuten, Gemäuer, treu, träumen, verbeult, räuspern, Spreu, Leutnant, Knäuel, beleuchten, ohrenbetäubend, Lohnsteuer, versäumen, neugierig, Erläuterung, scheu, Bedeutung, haarsträubend, keuchen, scheußlich, schäumen

Füllle die Lücken bei den folgenden Wörtern und ordne dann diese Wörter nach ihrer Schreibweise (eu – äu):

H____ptling, vorl____fig, s____fzen, unbed____tend, Geb____de,

B____tel, schl____dern, str____en, s____berlich, K____chhunsten,

vers____men, versch____chen, Entt____schung,

M____terei,Salzs____re, K____le, S____gling, Ger____sch,

ungl____big, Sch____ne, verr____chert, vertr____mt,

ankr____zen, erb____ten, h____fig, Kn____el

► Lösungsteil Nr. 83

Übung 4

Substantive (Hauptwörter) mit der Nachsilbe -ine:

Turbine, Gardine, Maschine, Kantine, Apfelsine, Sardine, Ruine, Rosine, Vitrine, Lawine, Lupine, Mandoline, Gelatine, Mandarine, Violine, Trichine, Kabine, Margarine, Marine, Vitamine, Praline, Limousine

Schreibe lustige Sätze, in denen je zwei oder drei dieser Wörter enthalten sind!

Übung 5

Adjektive (Eigenschaftswörter) mit den Nachsilben -ig, -lich, -isch:

notwendig, erforderlich, durchschnittlich, vollautomatisch, regnerisch, mächtig, täglich, betrügerisch, prächtig, verantwortlich, schlesisch, …

Ändere die folgenden Wörter mithilfe der Nachsilben -ig, -lich, -isch in Adjektive um: Gott, Wolke, Ecke, Dieb, Westfalen, Ruhe, Wind, bewegen, Spaß, verändern, Sturm, Telefon, Physik, Berg, lächeln, Tier, beneiden, Teufel, höhnen, Herbst, fürchten, Öl, Welle, Chemie, Bayern, Stein, England, verkaufen, Kraft, Optik

▶ Lösungsteil Nr. 84

59. Am Toten Maar in der Eifel

Mit einem Autobus sind die Mädchen und Jungen des siebten Schuljahres zu den Dauner Maaren gefahren. Nach einem kurzen Fußweg vorbei an blühenden Ginsterbüschen stehen sie nun am oberen Rand des Vulkankraters und blicken auf die ruhige Wasserfläche des Toten Maares. Es ist wie die übrigen Kraterseen der Südeifel vor einer Million Jahren entstanden. Doch das Tote Maar hat eine Besonderheit. Am Kraterrand steht einsam inmitten eines kleinen Friedhofes eine Kapelle. Noch vor vierhundert Jahren lag hier das Dorf Weinfeld, bis die Pest alle Bewohner dahinraffte. Die menschenleeren Gebäude zerfielen. Nur das Kirchlein mit den Gräbern wurde vom Nachbarort aus weiterhin gepflegt. Noch gelegentlich stoßen die Bauern beim Pflügen aufgrund mauern oder Balken des ehemaligen Dorfes. So weist noch heute der Name dieses Kratersees auf eine furchtbare, leidvolle Zeit hin. (136 Wörter)

Übung 1

Die Nachsilbe -heit bei Substantiven (Hauptwörtern):

Besonderheit, Krankheit, Sicherheit, Einheit, Rohheit, Rauheit

Ändere die folgenden Adjektive mithilfe der Nachsilbe in Substantive um:

gesund, grob, rau, schwach, blind, schlau, taub, feige, wild, träge, fein, rein, schön, zart, kühn, falsch, faul, dumm, starr

Übung 2

Wörter mit aa:

Maar, ein paar Blumen, ein Paar Schuhe (Paar = je zwei gehören zusammen), Aas, staatlich, Waage, Aachen, haarig, Saar, Maas, Aal, Maat

Aber: Beim Umlaut entfällt die Verdopplung (Sälchen, Pärchen, Härchen).

Setze die folgenden Substantive (Hauptwörter) richtig zusammen!

Bartsaal	Eifelhaar	Bundesmaar	Räuchersaat	Brautwaage
Winterpaar	Rathausstaat	Aasmündung	Personenaal	Maasgeier

Übung 3

Schreibweisen des langen e:

Kratersee, menschenleer, Allee, Komitee, … fehlerhaft, Sessellehne, ehrenvoll, Ausdehnung, … bequem, Schema, Probleme, schwer, …

Setze die Reihen fort und suche aus dem Buchstabenfeld die 21 Wörter mit dem langen e-Laut heraus (je 7 mit ee, eh *und* e*)!* Die Wortanfänge sind fett gedruckt.

► Lösungsteil Nr. 85

P	X	Y	O	**K**	A	F	F	E	E	Z	I
S	**K**	E	H	L	K	O	P	F	L	G	**S**
R	A	F	**L**	E	E	R	L	A	U	F	E
E	M	P	F	E	H	L	U	N	**G**	O	G
M	E	**H**	L	O	A	X	**S**	E	E	L	E
A	L	E	B	C	D	Q	U	I	L	Z	L
X	**L**	E	**S**	E	L	I	**G**	K	E	I	**T**
W	E	R	M	U	T	Z	E	N	E	R	H
P	H	C	W	D	**A**	B	W	E	H	R	E
Q	**M**	E	E	R	C	**V**	E	N	E	H	M
I	W	D	**L**	E	H	R	H	E	R	R	A
V	**B**	E	S	C	H	E	R	U	N	G	X

Übung 4

Von Ortsnamen abgeleitete Adjektive auf -er werden mit großem Anfangsbuchstaben geschrieben:

die Dauner Maare, der Düsseldorfer Flughafen, Lübecker Marzipan, Kieler Sprotten, Wiener Schnitzel, Dresdner Zwinger

Verkürze die Schreibweise mithilfe der Adjektive: die Frauenkirche in München, Biere aus Dortmund, ein Wein aus Rüdesheim, das Rathaus in Bremen, der Sprudel aus Gerolstein, die Neiße bei Görlitz, der Zoo in Duisburg, das Münster in Aachen, das Schloss in Heidelberg, der Reiter von Bamberg

Merkregel:
Von geografischen Namen abgeleitete Wörter auf *-er* (Kölner Dom) schreibt man immer groß, die von geografischen Namen abgeleiteten Adjektive auf ***-isch*** (kölnisch) schreibt man klein, wenn sie nicht fester Bestandteil eines Namens sind (Beispiel: kölnisches Bier, aber: Kölnisch Wasser).

Übung 5
Adjektive als fester Bestandteil eines Namens werden großgeschrieben:
am Toten Maar, der Dreißigjährige Krieg, die Hohen Tauern, die Norddeutsche Tiefebene, das Rote Meer, der Kleine Belt, der Große Kurfürst

Übung

Entscheide über die Groß- und Kleinschreibung bei den folgenden Adjektiven: die (h/H)ohe Acht in der Eifel, eine (g/G)latte Zwei im Zeugnis, die (o/O)berrheinische Tiefebene, die (o/O)berrheinischen Winzer, der (k/K)ahle Bergrücken, der (k/K)ahle Asten im Sauerland, das (r/R)ote Meer, der (r/R)ote Sandstein, das (d/Deutsche) (r/R)ote Kreuz, die (s/S)ächsische Schweiz, die (s/S)ächsische Hauptstadt, das (s/S)tille Mädchen, der (s/S)tille Ozean, (b/B)ayerisches Bier, die (b/B)ayerischen Alpen, (d/D)eutsche Touristen, die (d/D)eutsche Bank
► Lösungsteil Nr. 86

60. Mit der Seilbahn zum Nebelhorn

Diktat

Melanie und Steffi sind schon einige Zeit während der Sommerferien mit ihren Eltern in Oberstdorf. Besonders haben sie sich auf den heutigen Tag gefreut, weil sie zum Nebelhorn hinauffahren wollen. Nun stehen sie erwartungsvoll am Fenster der Gondel. Ein leises Summen setzt ein, und die Seilbahn schwebt aufwärts. Immer kleiner erscheinen die Gebäude im Tal, und der Ausblick wird ständig weitreichender. Bei jedem Stützpfeiler gibt es einen Ruck, und die rasche Überwindung des Höhenunterschiedes verursacht ein Knistern in den Ohren. Soeben huscht die abwärts schwebende Gondel vorbei. Plötzlich ruft jemand: „Da sind Gämsen!“ Nun haben auch die beiden Mädchen zwei Gämsen entdeckt, die trittsicher eine Felswand überqueren. Kurz danach gleitet die Gondel langsam in die Bergstation. Staunend stehen die Geschwister inmitten der Bergwelt und genießen die Fernsicht, bevor sie auf steinigem Pfad zum Gipfel aufsteigen. (141 Wörter)

Übung 1

Wörter mit pf:

Stützpfeiler, Gipfel, Pfad, klopfen, Pfütze, erschöpft, pflücken, Pfote, Pflock, Bratpfanne, Pfropfen, Krankenpflege, Pfifferling, pflanzen, stumpf, Pflicht, unempfindlich, tapfer, kämpfen, dumpf, Pfarrer, sumpfig, stampfen, Kupfer, verpflegen, hüpfen, Schnupfen, pflichtbewusst, verpflastern, Rumpf, abtropfen, krampfartig, schlüpfrig, pflügen, Karpfenteich

Ordne die Wörter nach ihrer Art (Substantive, Verben, Adjektive)!

Übung 2

st – sst – ßt:

Geschwister, fast, basteln, Kastanien, rostig, meistens, Mast, Gerüste, Küste, hastig, Rastplatz, Kanister, …

bewusstlos, verrußt, entblößt, vermisst, verblasst, ungesüßt, …

Bilde von folgenden Verben die Partizipien im Perfekt (Mittelwörter der Vergangenheit): grüßen, lösen, wissen, büßen, küssen, sausen, morsen, müssen, reisen, hassen, verblassen, brausen, verpassen, entgleisen, niesen, verglasen, pressen, rußen (grüßen – gegrüßt, lösen – gelöst, …)

Übung 3

Wörter mit tz:

Dutzend, unnütz, Holzklotz, trotzdem, Metzger, Matratze, jetzt, glitzern, plötzlich, Schmarotzer, abschätzen, geätzt, …

Setze die Reihe fort und bilde Reihen aus:

kratzen,	schw__________,	Sp__________,	schm__________
Tatze,	Gl__________,	K__________,	Matr__________
hetzen,	p__________,	w__________,	verl__________
Blitz,	Schl__________,	K__________,	W__________

Hitze,	Matr__________,	Sp__________,	L__________
besitzen	schn__________,	Sk__________,	schw__________
glotzen,	tr__________,	schmar__________,	pr__________
Mütze,	Gr__________,	Sch__________,	Pf__________
putzen,	N__________,	st__________,	beschm__________

Achtung, Rechtschreibfalle! Je einmal muss z und zz eingesetzt werden!

► Lösungsteil Nr. 87

Übung 4

Zusammengesetzte Adjektive (Eigenschaftswörter), deren Bestimmungswort ein Substantiv (Hauptwort) ist:

trittsicher, aalglatt, giftgrün, abgrundtief, todkrank, stahlblau, menschenleer

Schreibe als Adjektive verkürzt: bitter wie Galle, leicht wie eine Feder, klar wie ein Kristall, hell wie der Tag, blau wie der Himmel, hoch wie ein Turm, rot wie Blut, heiß wie Feuer, schwer wie Blei, lang wie eine Elle, stark wie ein Bär, schwarz wie Pech, gelb wie Schwefel, scharf wie ein Messer, rund wie eine Kugel, hart wie Stein, kalt wie Eis, grau wie eine Maus, schnell wie der Pfeil, sicher wie der Tod, flink wie ein Wiesel, weich wie Butter

Übung 5

Komma zwischen Hauptsätzen freigestellt:

> **Merkregel:**
> Bei der Reihung von selbstständigen Sätzen, die durch *und, oder, beziehungsweise, entweder – oder, nicht – noch* oder durch *weder – noch* verbunden sind kann man ein Komma setzen, um die Gliederung des Ganzsatzes deutlich zu machen.

Ein leises Summen setzt ein(,) und die Seilbahn schwebt aufwärts. – Immer kleiner erscheinen die Gebäude im Tal(,) und der Ausblick wird ständig weit reichender. – Bei jedem Stützpfeiler gibt es einen Ruck(,) und die rasche Überwindung des Höhenunterschiedes verursacht ein

Knistern in den Ohren. – Sollen wir heute ins Schwimmbad fahren(,) oder willst du lieber auf den Sportplatz gehen?
Schreibe selbst Hauptsätze, die mit und oder oder verbunden sind!

61. Drachenflieger

Diktat

Während ihrer Radtour um den Tegernsee beobachten Heinz und Achim einige Drachenflieger. Die aufsteigende Warmluft begünstigt ihren Flug. Unter den verschiedenfarbigen Tragflächen erkennt man deutlich die in Schultergurten hängenden Drachenflieger. Mit dem trapezförmigen Steuerbügel bestimmen sie bei ständiger Berücksichtigung des Windes die Flugrichtung. Einige steuern bereits eine großflächige Wiese jenseits des Sees an. Die Jungen beeilen sich, um das Landen aus nächster Nähe zu beobachten. Bei ihrer Ankunft sehen sie, wie schon Tragflächen und die Aluminiumgestänge auseinander genommen und verpackt werden. Doch da rauscht soeben ein rotgelb gestreifter Drachen über das Wiesengelände. Der Pilot dreht eine Kurve und setzt mit vorgestreckten Beinen zur Landung an. Nachdem er das Gurtzeug abgestreift hat, gibt er dem begeisterten Jungen bereitwillig Auskunft über Technik und Probleme des Drachenfliegens und erklärt das am Rohrgestänge befindliche Instrument zur Angabe von Flughöhe und Sinkgeschwindigkeit. (138 Wörter)

Übung

Übung 1

g oder k im Auslaut:

Sinkgeschwindigkeit, Singvogel, Trank, Drang, geblinkt, umringt, Quark, Sarg, Spuk, Flug – Das Verlängern dieser Wörter erleichtert dir die Schreibweise der Endbuchstaben.
Setze g oder k in die Wortlücken ein!

Essi____, Techni____, Buchfin____, Schmetterlin____,

prun____haft, Unfu____, Knochenmar____, Gymnasti____,

Schwun____, Strun____, Stadtpar____, erfol____los, Vol____,

gerin____, flin____, Tan____wart, Empfan____, Anora____,

Schlin____gewächs, län____st, lin____s, Klu____heit, anfan____s,

Blin____licht, Weitsprun____

► Lösungsteil Nr. 88

Übung 2

Wörter mit ts und ds:

bereits, jenseits, stets, aufwärts, abseits, nachts, seitwärts, rechts, einerseits, arbeitslos, rücksichtsvoll, … nirgends, eilends, abends, vollends, zusehends, …

Bilde damit einige Sätze!

Übung 3

Schreibweisen des langen i:

Drachenflieger, Achim, verschiedenfarbig, Wiese, er gibt, ergiebig, Aluminium, Schwierigkeiten, Kantine, Schiene, Pyramide, Tarif, Mediziner, Wiederholung, widerlich

Setze in die Lücken folgender Wörter ie oder i ein:

Betr____b, erw____dern, Volksl____d, Augenl____d, Zw____bel,

Stat____v, Gran____t, Klav____r, Mark____se, Fak____r,

z____mlich, B____bel, Gard____nen, Kam____n, verr____geln,

Baust____l, Blütenst____le, K____logramm, Kl____ma,

Ölsard____nen, Pr____mel, rad____ren, Gefr____rpunkt, M____te,

S____rene, B____ber, Verz____rung, Kan____nchen

► Lösungsteil Nr. 89

Übung 4

Schreibweisen des langen o:

Problem, Solbad, Nordpol, Alkohol, Schoten, Telefon, … Moos, Moor, Boot, Zoo, … Ohnmacht, Kohlrabi, hohl, Wohltaten, Einwohner, Belohnung, Bohlenbretter, …

Die folgenden Substantive sind alle falsch zusammengesetzt. Kannst du sie richtig verbinden?

Tonmiete	Rohrmuschel	Lärchenprobe	Schnittboot
Zonenleiter	Bohnerkuchen	Theaterschonung	Motorbote
Zoowachs	Wohnungsturm	Haupthonig	Kaiserkohle
Moorrübe	Bohrstand	Steinbohne	Postchor
Mohngestänge	Ohrdirektor	Bienenperson	Männerkrone
Mohrgelände	Wohlgrenze	Rosensohle	Schuhkohl

▶ Lösungsteil Nr. 90

Übung 5

Der u-Laut bei Fremdwörtern in der Schreibweise mit ou:

Radtour, Souvenir, Tourismus, Roulade, Souveränität, Souffleur, Roulette, Routine, Couch, Double, Potpourri, Boutique, Cousin, Patrouille, Bouillon

Setze neben die Fremdwörter die richtigen hier angegebenen deutschen Bedeutungen: Radfahrt, Andenken, Fremdenverkehr, Fleischbrühe, gebratene Fleischrolle, Vorsager beim Theater, Doppelgänger, Vetter, Zusammenstellung von Musikstücken, Geschäft für Modeneuheiten, Glücksspiel, Erfahrung, Streife, staatliche Hoheitsgewalt, Liegesofa

Beispiel: Radtour = Radfahrt

▶ Lösungsteil Nr. 91

62. Im Einsatz bei der Bergwacht

Einige Jahre nach seiner Schulentlassung hatte sich Toni der Bergwacht in Garmisch zur Verfügung gestellt. Schon etliche Male hatte er geholfen, verunglückte Bergsteiger zu retten. Aber manchmal war der Tod früher an der Unfallstelle als die Bergwacht. Meistens waren diese Unglücke durch Leichtsinnigkeit oder ungenügende Ausrüstung selbst verschuldet. Erst gestern hatte ein Mann den markierten Bergpfad verlassen, um den Rückweg abzukürzen, und war von einem Felsen tödlich abgestürzt. Eben wollte Toni zum Eibsee fahren, um dort zu schwimmen, als das Telefon klingelte. „Großeinsatz!", meldete der Bereitschaftsleiter. Sofort packte Toni Proviant in seinen Rucksack, nahm Seile und Funkgerät und eilte zum nahen Treffpunkt. Die meisten Kollegen der Einsatzgruppe waren bereits da und der Rettungshubschrauber befand sich im Anflug. Gleich würde er sie zur Unglücksstelle emportragen. „Hoffentlich kommen wir rechtzeitig, sodass wir noch helfen können", dachte Toni. (141 Wörter)

Übung 1
Zusammensetzungen mit dem Bindungs-s:
Rettungshubschrauber, Mittagszeit, ahnungslos, lebenslustig, Frühlingsanfang, arbeitsmäßig, Gesundheitszustand, Geburtstag, Schädlingsbekämpfung, wirkungsvoll, ...
Verwende zur Bildung zusammengesetzter Wörter folgende Ausdrücke als Bestimmungswörter:
Gemeinschaft, Hering, Handel, Gewicht, Unterricht, König, Schmetterling, Wohnung, Pudding, Inhalt, Übung, Urlaub, Nahrung, Glück, Geduld
(Gemeinschaftsarbeit, Heringssalat, ...)

Übung 2
Substantive (Hauptwörter) mit der Nachsilbe -schaft:
Bereitschaft, Gemeinschaft, Eigenschaft, Gewerkschaft, Belegschaft, Gesellschaft, Botschaft, Landschaft, ...
Verbinde die folgenden Wörter mit der Nachsilbe:
Mann, Kamerad, gesandt, Wirt, Lehrer, Nachbar, bekannt, Graf, Freund, verwandt, bürgen, Feind, erkunden, Partner, Herr

Übung 3
Schreibweise des z-Lautes:
a) *z* nach *l, m, n, r* und nach langen Vokalen:
abstürzen, Holz, winzig, Heizung, Ozean, Kreuz
b) *tz* nach kurzen Vokalen:
kratzen, abhetzen, Schlitz, Klotz, putzen, ...
c) Im Auslaut oft mit *s*:
meistens, Felsblock, abwärts, vergebens, Zins, ...
d) In der Nachsilbe *-tion*:
Gratulation, Expedition, Kanalisation, Operation, Information, ...
Setze die Reihen fort!

Übung 4
Eingeschobene Gliedsätze werden durch Kommas eingeschlossen:
a) Erweiterte Infinitivsätze: Erst gestern hatte ein Mann den Bergpfad verlassen, um den Rückweg abzukürzen, und war von einem Felsen abgestürzt. – Toni wollte zum Eibsee fahren, um dort zu schwimmen, und wartete nur noch auf seinen Freund.
b) Relativsätze: Sofort packte Toni seinen Rucksack, der immer griffbereit war, und eilte zum Treffpunkt. – Der Rettungshubschrau-

ber, der sich bereits im Anflug befand, würde sie gleich zur Unglücksstelle emportragen.

Wie aus drei Beispielen deutlich wird, steht auch in diesen Fällen vor *und* ein Komma.

Schreibe ähnliche Satzverbindungen mit eingeschobenen erweiterten Infinitiv- und Relativsätzen!

Übung

Übung 5

v oder w:

In Fremdwörtern wird v wie w gesprochen: Proviant, Bergmassiv, nervös, Olivenöl, reservieren, Visier, Ventilator, Vaseline, oval, Pavillon, Volt

Fülle die folgenden Wortlücken durch v oder w:

La____ine, Karne____al, Skla____en, sla____isch, ____rack,

Ad____ent, Konser____en, Ju____elen, Kilo____att, Manö____er,

Mö____e, ____ase, ____eranda, ____illa, Wit____e, Uni____ersität,

____entil, Lö____en, e____angelisch, ____itamine, Kara____ane,

____iolinkonzert, ____aggon, ____allfahrt, No____ember,

Kra____atte, Jugosla____ien, ____ulkan, Kra____all, Kla____ier,

Slo____akei, ____aseline, Ka____iar, ____ermut, ____ibrieren,

Re____ue

▶ Lösungsteil Nr. 92

63. Auf dem Düsseldorfer Fernsehturm

Diktat

Während der Herbstferien besuchte Gerd seine Tante in Düsseldorf. Nach einem Bummel durch die Geschäftsstraßen der Großstadt schlug die Tante eine Kaffeepause auf dem Fernsehturm vor. Gerd rief begeistert: „Prima!" Mit der Straßenbahn fuhren sie bis zum Eingang des riesenhaften Turmes. In wenigen Augenblicken hatte sie der Lift zum Fernsehrestaurant gebracht. Schnell hängte Gerd seinen Anorak in die Garderobe und nahm mit der Tante am gegenüberliegenden Tisch Platz. Durch die bis zum Fußboden reichende Fensterfront hatten sie einen wunderschönen Ausblick. Tief unten sahen sie das neue Landtagsgebäude und den Rhein mit einigen Frachtschiffen. Interessiert beobachtete Gerd, wie sich die Blickrichtung ständig änderte. „In einer Stunde drehen wir uns um 360 Grad", sagte die Tante. Erstaunt rief Gerd: „Die Garderobe mit meinem Anorak ist ja verschwunden!" Lachend erwiderte die Tante: „Durch die Drehbewegung werden wir bald die Garderobentür wieder sehen." (143 Wörter)

Übung 1
d und t im Auslaut:

bald, Grad, Brand, niemand, Endsilbe, niedlich, Bindfaden, ... Lift, Fracht, Restaurant, Fensterfront, erkenntlich, Diamant, Stadtrat, Buntspecht, ...

Setze d oder t in die Lücken der folgenden Wörter ein!

Bor____funker, wer____los, Verban____, Schal____jahr,

Schwer____lilien, Kinderhor____, To____, scheinto____,

Wir____haus, Win____stärke, eiskal____, Fahrra____,

Schlüsselbun____, Bun____stif____, Elektroher____, blon____,

Schul____, En____kämpfe, En____lassung, verbrann____,

Bran____stelle, Fun____amen____, grün____lich, Blin____flug,

veran____wor____lich, sei____ heu____e Aben____

▶ Lösungsteil Nr. 93

Übung 2
Zeichensetzung bei der wörtlichen Rede

a) Der Ansagesatz steht vor dem Sprechsatz: Gerd rief begeistert: „Prima!" Lachend erwiderte die Tante: „Durch die Drehbewegung werden wir die Garderobentür bald wieder sehen." – Der Junge fragte: „Weißt du, wie hoch der Fernsehturm ist?"

b) Der Ansagesatz steht hinter dem Sprechsatz: „Prima!", rief Gerd – „Durch die Drehbewegung werden wir die Garderobentür bald wieder sehen", erwiderte die Tante lachend. – „Weißt du, wie hoch der Fernsehturm ist?", fragte der Junge.

c) Der Ansagesatz ist in den Sprechsatz eingeschoben: „Das ist prima", rief Gerd, „dass wir da hinauffahren wollen!" – „Weil sich der Turmkranz um 360 Grad dreht", sagte die Tante, „kannst du alle Teile der Stadt überblicken." – „Weißt du", fragte der Junge, „wie hoch der Fernsehturm ist?"

Beachte die Reihenfolge der Zeichen!

Merkregel:
Die wörtliche Rede wird von Anführungszeichen umschlossen. Steht der Ansagesatz vor dem Sprechsatz, steht ein Doppelpunkt als zusätzliches Vorzeichen (Beispiel: Gerd rief begeistert: „Prima!").
Steht der Ansagesatz hinter dem Sprechsatz, setzt man auch dann ein Komma, wenn der Sprechsatz mit einem Ausrufe- oder Fragezeichen schließt (Beispiel: „Prima!", rief Gerd.). Ein Punkt steht nur am Ende des abschließenden Ansagesatzes (Beispiel: „Durch die Drehbewegung werden wir die Garderobentür bald wieder sehen", erwiderte die Tante lachend.).
Steht der Ansagesatz zwischen Teilen des Sprechsatzes, wird er wie ein eingeschobener Satz durch zwei Kommas abgegrenzt (Beispiel: „Das ist prima", rief Gerd, „dass wir da hinauffahren wollen!").

Übung

Übung 3

Von Städtenamen abgeleitete Adjektive (Eigenschaftswörter):

der Düsseldorfer Fernsehturm, der Kölner Dom, das Heidelberger Schloss, der Bamberger Reiter, am Hamburger Hafen, das Garmischer Skistadion, eine Berliner Schulklasse, Jenaer Glas

Schreibe in kürzerer Form: das Münster in Ulm, die Museen in München, der Zwinger in Dresden, die Messe in Leipzig, Marzipan aus Lübeck, Sprotten aus Kiel, Biere aus Dortmund, Lebkuchen aus Nürnberg, Stahlwaren aus Solingen, die Neiße bei Görlitz, das historische Rathaus in Aachen

Von geografischen Namen abgeleitete Wörter auf *-er* (Kölner Dom) schreibt man immer groß, die von geografischen Namen abgeleiteten Adjektive auf *-isch* (kölnisch) schreibt man klein, wenn sie nicht fester Bestandteil eines Namens sind (Beispiel: kölnisches Bier, aber: Kölnisch Wasser).

Übung 4

Fremdwörter mit der Endung -ant:
Restaurant, Adjudant, Intendant, Gigant, Protestant, Emigrant, Fabrikant, Passant, Praktikant, Kommandant, Proviant, Trabant, Musikant, Informant, Garant, Komödiant, interessant, elegant, galant, amüsant, konstant, tolerant, riskant, pikant, rasant, imposant, charmant, brillant, markant
Ordne Substantive und Adjektive alphabetisch!

Übung 5

Wörter mit dt:
Großstadt, Stadttheater, städtisch, stadtbekannt, Gesandter, Gesandtschaft, gesandt, gewandt, Gewandtheit, Bewandtnis, verwandt, Verwandte, Verwandtschaft, beredt, Beredtheit
aber: Versand, versandfertig, – beredsam, Beredsamkeit
Verwende die Wörter in Sätzen!

64. Herbstlaub

Noch gestern leuchteten das Gelb des Ahornbaumes und das Goldorange der Rotbuche am Rande von Hoffmanns Garten in der schon beträchtlich tiefer stehenden Herbstsonne. Dieser Anblick erfreute alle Anwohner und auch viele der Vorübergehenden. Doch ganz plötzlich war die Pracht beendet. Der Frost der sternklaren Nacht hatte bewirkt, dass Straße und Garten von den farbigen Blättern übersät und die Kronen der beiden Bäume fast völlig kahl waren. Nach dem Unterricht holte Philipp aus der Garage den Rechen und begann, das Laub zusammenzuharken, um es anschließend in die noch leere Mülltonne zu schütten. Aber rechtzeitig kam seine Mutter hinzu und sagte: „Harke bitte nur die Rasenfläche ab und verteile die Blätter unter die Sträucher. Das welkende Laub trägt nämlich wesentlich zur Humusbildung und zur Verbesserung der Bodenqualität bei. Außerdem bietet die Blätterschicht vielen Insekten und Vögeln Nahrung und Schutz in der kalten Jahreszeit, wenn die Temperatur weit unter null Grad sinkt." (151 Wörter)

Übung 1

Wortfamilie „säen“:

säen, aus-, ein-, nach-, über-, zwischen-; Sämann, -maschine; Saat, -gut, -getreide, -beet, -feld, -krähe, -furche, -weizen, Aus-, Reihen-, Früh-, Winter-; Saatenpflege, -grün; Sämerei; Sämlinge; Samen, Blumen-, Gemüse-, Unkraut-, -korn, -handlung, -kapsel, -anlage

Schreibe die Wörter vollständig ab und bilde einige Sätze damit!

Übung 2

das – dass, vier unterschiedliche Wortarten:

a) Artikel: das Kaninchen, das Heft, das Wetter

b) Relativpronomen: Das Kind, das zur Schule ging, ... Das Bild, das ich gemalt habe, ... Ersatzwort für *das*: welches

c) Demonstrativpronomen: Das ist der Mann! Das geht aber nicht! Ersatzwort für *das*: dies(es)

d) Konjunktion (Bindewort): Ich hörte, dass er krank ist. Dass du gern liest, wissen wir. Die Konjunktion *dass* leitet Gliedsätze ein. Kein Ersatzwort!

Setze in das folgende Märchen das oder dass ein!

________ Mädchen, ________ andere zum Lachen brachte

Es war einmal ein kleines Mädchen, ________ konnte so herzlich lachen, ________ jeder, der ________ Mädchen lachen sah, ebenfalls lachen musste. ________ Seltsame dabei war, ________ jeder dann drei Stunden lang ununterbrochen lachte. So kam es ,________ bald überall im Lande für diese Zeit nur gelacht, aber nicht gearbeitet wurde. Als der König ________ hörte, ________ es ein Kind gab, ________ jeden zum Lachen brachte, befahl er: „Schafft mir ________ Mädchen her!

_________ geht doch nicht, _________ die Arbeitsleistungen so vermindert werden, weil da ein Kind ist, _________ andere zum Lachen reizt!" Die Diener brachten _________ Kind zum König. „Ist es wahr, _________ du alle Leute zum Lachen bringen kannst?", fragte er. „_________ kannst du ja auch bei mir versuchen." Da lachte _________ Mädchen den König an. Aber der König verzog keine Miene. „Du siehst ,_________ nicht jeder auf dein Lachen hereinfällt ._________ geht so nicht, _________ die Leute täglich drei Stunden vor lauter Lachen nichts tun. Ab sofort verbiete ich dir, _________ du Menschen zum Lachen bringst!" Da zog _________ Mädchen betrübt fort. Überall, wohin es kam, begann es zu weinen. _________ Schlimme daran war, _________ alle Leute die es sahen, gleichfalls anfingen zu weinen. Und _________ war so arg, _________ sie den ganzen Tag weinen mussten. Als _________ der König erfuhr, war er sehr traurig und weinte auch.

▶ Lösungsteil Nr. 94

Übung 3

Die Schreibweise mit ph:

wird in einigen Vornamen und häufig gebrauchten Fremdwörtern durch *f* ersetzt. (Stefan, Josefine, Fotograf, telefonieren, Stenografie,…). Wörter mit *ph*: Philipp, Alphabet, Strophe, Katastrophe, Stratosphäre, Physik, Grafit, Phosphor, Philosoph, Pharisäer, Apostroph,

Ü
Übung

Atmosphäre, Philodendron, Triumph, Asphalt, Pharao, Symphonie (auch: Sinfonie), Mikrophon (auch: Mikrofon), Hieroglyphen, Typhus
Schreibe davon abgeleitete Wörter! (Philippinen, alphabetisch, ...)

Übung 4

Als Substantive gebrauchte Partizipien (Mittelwörter):

viele der Vorübergehenden (aber: die vorübergehenden Spaziergänger), etwas Erfrischendes (aber: erfrischendes Wasser), die Geretteten, einige Verwundete, die Hungernden, Gefundenes zurückgeben, ein Kilogramm Gehacktes, einem Sterbenden beistehen, Trauernde trösten, dem Gestürzten aufhelfen, nichts Auffallendes, sich mit Bekannten unterhalten
Bilde davon Satzpaare, in denen die vorkommenden Partizipien einmal groß- und einmal kleingeschrieben werden müssen!

Übung 5

Schreibung von Fremdwörtern mit k trotz kurzem vorangehenden Vokal:

Insekt, Rektor, Takt, Inspektor, Fabrik, Hektoliter, Gotik, Techniker, Lektüre, elektrisch, aktiv, Optik, Konfekt, Mechanik, Direktion, Panik, Dokument, Plakat, reflektieren, Atlantik, Botaniker, Kautschuk, Dialekt, Konstruktion, Viadukt, Keramik, Konflikt, physikalisch, Produkt, Traktor, Oktober
Schreibe damit zusammengesetzte oder davon abgeleitete Wörter! (Insektenstich, Grundschuldirektor, Inspektionen, Hektar, ...)

65. Der aufgeregte Dackel

An einem sonnigen Spätherbsttag schlenderte ich mit Strolch, unserem Dackel, durch den Stadtpark. Plötzlich zog mich der Dackel, den ich innerhalb der Parkanlagen ordnungsgemäß angeleint hat, zu einem hohen Blätterhaufen. Strolch zerrte an der Leine, knurrte und kläffte aufgeregt. „Was hat seine Spürnase denn gewittert?", dachte ich. Da hörte ich deutlich ein Rascheln unter dem zusammengefegten Laub. Als ich behutsam einige der Blätter zur Seite schob, entdeckte ich einen Igel, zu einer Stachelkugel zusammengerollt, der sich hier offenbar ein Winterquartier suchen wollte. Ungeachtet der gesträubten Stacheln hätte sich Strolch wie ein Wilder auf den Igel gestürzt und sich bestimmt eine blutige Schnauze geholt, wenn ich ihn nicht mit aller Kraft zurückgehalten hätte. Aber es dauerte lange, bis sich der Hund allmählich beruhigt hatte. So ein Dackel weiß ja nicht, wie nützlich Igel sind, weil sie sich hauptsächlich von Schnecken und Insekten ernähren. (145 Wörter)

Übung 1

Schärfung durch rr:

knurren, zerren, Schnurrbart, herrlich, dürr, Pfarrer, surren, klirren, Geschirr, versperren, starr, beherrschen, verdorren, Gitarre, schwirren, Terrasse, närrisch, gurren, wirr, Karre, verwirrt, knarren, Zigarre, irr, Parterre, Dachsparren

Ordne nach Wortarten!

Übung 2

Wörter mit äu:

Die meisten Wörter mit *äu* sind ableitbar (verräuchert – Rauch, schäumen – Schaum, verträumt – Traum), nur einige wenige nicht (gesträubt, Garnknäuel, Säule, räudig)

Setze in die Wortlücken äu oder eu ein!

schl____dern, n____lich, F____lnis, abent____erlich, Gem____er,

s____erlich, absch____lich, K____le, haarstr____bend, h____fig,

Bed____tung, Marmors____len, T____schung, erl____chten,

Z____gnisse, Wiederk____er, l____ten, L____tnant,

Vogelsch____che, ____ßerlich, S____gling, Heilkr____ter,

Holzkr____ze, n____gierig, F____chtigkeit, ungeh____erlich,

unverk____flich, H____chler, aufr____men, enth____ten, h____te,

zerst____ben

▶ Lösungsteil Nr. 95

Übung 3
Schreibweisen des langen ä:

allmählich, ernähren, Gefährdung, bewähren, gähnen, Ähnlichkeit, Verspätung, Tränen, Quälerei, Gärung, Geräte, rätselhaft, Erklärung

Fülle die Wortlücken durch Einsetzen von ä oder äh!

gel____mt, n____mlich, Verm____lung, Gef____rten, Sp____ne,

M____ne, Heringsgr____ten, F____nchen, Gem____lde,

M____drescher, Erz____lung, ausw____len, vertr____glich,

sch____len, Eisb____r, w____rend, vollj____rig, hebr____isch,

W____rung, Getreide____re, S____maschine, gez____mt, sp____t,

dr____te

► Lösungsteil Nr. 96

Übung 4
Kommastellung bei erweiterten Partizipien (Mittelwörtern), die einen verkürzten Gliedsatz darstellen:

Wir entdeckten einen Igel, zu einer Stachelkugel zusammengerollt, der sich hier ein Winterquartier suchen wollte. – Wir kamen, von niemandem beachtet, in den Festsaal. – Die Frau saß, die Hände gefaltet, in ihrem Zimmer. – Von der langen Wanderung ermüdet, gingen wir bald zu Bett. – Vom Fußballspiel erhitzt, suchten wir den Duschraum auf.

Bei nicht erweiterten Partizipien steht kein Komma: Lachend betraten wir den Klassenraum. – Er ging bettelnd von Haus zu Haus. – Erfrischt stieg ich aus dem Schwimmbad.

Auch bei nur kurzen Beifügungen wird kein Komma gesetzt: Gut gekaut ist halb verdaut. – Bunt gefärbt sehen die Ostereier viel schöner aus. – Der Mann lag laut schnarchend auf der harten Bank.

Erweitere Partizipgruppen zu Gliedsätzen (Wir entdeckten einen Igel, der sich zu einer Stachelkugel zusammengerollt hatte.) und schreibe eigene Sätze mit erweiterten Partizipien!

66. Bei den Glasbläsern

Diktat

Bei einem Schwarzwaldaufenthalt nutzt Frank die Gelegenheit, eine Glashütte zu besichtigen. Interessiert schaut er zu, wie die Glasbläser mit einem langen Blasrohr, der Pfeife, glühende Glasmasse aus dem Schmelzofen herausholen. Hier ist bei einer Temperatur von fast zweitausend Grad aus Quarzsand, Kalkstein und einigen Chemikalien flüssiges Glas entstanden. Nun sieht Frank, wie durch Blasen und Drehen aus dem zähen, glühenden Glasklumpen eine kleine Hohlkugel entsteht, die zu einer Vase gestaltet wird. Teile wie Henkel, Stiele oder Böden werden getrennt hergestellt und anschließend angeschmolzen. In noch heißem Zustand wird die Vase vom Blasrohr abgeschnitten, langsam abgekühlt und der scharfkantige Rand abgeschliffen. Danach bewundert Frank die Sicherheit und Geschicklichkeit der Graveure, die verschiedenartige Muster in Kelchgläser, Vasen und Kristallschalen ritzen. Nebenan im Verkaufsraum stehen die fertigen gläsernen Kostbarkeiten, von denen er seiner Mutter gern etwas mitgebracht hätte. Doch dazu reicht sein Taschengeld leider nicht.

(145 Wörter)

Übung

Übung 1

o oder oh:

Schmelzofen, herausholen, Boden, betonen, Woge, verloren, verchromt, …

Blasrohr, Hohlkugel, Bohnerwachs, belohnen, Kohlen, unbewohnt, bohren, Ohrringe, …

Setze in die folgenden Wortlücken o *oder* oh *ein:*

Tr___pen, Schnittb___nen, Tir___l, Arbeitsl___n,

wiederh___len, H___lraum, best___len, Spi___ne, F___len,

M___ntag, M___nkuchen, m___natlich, H___n, Thr___n,

B___ten, b___nern, Pr___beb___rungen, verb___gen,

K___lblätter, Gew___nheit, schm___ren, sch___nungslos,

Fortsetzung Seite 146

D____le, D____mch____r, T____nschale, ____nmächtig,

Makr____nen

▶ Lösungsteil Nr. 97

Übung 2

Grad – Grat:

Grad, Gradeinteilung, -messer, -bogen, -zahl, -netz; Breiten-, Längen-, Wärme-, Kälte-, Schrift-, Dienst-, Steigungs-, gradweise, hochgradig …

Grat (schmaler Gebirgskamm), -wanderung, Berg-, Fels-, Rück-; Gräte, Fisch-, entgräten …

Schreibe die Wörter vollständig ab und bilde damit Sätze!

Übung 3

Wörter mit qu:

Quarzsand, quer, Quälerei, quetschen, quicklebendig, quittieren, Quark, quadratisch, Kaulquappen, Quader, überqueren, qualmen, bequem, quatschen, Quecksilber, Qualle, zerquirlen, quarzhaltig, Aquarium, quietschen, Quaste, erquicklich, Äquator, hervorquellen

Merkregel:
In Wörtern mit *qu* gibt es kein Dehnungs-h!

Ordne nach Wortarten (Substantive, Verben, Adjektive)!

Übung 4

Dehnungs-h vor l:

Hohlkugel, Mahlzeit, empfehlen, fehlerhaft, stählern, Höhle, wählen, zahllos, Kohl, Eichenbohlen

Setze in die Wortlücken hl oder l ein:

Schuhso____len, So____bäder, Diebsta____, Edelsta____,

Blauwa____, Landtagswa____, Qua____, ka____, Loka____,

Alkoho____, Erho____ung, Ho____weg, Pfa____, schma____,

abkü____en, schwü____, gefü____los, Ma____ermeister,

Mittagsma____, Karneva____, Mehrza____, Juwe____en,

befe____en, Gladio____en, jo____en, unwo____, Nordpo____,

Windmü____e, Gewitterschwü____e, me____ig, se____ig,

Ke____e, Paralle____e, pra____en, Kartoffelscha____en,

Gema____, Kana____

► Lösungsteil Nr. 98

Übung 5

Fremdwörter mit der Endung -eur:

Übung

Graveur, Ingenieur, Amateur, Dompteur, Spediteur, Redakteur, Chauffeur

Bilde aus den folgenden Verben die zugehörigen Substantive:

frisieren, montieren, dekorieren, konstruieren, jonglieren, kontrollieren, kommandieren, vulkanisieren, massieren

67. Steinsalz vom Niederrhein

Diktat

Wenn man vom Bergbau spricht, denkt man zunächst an Erz- oder Kohlevorkommen. Aber es gibt auch Salzbergwerke. Am Niederrhein befindet sich das größte Europas. Vor vielen Jahrtausenden verdunstete das Meerwasser, das große Gebiete unseres Erdteils bedeckt hatte, und ließ an manchen Stellen mächtige Steinsalzlager zurück. Unterirdisch fräsen vollmechanische Maschinen Röhren in die etwa 200 Meter dicke Salzschicht. Das anschließend herausgesprengte Salz wird mit Baggern und kilometerlangen Transportbändern zum Förderschacht gebracht und an die Erdoberfläche geschafft. Mehr als zehntausend Tonnen werden täglich gefördert. Aber nur ein ganz geringer Prozentsatz wird davon als Speisesalz genutzt. Den größten Teil benötigt die Industrie zur Herstellung von Glas und Kunststoff. Der Rest wird im Winter als Streusalz verwendet oder ins Ausland exportiert. (120 Wörter)

Übung

Übung 1
Schärfung mit ff:

Immer nur nach einem kurzen Vokal (Selbstlaut) wird verdoppelt (schaffen, Kunststoff, Karaffe, öffentlich, Treffer, Griff), wenn kein Konsonant (Mitlaut) folgt (Gift, heftig, Kraft).
Setze in die Wortlücken ff oder f ein:

Geschä____t, ho____entlich, Himbeersa____t, Zukun____t,

Gira____e, vorläu____ig, schlei____en, Ö____nung, Ka____ee,

O____izier, schnü____eln, entzi____ern, lu____tig,

Karto____elpu____er, Pfe____er, Strei____en, bestra____en,

stra____, Ko____ergri____, Panto____el, Kie____er, ga____en

► Lösungsteil Nr. 99

Übung

Übung 2
s oder z im Auslaut:

Steinsalz, Erz, Transport, als, ganz, Fels, Prinz, Sturz, Gans, abwärts, morgens, Kranz, stolz, März, rechts, Klaps, Filz, Steinpilz, mittags, anfangs, schmerzhaft, bereits, herzlich, abends, Schmalz, Gips, Schmelzwasser, Schnaps, scherzhaft, Geburtstag, Schwanz, Zinssatz, nirgends, Pulsschlag, abseits, Waldkauz, Raps, Intelligenz, vergebens
Ordne die Wörter nach ihrer Schreibweise (s oder z) und versuche sie so zu verlängern, dass der s- oder z-Laut hörbar wird! (Salz – Salze, Fels – Felsen, …)

Übung

Übung 3
Ableitbare und nicht ableitbare Wörter mit ä:

fräsen, zunächst, täglich, veränderlich, Transportbänder, Oberfläche, Fischgräten, längst, Nähe, Schärpe, stämmig, Lärchenzweig, Gefälligkeit, Tränen, verstärken, Gelände, ätzen, schräg, Behälter, vielfältig, Schädelknochen, März, Gräfin, erbärmlich, Ähre, Tätigkeiten, einprägen, hässlich, quälen, Äquator, schändlich, Gämsen, Käse, Käfig
Schreibe zu den ableitbaren Wörtern die Herkunftswörter mit a!

Übung 4

Schärfung durch gg (nur bei wenigen Wörtern):

Bagger, Waggon, Flagge, schmuggeln, Egge, Dogge, flügge

Verwende diese Wörter in Sätzen und bilde damit zusammengesetzte oder davon abgeleitete Wörter! (ausbaggern, Eisenbahnwaggon, …)

Übung 5

Schreibweise des langen i:

Achtung! In 10 der folgenden Wörter ist der i-Laut falsch geschrieben. Berichtige die Fehler und ordne nachher die Wörter nach der Schreibweise des i-Lautes!

Niederrhein, Maschine, anschließend, Vitriene, Bleistiftmine, widerlich, Fibel, Fieberthermometer, Sumpfbieber, Verzihrung, Gummi, Baustil, Grieß, schieben, Straßenbahnschinen, Kilometer, Schiffskiel, Kiemen, Kabiene, Bienenhonig, schwirig, Unterschied, Olivenöl, Sirene, Passagir, gierig, Kaninchen, versiegeln, explosiv, Kliema, China, Apfelstil, Ventil, Gardine, Kino, Krise, ziemlich, Hektolieter, vermieten, Motiv, Primel, Schiefer, zierlich, Augenlid, Wiegenlied

► Lösungsteil Nr. 100

68. Schädliche Zigaretten

Fast jedes Jahr hatte Leon bei den Bundesjugendwettkämpfen eine Ehrenurkunde erhalten. Außerdem war er die Stütze seiner Fußballmannschaft. Sein Ziel war, später einmal bei der Bundesliga zu spielen. Besorgt merkte Leon, dass seine sportlichen Leistungen aber spürbar nachließen. Atembeschwerden und Herzklopfen hatte er beim Laufen bisher niemals gekannt. Manchmal wurde ihm sogar schwindlig. Da seine Eltern eine Kreislaufstörung annahmen, schickten sie ihn zum Arzt. Nach gründlicher Untersuchung fragte er: „Sag mal, rauchst du?" Der Junge gestand, dass er vor Monaten damit angefangen hätte und seit Wochen regelmäßig einige Zigaretten rauchte. Leon hatte nicht geglaubt, dass Nikotin seinem sportgestählten Körper schaden könnte. „Wenn du gesund bleiben willst", sagte der Mediziner mit besorgter Miene, „musst du das Rauchen einstellen, denn Rauchen ist sehr gefährlich." (124 Wörter)

Übung 1

Zeichensetzung bei wörtlicher Rede in den drei verschiedenen Stellungen:

Der Satz am Anfang:

Der Arzt fragte: „Sag mal, rauchst du?“ Der Mediziner sagte: „Wenn du gesund bleiben willst, musst du das Rauchen einstellen.“

Der Satz am Ende:

„Sag mal, rauchst du?“, fragte der Arzt. „Wenn du gesund bleiben willst, musst du das Rauchen einstellen“, sagte der Mediziner.

Der Satz in der Mitte:

„Sag mal“, fragte der Arzt, „ rauchst du?“ „Wenn du gesund bleiben willst“, sagte der Mediziner, „ musst du das Rauchen einstellen.“

Verwende die folgenden Sätze für wörtliche Reden in den verschiedenen Stellungen: Ich würde mich freuen, wenn du kämst. – Wir hoffen, dass das Wetter bald besser wird. – Falls du Zeit hast, gehen wir ins Kino. – Weißt du, ob Peter wieder gesund ist? – Schön, dass ich euch morgen sehe!

Übung 2

Schreibweisen des langen ö:

Kreislaufstörung, töricht, verhöhnen, Versöhnung, persönlich, Gehör, dröhnen, grölen, stöhnen, Kröte, vertrödeln, …

Setze ö oder öh in folgende Wörter ein:

verw____nen, str____men, T____ne, B____nchen, tr____sten,

M____ren, Nadel____r, Verh____r, st____nen, gew____nlich,

Kr____nung, h____nisch, ____lig, Tropfsteinh____le, spr____de,

vers____nt, R____richt, Emp____rung, K____ler, unn____tig,

zuh____ren, k____niglich, F____nwind, l____ten

▶ Lösungsteil Nr. 101

Übung 3
Die Nachsilben -ig und -lich:
schwindelig, regelmäßig, ruhig, gesellig, wolkig, faltig, eifrig, klebrig, ... sportlich, gründlich, gefährlich, monatlich, beträchtlich, empfindlich, göttlich, deutlich, unverständlich, ...
Bilde aus folgenden Wörtern mithilfe der Nachsilben Adjektive:
Wolle, Wind, Kugel, Nebel, sperren, Frieden, Mensch, tadeln, ekeln, Wille, Freund, Buckel, zappeln, Herbst, Zorn, Mehl, eilen, Zufall, betrüben, glauben, Öl, Seite, schimmeln, gefallen, Fett, Geschäft, Gemeinschaft, Verstand
► Lösungsteil Nr. 102

Übung 4
Schreibweisen des langen i:
Ziel, spielen, niemals, Miene, ziemlich, ...
Bundesliga, Nikotin, Mediziner, Termin, Primel, Getreidesilo, ...
Bilde die Reihen! Beachte dabei die Schreibweisen des langen i!

Biene, Masch__________, Gard__________, Sch__________

Wanderlieder, Fl__________, zuw__________, Gef__________

Baustil, v__________, Vent__________, Z__________

Stativ, t__________, Detekt__________, sch__________

solide, Schm__________, Inval__________, Pyram__________

Kaliber, Sch__________, F__________, B__________

Stiege, Fl__________, R__________, Intr__________

Igel, Sp__________, Z__________, R__________

Visite, N__________, M__________, El__________

Gebiet, Appet__________, Dynam__________

Augenlid, Störenfr__________, Gl__________

Fortsetzung Seite 152

Samariter, Geb__________, L__________, M__________

Nikotin, Benz__________, Mediz__________, Kam__________

Fakir, Pap__________, B__________, Klav__________

Paradies, m__________, K__________, An__________

Giebel, Zw__________, F__________, B__________

Prise, Mark__________, W__________, Kr__________

Prinzip, D__________, S__________, Tr__________

verkriechen, s__________, Gr__________, r__________

Frieden, versch__________, s__________, gem__________

entschließen, fl__________, g__________, spr__________

siegen, b__________, w__________, verschw__________

▶ Lösungsteil Nr. 103

Übung

Übung 5

Verben (Zeitwörter) werden Substantive (Hauptwörter):

beim Laufen, das Rauchen, nach gründlichem Untersuchen, vom langen Warten, – auch in der Zusammensetzung mit Substantiven: Herzklopfen, während des Kaffeetrinkens, beim Abschiednehmen, vom Eisessen, …

Verwende die folgenden Verben in Sätzen als Substantive: rennen, bitten, rufen, beachten, fahren, üben bei gleichzeitigem Zusammenschreiben:

Kirschen pflücken, Vögel füttern, Atem holen, Kartoffeln schälen, Auto fahren, Zähne putzen!

Aber beachte den Unterschied: Im Herbst wollen wir Pilze sammeln. – Zum Pilzesammeln nehmen wir einen Korb mit.

Bilde ähnliche Doppelsätze!

69. Vom Rübenfeld zur Zuckerfabrik

Peter sitzt neben seinem Onkel auf dem Traktor und fährt mit der Rübenrodemaschine über das weite Feld. In einem Arbeitsgang schneidet die Maschine die Blätter ab, hebt die Rüben aus dem lehmhaltigen Boden und sammelt sie in einem großen Gitterbehälter. Nach dem Umladen auf Anhänger darf Peter mit zur Zuckerfabrik fahren. Eine fast endlose Schlange von Rübenfahrzeugen wartet schon vor dem Fabrikgelände. Daher dauert es lange, bis sie auf dem Hof abgefertigt werden. Hier lagern bereits riesige Halden von Rüben. Jetzt zur Hochsaison wird Tag und Nacht gearbeitet, damit nicht durch längere Lagerung der Zuckergehalt schwindet. Die Rüben werden gründlich gewaschen, dann maschinell geschnitzelt, gekocht und ausgepresst. Anschließend wird der Sirupsaft zu Zucker verarbeitet. Peter erfährt, dass die siebenfache Menge Rüben notwendig ist, um eine Tonne Zucker herzustellen. (132 Wörter)

Übung 1

Dehnungs-h vor m:

Vorsicht! Hier sind 7 Wörter, in die das h eingeschmuggelt worden ist: lehmhaltig, angenehm, berühmt, Bilderrahmen, zähmen, Dohm, Warenannahme, lahm, Sahmen, Lehm, einrahmen, Abnehmer, gelähmt, zahm, erlahmen, Unternehmer, unrühmlich, Rähmchen, er kahm, Lähmung, Zähmung, rühmen, Lahma, Reklahme, lahm legen, Ruhmsucht, Lehmboden, übernehmen, benehmen, Aufnahme, nähmlich, Strohm

Orde nach Wortfamilien!

Hast du die 7 Fehler gefunden?

▶ Lösungsteil Nr. 104

Übung 2

ai – ei:

laichen, Saison, Taifun, Feldhain, Hainbuche, Bai, Violinsaite, Brotlaib, Laienspielschar, ... Leiche, Treibeis, Reinlichkeit, Heinrich, Blei, Buchseiten, Leibschmerzen, leidend, ...

In dem benachbarten Buchstabenfeld sind acht Wörter mit ai und acht mit ei verborgen.
Schreibe sie heraus!
Die Anfangsbuchstaben erkennst du am Fettdruck.
▶ Lösungsteil Nr. 105

R	P	**M**	**E**	F	**L**	X	Z	**L**	A	I	C	**H**
Z	**W**	A	I	S	E	N	**H**	A	U	S	T	E
O	T	I	T	P	I	C	A	**M**	D	**K**	A	I
I	S	N	R	L	**M**	A	I	E	O	**R**	L	M
A	**M**	A	I	S	X	**K**	A	I	S	E	R	A
F	E	I	G	L	I	N	G	S	D	I	U	T
V	W	**K**	R	E	I	D	E	**E**	I	F	E	L

Übung 3

Zusammengesetzte Adjektive (Eigenschaftswörter):

a) Das Bestimmungswort ist ein Adjektiv: weiträumig, großjährig, hellrot, schwerhörig, gutmütig, reinrassig, tiefblau, leichtgläubig, hochstämmig, …
b) das Bestimmungswort ist ein Zahlwort: siebenfach, einspurig, zweideutig, mehrstimmig, vielfältig, achtjährig, viereckig, …
c) Das Bestimmungswort ist ein Substantiv: lehmhaltig, notwendig, sternklar, mondhell, stockfinster, giftgrün, gallebitter, samtweich, todmüde, …

Setze die drei Reihen fort!

Übung 4

Komma bei Aufzählungen:

Die Rüben werden gründlich gewaschen, dann maschinell geschnitzelt, gekocht und ausgepresst. (Mehrere Prädikate) – Peter, seine Freunde Felix, Jan und Niklas halfen bei der Rübenernte. (Mehrere Subjekte) – Auf dem Wagen sahen wir Maria, Lea und Sophie. (Mehrere Objekte) – Peter begleitete den Onkel zur Zuckerfabrik, zur Werkstatt und zum Bahnhof. (Mehrere adverbiale Bestimmungen) – Meine Schwester trug ein Kleid mit roten, gelben und blauen Punkten. (Mehrere Attribute)
Schreibe zu jeder Aufzählungsart zwei weitere Beispiele!

Übung 5

Adjektive (Eigenschaftswörter) mit der Endung -ell:

maschinell, kriminell, offiziell, aktuell, finanziell, ministeriell, personell, sensationell, kulturell, konfessionell, aktuell, speziell, rationell
Setze zu diesen Adjektiven passende Substantive! (maschinelle Verarbeitung, …)

70. Wertvolle Kartoffeln

Diktat

Überall in Deutschland sind Kartoffeln ein Hauptnahrungsmittel. In den verschiedensten Zubereitungen kommen sie fast täglich auf den Tisch. Doch ursprünglich waren sie in Europa unbekannt. Erst als die Spanier mit Kolumbus in Amerika gelandet waren, lernten sie von den peruanischen Indianern den Kartoffelanbau kennen. Bald danach fuhren Segelschiffe mit den schmackhaften Feldfrüchten an Bord über den Atlantik in spanische Häfen. Von dort aus kamen sie auch in unser Land. Doch die Menschen waren zunächst misstrauisch gegen die neuartige Nahrung. Die meisten wussten nicht, wie sie diese unansehnlichen, grauen Knollen zubereiten sollten. Manche glaubten, die grünen, oberirdischen Beeren wären genießbar, und vergifteten sich damit. Erst Friedrich der Große schaffte es, bei seinen preußischen Untertanen den Kartoffelanbau durchzusetzen. Seitdem ist die Kartoffel bis heute ein wertvolles, geschätztes Volksnahrungsmittel geblieben. (129 Wörter)

Übung 1

Übung

Adjektive (Eigenschaftswörter) mit der Nachsilbe -haft:

schmackhaft, zaghaft, grauenhaft, sesshaft, vorteilhaft, standhaft, namhaft, ernsthaft, …

Verbinde folgende Wörter mit der Nachsilbe -haft: Schuld, Dauer, leben, Gewissen, schmeicheln, wahr, Fehler, Mädchen, Scham, lachen, Meister, krank, Schmerz, naschen, Traum, böse, Sünde, ernst, Frühling, Schaden

Übung 2

Übung

Schärfung mit ff:

Kartoffeln, Segelschiffe, schaffen, straff, öffentlich, Hoffnung, Pantoffeln, Kaffeelöffel, schnüffeln, …

Setze in die Lücken ff oder f ein:

vergi____ten, Gri____e, o____t, unverho____t, lu____tig,

entzi____ern, schri____tlich, Pfe____er, bescha____en,

Beschä____tigung, O____izier, Eiswa____eln, Wer____t,

Fortsetzung Seite 156

verha____ten, vortre____lich, anhe____ten, Auspu____,

krä____tig, entwa____nen, sa____tig, Gira____en, knei____en,

Kni____, Kara____e, Pfi____, klä____en, mu____ig, Gru____t,

Di____erenz, Ra____inerie

▶ Lösungsteil Nr. 106

Übung 3

Dehnungs-h vor n:

unansehnlich, versöhnt, Ausdehnung, Ohnmacht, Kahnpartie, Urahnen, ermahnen, Truthahn, gezähnt, erwähnen, Bahnhof, Schlagsahne, Lahn, …

Setze in die Wortlücken hn oder n ein:

Unterta____, Ruderka____, Vulka____, Kra____, Za____arzt,

Roma____, Se____enzerrung, anle____en, belo____en,

Bü____envorhang, Trä____en, Kapitä____, bo____ern,

verscho____en, To____röhren, Tribü____e, Perso____, Schwa____,

wa____sinnig, Ma____ung, tu____, Pelika____, pla____en,

a____ungslos, Karawa____e, Hü____e

▶ Lösungsteil Nr. 107

Übung 4

Adjektive mit der Nachsilbe -isch:

peruanisch, misstrauisch, oberirdisch, preußisch, europäisch, herrisch, erpresserisch, amerikanisch, regnerisch, …

Bilde aus folgenden Wörtern Adjektive! Aber beachte, dass jeweils fünfmal die Nachsilben -ig und -lich angefügt werden müssen!

Sturm, Schatten, Westfalen, Atlantik, Öl, Herbst, Dieb, verführen, Angst, China, Aberglauben, Gott, Spaß, verschwenden, Welle,

Schelm, Himmel, Christ, Chemie, Leichtathlet, Olympiade, Physik, Zorn, Musik, Portugal, Mathematik, Automat, Gefahr, Franken, Hölle, Dänemark, Jugoslawien, Räuber, Bayern, Sachsen, Teufel

▶ Lösungsteil Nr. 108

Übung 5

Kommastellung zwischen Attributen (Beifügungen):

a) Zwischen gleichwertigen Attributen steht ein Komma. Attribute sind nur gleichwertig, wenn man ihre Reihenfolge ändern oder sie durch *und* verbinden kann.
   Diese unansehnlichen, grauen Knollen (diese grauen, unansehnlichen Knollen) – ein wertvolles, geschätztes Volksnahrungsmittel (ein wertvolles und geschätztes Volksnahrungsmittel)

b) Zwischen ungleichwertigen Attributen steht kein Komma. Sie kann man nicht durch *und* verbinden oder ihre Reihenfolge ändern.
   Eine großartige sportliche Leistung – neue eingelegte Heringe

c) Gelegentlich kann der Schreibende dadurch, dass er ein Komma setzt oder nicht, deutlich machen, ob er die Attribute als gleichrangig verstanden wissen will oder nicht.
   Eine neue, umweltfreundliche Verpackung (bisher war die Verpackung nicht umweltfreundlich, die neue jedoch ist es) – eine neue umweltfreundliche Verpackung (zusätzlich zu der schon umweltfreundlichen Verpackung gibt es eine weitere umweltfreundliche.)

Prüfe beim Abschreiben, an welchen Stellen ein Komma gesetzt werden muss!

Feuchtes kaltes Wetter – ein kleines vierblättriges Kleeblatt – ein freundlicher netter Herr – mein warmer roter Schal – die siegreiche deutsche Mannschaft – die felsige jugoslawische Küste – neue saure Gurken – süße reife Stachelbeeren – preiswerte spanische Apfelsinen – zwei seltene österreichische Briefmarken – eine gehbehinderte alte Frau – weiße gelbe und rosa Nelken – eine runde bunt bestickte Tischdecke – ein gut markierter schattiger Wanderweg – ein von Felsen umgebenes romantisches Tal – die verkehrsreiche dreispurige rechtsrheinische Autobahn – stark duftender schwarzer Tee

▶ Lösungsteil Nr. 109

71. Naturschutz tut Not

Diktat

Seit Beginn der industriellen Entwicklung hat der Mensch versucht, auch die Naturlandschaften dem technischen Fortschritt zu erschließen. Jedes Jahr werden für Industrieanlagen, Supermärkte oder Stadterweiterungen Grünflächen verringert. Besonders der ständig zunehmende Autoverkehr erforderte neue Straßen und Autobahnen. Somit wird der Lebensraum für viele Tier- und Pflanzenarten weitgehend zerstört. Menschen in den Großstädten empfinden das Verdrängen der Natur am stärksten. Millionen von Stadtbewohnern flüchten jedes Wochenende und im Urlaub aufs Land, an die See oder ins Gebirge. Viele von ihnen besitzen bereits eine Zweitwohnung im Grünen. Damit werden aber bisher ruhigere Naturbereiche und die Verkehrswege dorthin zusätzlich belastet. Daher bemühen sich die Stadtväter vieler großer Orte, nicht nur öffentliche Grünflächen zu erweitern, sondern auch Naturschutzgebiete an den Stadträndern zu schaffen, wo Tiere und Pflanzen ungestört leben können und die Menschen wieder naturverbundener werden. (136 Wörter)

Übung

Übung 1

z oder tz:

Naturschutz, besitzen, zusätzlich, Gesetz, Benutzung, trotzdem, Schnitzel, …

Heizung, Sülze, Kreuz, glänzend, Schweiz, Filz, Arzt, …

Sezte die Reihen fort!

In dem Buchstabenfeld sind je ein Dutzend Wörter mit z und tz versteckt. Findest du sie heraus? Die Anfangsbuchstaben sind fett gedruckt.

P	I	L	Z	X	**V**	**E**	R	L	E	**T**	Z	U	N	G	**S**
L	**S**	C	H	M	**E**	R	Z	G	A	R	**W**	I	T	Z	P
Ö	**G**	E	**W**	Ü	R	Z	I	**K**	L	O	T	Z	A	L	A
T	I	**M**	A	**P**	S	P	A	**K**	I	T	O	P	**S**	N	T
Z	X	Ä	L	U	A	R	**N**	Ü	T	Z	L	I	C	H	Z
L	**A**	R	Z	T	T	Y	**G**	R	E	N	Z	E	H	M	**S**
I	O	Z	E	Z	Z	B	O	Z	L	Y	**K**	A	U	Z	A
C	R	M	**G**	L	I	T	Z	E	R	N	V	W	T	S	L
H	I	T	Z	E	Y	**K**	A	N	Z	L	E	R	Z	M	Z

► Lösungsteil Nr. 110

Übung 2

Großschreibung von Adjektiven (Eigenschaftswörtern), weil sie als Substantive (Hauptwörter) gebraucht werden:

im Grünen, Gutes tun, die Jungen und Alten, Arme und Reiche, ins Nasse, das Blau deines Kleides

Häufig zeigen auch vorangehende Wörter wie alles, etwas, nichts, viel, wenig den substantivischen Gebrauch an: nichts Neues, alles Gute, …

Bilde aus folgenden Adjektiven Substantive und verwende sie in Sätzen: gesund, krank, böse, kalt, klüger, hell, fremd, schwarz, unerfahren, dunkel

Übung 3

Substantive (Hauptwörter) mit der Nachsilbe -ung:

Entwicklung, Erweiterung, Erfahrung, Versorgung, Begnadigung, Absperrung, Erholung, Vertiefung, Verfassung, Prüfung, …

Bilde aus folgenden Verben mithilfe der Nachsilbe -ung Substantive:
überraschen, errichten, strömen, erzählen, wandern, überspülen, führen, erklären, erweitern, erheben, pflanzen, verbannen, entstehen, behindern, bearbeiten, beruhigen, beseitigen, beobachten, beschreiben, zerlegen, unterhalten, ausbessern, erfinden

Übung 4

Wörter mit pf und f:

empfinden, Grünflächen, flüchten, Pflug, vernünftig, Flagge, Tropfen, bestrafen, Hanf, Dampf, schlürfen, begreifen, Pfauenfeder, Rheinpfalz, falzen, Pflegeheim, fleckig, Flegelei, Pfirsich, Firnis, Pfand, Fahndung

Setze in die Wortlücken pf oder f ein und ordne dann nach Schreibweise:

Brat___anne, ___ahrzeug, ___arrer, Holz___lock, Sen___,

Ku___er, stam___en, san___t, sum___ig, Kram___,

An___ang, Em___ang, Han___, stum___, sum___,

Zukun___t, fün___zig, Endkam___, im___en, ge___ällig,

dum___, Auskun___t, Trum___, Kon___erenz, Rum___,

Fortsetzung Seite 160

____eilen, ____eilspitze, ____luchen, ____lügen, ____ad____inder,

____lichtbewusst, ____undstelle, ____örtner, an____ordern

▶ Lösungsteil Nr. 111

Übung 5
Schwierigkeiten bei der Groß- und Kleinschreibung der Substantive „Not, Angst, Schuld, Leid, Recht" bei enger Verbindung mit Verben (Zeitwörtern):

Not leiden, in Not sein, Not tun, Not haben, ohne Not
Angst haben, in Angst sein, Angst machen, angst und bange sein
eine Schuld tragen, keine Schuld haben, schuld sein, zu Schulden kommen, jemandem ein Leid zufügen, ein Leid tragen, Leid tun/leidtun, leid sein, sein Recht bekommen, nach dem Rechten sehen, recht sein, Recht geben, Recht haben, Recht behalten, recht geschehen, sich recht verhalten
Groß- wie kleingeschrieben werden können *recht/Recht* und *unrecht/Unrecht* in Verbindung mit Zeitwörtern (= Verben) wie *behalten, bekommen, geben, haben, tun*.
Verwende diese Ausdrücke in Sätzen!

72. Im Naturschutzgebiet der Fränkischen Alb

Ihren Wagen hat Familie Kessel auf einem Parkplatz im Altmühltal abgestellt, und nun wandern sie zu viert durch den stillen, sonnigen Morgen. Eben sind sie an dem dreieckigen, grün umrandeten Schild mit der Aufschrift „Naturschutzgebiet" vorbeigekommen. Innerhalb dieses Bereiches ist das Verlassen der Wege und das Abpflücken von Pflanzen verboten. Hier auf dem feuchten Wiesengrund wachsen allerlei verschiedenartige geschützte Blumen. Violette Blüten des Knabenkrautes leuchten zu ihnen herüber. Die weißen Büschel des Wollgrases flattern wie Fähnchen im sanften Morgenwind. Vom nahen Tümpel, der umrahmt ist von Schilf und Binsengewächsen, hört man das Quaken einiger Frösche. Ein paar Libellen schwirren mit ihren hauchdünnen Flügeln dem Weiher zu. Am fast wolkenlosen Himmel kreist ein Bussard. Keinem Menschen ist die Familie bisher begegnet. „Schade, dass die Natur nicht überall so unberührt ist", denken alle. (136 Wörter)

Übung 1
Schärfung durch nn:

innerhalb, hauchdünn, sonnig, Bekanntschaft, Spannung, Mannschaft, brennbar, Innenseite, Sonnenstrahl, erkenntlich, leichtsinnig, Dünndarm, spannend, jedermann, verbrennen, sinnvoll, Dachrinne, fortrennen, zerrinnen, Trennung, Rennstrecke, abgetrennt

Je 2 Wörter sind verwandt. Stelle sie zusammen und schreibe von den folgenden zusammengesetzte Wörter: Tennis, Zinn, Antenne, Spinne, Tunnel, Gewinn, Wanne, Kannen, Pfanne, Tonne

Übung 2
Schreibweisen des langen ü:

Altmühltal, grün, Blüte, zerkrümelt, Gestühl, Vorführung, Hühnerstall, berühren, Geschwür, gefühllos, Prüfung, gemütlich

Bei folgenden Wörtern, die alle mit ü oder üh geschrieben werden, sind die Buchstaben völlig durcheinander geraten. Nur die Anfangsbuchstaben stehen an der richtigen Stelle.

Tnürbei	wülhne	Gtüe	Gmesüe
üebl	schüwl	klüh	splüne
fhrüen	sprüne	üneb	bremthü
Btelü	Deün	teürb	snnehü
medü	Schlerü	Gfehül	btüner

▶ Lösungsteil Nr. 112

Übung 3
Der x-Laut:

Schreibweise mit *x* (Axt, Export), *chs* (Gewächs, Achse), *cks* (Knicks, Häcksel), *ks* (Koks, links) und *gs* (rings, rücklings)

Fülle die Wortlücken mit x, chs, ks oder gs!

Te_______tilbetriebe, La_______, Pfin_______ten,

Bohnerwa_______, kna_______en, verhe_______t,

Schuhwi_______e, e_______plodieren, anfan_______, Ta_______i,

verwe_______eln, Bu_______baum, Ke_______fabrik, Mi_______er,

Dei_______el, hinterrü_______s,

Fortsetzung Seite 162

Arztpra______is, Kle______, Blechbü______e, Bo______er,

neuerdin______, Te______te, O______e, sä______isch,

Ple______iglas, Eide______e, Fu______, ______ylofon,

e______istieren, Da______bau

▶ Lösungsteil Nr. 113

Übung 4

Großschreibung von Verben (Zeitwörtern)

nach einem Artikel: das Verlassen der Wege und das Abpflücken von Pflanzen – das Quaken der Frösche
nach einem Pronomen: sein Beten – unser Arbeiten – dieses Lachen
nach einer Präposition: beim Rennen – vom Abschreiben – zum Rückwärtsfahren
nach einem Adjektiv: dankbares Verhalten – unverständliches Lallen – fleißiges Lernen
Schreibe zu allen 4 Arten einige Beispiele und verwerte sie in Sätzen!

Übung 5

Komma zwischen verkürzten Hauptsätzen:

Schade, dass die Natur nicht überall so unberührt ist. (Es ist schade, dass die Natur nicht überall so unberührt ist.) – Zufall, dass wir dich gestern noch trafen. (Es war Zufall, dass wir dich gestern noch trafen.) – Vielleicht, dass ich dich morgen treffe. (Vielleicht ist es möglich, dass ich dich morgen treffe.)
Bilde ähnliche Satzverbindungen aus: schön – Sonne scheint/unmöglich – ich fahre mit/fein – du kommst/prima – Spiel gewonnen/schlecht – er muss ins Krankenhaus/wenn möglich – ihn besuchen/nicht auszudenken – Sommer verregnet/Pech – Straßenbahn verpasst

73. Die Natur rächt sich

Fernsehen, Rundfunk und Presse berichten von einer schrecklichen Naturkatastrophe in Norditalien. In einem Flusstal waren zwei Dörfer, beides beliebte Wintersportorte, von riesigen Geröll- und Schlammmassen verschüttet und vollständig zerstört worden.

Langanhaltende, heftige Regenfälle hatten von den unbewaldeten Berghängen das Erdreich losgerissen. Die dabei entstandene Lawine hatte die Talsohle fast vierzig Meter hoch überlagert und den Weiterlauf des Flusses verhindert, sodass sich das Wasser Gefahr drohend staute. Viele Menschen fanden dabei den Tod. Schon seit Jahren hatten Geologen und Naturschutzverbände immer wieder vor dem Abholzen der Bergwälder gewarnt, die den sichersten Schutz vor Lawinen darstellen. Doch die wirtschaftlichen Interessen waren zu stark. Um noch bessere Wintersportmöglichkeiten zu schaffen, wurden weiterhin Waldbestände gerodet, zusätzliche Skilifte und klotzige Hotels errichtet. Aber durch das Roden der Waldungen hatten die Berghänge ihren Halt verloren. Nun hat sich die geschändete Natur bitter gerächt. (143 Wörter)

Übung 1

-d, -t und -en am Ende der Partizipien (Mittelwörter):

a) Partizipien des Präsens enden auf *d*: drohend, singend, reißend, fließend, warnend, schützend, zerstörend

b) Partizipien des Perfekts enden auf *t*: zerstört, verhindert, überlagert, gewarnt, gerodet, errichtet, gerächt, verschüttet oder en: gebunden, gestiegen, geholfen, gelesen, gefallen, gerufen, geschwommen, gesungen

Bilde von folgenden Verben die beiden Partizipien: arbeiten, sammeln, beißen, entdecken, erfüllen, üben, erfrischen, laufen, besuchen, verunglücken, retten, pflegen, enttäuschen, scheinen, verachten, prüfen, lernen, wandern, beruhigen, schneiden, betteln, merken! (*Schreibe:* arbeiten / arbeitend / gearbeitet, ...)

Übung 2

Mit den Vorsilben er-, ver- und zer- zusammengesetzte Verben (Zeitwörter):

errichten, verhindern, zerstören, erlauben, verstehen, zersägen, ertragen, verteidigen, zerfließen, ersinnen, vertrauen, zerbeißen

Setze die passenden Vorsilben vor die folgenden Verben: raten, ringen, rechnen, räuchern, reichen, rühren, reiben, rußen, reißen, retten, regen, reisen, rosten, rutschen, rinnen, riegeln, rauchen, rücken

Übung 3

Zusammentreffen von drei gleichen Konsonanten (Mitlauten):

Treffen bei Wortverbindungen drei Konsonanten aufeinander, so werden alle drei geschrieben.

Schlamm – Massen = Schlammmassen
Stoff – Falte = Stofffalte
Null – Lösung = Nulllösung
Zur besseren Übersichtlichkeit kann aber auch ein Bindestrich verwendet werden (Metall – Leiste)
Verbinde folgende Wörter miteinander: Ballett – Tänzerinnen, Kinn – Narbe, still – liegen, Bett – Tücher, Stoff – Fetzen, Stall – Laterne, Stamm – Mutter, Schiff – Fahrt, Fußball – Länderspiel, Wolle – Lappen, voll – laufen, schwimmen – Meister, Krepp – Papier, brennen – Nessel, Kontrolle – Lampe

Übung

Übung 4
Wortfamilie „tot“:

tot, tot geboren, tot stellen, totlachen, tottreten, totärgern, scheintot, mundtot, Totgeburt, Totenkopf, -bett, -feier, -ehrung, -bestattung, totenstill, Tötung; Tod, -feind, Todesanzeige, -furcht, -fall, todmüde, -sicher, -elend, ... tödlich
Verbinde die folgenden Wörter mit tot oder Tod einschließlich der Endungen: Schlag, Ursache, quetschen, traurig, ernst, Schädel, blass, schießen, Hemd, unglücklich, trampeln, krank, Kampf, Sünde, schlagen, Gefahr, mutig, Strafe, wund, bleich
Beachte dabei, dass die Verben mit *tot*, die Adjektive mit tod verbunden werden!
► Lösungsteil Nr. 114

Übung

Übung 5
Kommastellungen bei der nachgestellten Apposition (Beisatz):

Zwei Dörfer, beides beliebte Wintersportorte, waren von riesigen Geröll- und Schlammmassen verschüttet worden. – Da die Apposition ein verkürzter eingeschobener Gliedsatz ist, wird er von Kommas eingeschlossen. (Zwei Dörfer, die zwei beliebte Wintersportorte sind, waren ...)
Vollende die folgenden Satzanfänge und setze danach die Kommas: Steffi meine beste Freundin ... Boris Becker unser bester Tennisspieler ... Schneeglöckchen die ersten Frühlingsboten ... Der Dom das Wahrzeichen Kölns ... Hongkong die Hafenstadt an der südchinesischen Küste ... Der Pazifik der größte Ozean der Erde ... Die Zugspitze der höchste Gipfel der deutschen Alpen ...

74. Nordsee in Gefahr

Immer wieder hört und liest man von starken Verschmutzungen, die das Leben in diesem Teil des Atlantischen Ozeans aufs Höchste gefährden. An den Stränden beklagen sich Badegäste über angeschwemmte Abfälle und Schlammablagerungen. Besonders betroffen sind durch die Strömungsrichtung und die Westwinde die Küsten von Belgien, Holland, Deutschland und Dänemark. Aus gekenterten Riesentankern bereiten sich auf der Wasseroberfläche gewaltige Ölmengen aus. Dadurch verenden Tausende von Seevögeln mit ölverschmiertem Gefieder. Andere Schiffe kippen massenweise Klärschlamm und Müll ins Meer, sodass Fische erkranken und ungenießbar werden. Auf hoher See verbrennt man giftige Chemieabfälle, wobei weit reichende Rauchfahnen aufsteigen. Zusätzlich gelangen schädliche Abwässer aus den Flüssen in die Nordsee. Damit es hier nicht zu einer Katastrophe kommt, bemühen sich die verantwortlichen Ministerien der acht Anliegerstaaten, die eingeleitete Schadstoffmenge in die Nordsee wesentlich zu verringen. Hoffentlich gelingt das Vorhaben! (138 Wörter)

Übung 1
Schärfung durch ss:

massenweise, Abwässer, Flüsse, Kessel, verschlossen, Verfassung, wissenschaftlich, Karosserie, Messing, Genossenschaft, Drossel, Leitersprossen, Karussell, Fassade

Schreibe die Infinitive (Grundform von Verben) von aufgepasst, vermist, du isst, er fließt, er wusste, ich vergaß, ausgepresst, er grüßte, geküsst, gehasst, verblast, gemusst

Bilde die Pluralformen von Schuss, Pass, Kürbiss, Genuss, Hindernis, Bierfass, Sportdress, Krokus, Erlebnis, Iltis, Strauss, Gebiss, Fuß

Hast du die 4 Rechtschreibfehler entdeckt?

▶ Lösungsteil Nr. 115

Übung 2
g oder k im Auslaut:

Strömungsrichtung, es gelingt, versengt, angestrengt, Meerestang, Fragment, rücklings, Zwang, schweigsam, gering, verträglich, Schlingpflanze, Talg, schräg, ... Tank, flink, Instinkt, Blinklicht, Spuk, schlank, Getränk, Quark, Feuerwerk, Parkplatz, umrankt, schalkhaft, Kalk, ...

Mit Ausnahme von einigen Wörtern kannst du durch Ableiten oder Verlängern *g* oder *k* besser heraushören.
Die folgenden Wörter sind von rechts nach links lesbar. Schreibe sie in der richtigen Buchstabenfolge ab!

kniZ	gorT	tsgnäl	knärteG	gnilgieF	rotkaeR
glaT	knalb	gnireg	tolkneS	krewgreB	tkudorP
krauQ	tsgnA	tknilbeg	gnisseM	knelegeinK	thcilknilB
gnaR	gärhcs	guezkreW	knehcseG	tsgneH	sgnilkcür
krats	knilf	knifhcuB	gnardnA	netsgnifP	murehsgnir

▶ Lösungsteil Nr. 116

Übung 3
Schwierige Pluralbildungen bei Fremdwörtern durch -en:

Ministerium/Ministerien, Thema/Themen, Radius/Radien, ...
Bilde den Plural von: Museum, Evangelium, Gymnasium, Terrarium, Präsidium, Album, Sanatorium, Zentrum, Virus, Diskus, Rhythmus, Villa, Prisma, Veranda, Basilika, Regatta, Razzia, Drama, Skala, Liga

Übung 4
ch in Fremdwörtern

Aussprache wie *tsch*: Champion, chartern, Chips
Aussprache wie *sch*: Chance, Chaussee, Chef, Chauffeur
Aussprache wie *k*: Chronik, Charakter, Chaos
Aussprache wie *ch*: Chemie, Chirurg, China
Schreibe damit zusammengesetzte oder davon abgeleitete Wörter!

Übung 5

Groß- und Kleinschreibung von Adjektiven (Eigenschaftswörtern) und Adverbien (Umstandswörtern) in festen Verbindungen:
In festen adverbialen Verbindungen aus *aufs* oder *auf das* und Superlativ (Höchststufe des Adjektivs), die sich mit „wie?" erfragen lassen, kann das Adjektiv groß- oder kleingeschrieben werden.
aufs Äußerste/äußerste erschrocken (wie?)
auf das Schönste/schönste gemalt (wie?)

In festen adverbialen Verbindungen aus *aufs* oder *auf das* und Superlativ (Höchststufe des Adjektivs), die sich mit „worauf?"(„auf was?") oder „woran?"(„an was?") erfragen lassen, muss das Adjektiv großgeschrieben werden.
aufs Schlimmste vorbereitet (worauf?)
aufs Äußerste gefasst sein (worauf?)

Superlative mit *am*, nach denen man „wie?" fragen kann, schreibt man klein. Hier ist *am* nicht zu *an dem* auflösbar.
am schlimmsten dran sein (wie?)
aber: es fehlt ihm am Nötigsten (am = an dem)

Großschreibung von Adjektiven bei bestimmten Redewendungen mit voranstehender Präposition und einem Verb in fester Verbindung: am Alten hängen, im Argen liegen, im Dunklen sein (in der Ungewissheit), aufs Gleiche hinauskommen, auf dem Laufenden bleiben, im Reinen sein, im Trüben fischen (etwas Unrechtes tun), auf dem Trockenen sitzen (kein Geld haben), aus dem Vollen schöpfen, im Voraus danken
Verwende die Redewendungen in Sätzen!

Substantivierte Adjektive schreibt man in Verbindung mit Wörtern wie alles, allerlei, etwas, genug, nichts, viel, wenig, groß: Wir wünschen alles Gute. – Er hat nichts/viel/wenig – etwas Bedeutendes geschrieben. – Sie hatte nur Angenehmes erlebt.

Groß- und Kleinschreibung gilt dagegen in festen adverbialen Wendungen aus Präposition und artikellosem dekliniertem Adjektiv: von nahem/von Nahem, bis auf weiteres/bis auf Weiteres, ohne weiteres/ohne Weiteres, von neuem/von Neuem, von weitem/von Weitem, seit längerem/seit Längerem, binnen kurzem/binnen Kurzem …

75. Verkehrsüberwachung aus der Luft

Diktat

Über der Autobahn schwirrt ein Hubschrauber der Polizei. Jungen und Mädchen eines siebenten Schuljahres fahren im Bus zur Jugendherberge und schauen interessiert nach dem laut knatternden Flugzeug. „Mensch", ruft Andreas, „da möchte ich mitfliegen! Die haben da oben eine tolle Sicht!" – „Das wäre ein Beruf für mich, Hubschrauberpilot bei der Polizei", meint Lukas. „Ein spannender Job ist das", bestätigt Jochen, „aus der Luft Verbrecher oder Vermisste suchen und den Verkehr an den Brennpunkten überwachen." Inzwischen ist der Hubschrauber tiefer heruntergekommen. Deutlich kann man jetzt die beiden Piloten in der gläsernen Kanzel erkennen. Einige Kinder winken ihnen zu. Plötzlich dröhnt der Außenlautsprecher des Hubschraubers: „Achtung, Achtung! Hier spricht die Polizei! Die Autobahn in Richtung Düsseldorf ist durch einen Unfall blockiert. Wir bitten dringend, die nächsten Umleitungen zu benutzen!" Bald danach verlässt der Bus wie die übrigen Fahrzeuge die Autobahn. (142 Wörter)

Übung

Übung 1

Mann – man:

Mannschaft, Tormann, Kaufmann, Fährmann, ... mannhaft, bemannen, jedermann, männlich, Männerchor, Männerstimme, ...
Setze die Wortreihen fort durch Verbindungen mit Schnee, See, Haupt, Schutz, Feuerwehr, Sport, Boot, Berg, ... Gesangsverein, Sache, ... man, jemand, niemand, mancher, mancherlei, manchmal
Verwende diese Wörter in Sätzen!

Übung

Übung 2

b oder p:

Achtung! In 8 der folgenden Wörter ist b *mit* p *vertauscht. Berichtige die Fehler und ordne danach die Wörter nach ihrer Schreibung!*
Hubschrauber, Hupkonzert, Job, blockiert, Kaplan, Schnaps, Obst, Raps, plötzlich, plombieren, bombardieren, Torpedoboot, Gips, Klaps, Rebuplik, Rephühner, Aptei, behaupten, Schuplade, Knirps, Gelübde, Klempner, Schlibs, Manuskript, Trabrennen, trampeln, Kabsel, Schräubchen, Papst, opdachlos, derb, Rezebt, Stöpsel, Rebstöcke, erwerbstätig
▶ Lösungsteil Nr. 117

Übung

Übung 3

Wortfamilie „brennen":

brennen, ab-, an-, auf-, aus-, durch-, ein-, ver-; Brenner, Gas-, Alles-, -ei; Brennstoff, -punkt, -holz, -schere, -glas, -nessel, -stelle; brennbar, brenzlig; Branntwein, -hersteller, -brennerei; Brand, -mal, -schaden, -stelle, -stiftung, -ursache, -meister, -salbe, -verletzung, -mauer, -wache, -bombe, -blase, -brief, -katastrophe, Feld-stein, Wein-, Wald-, Steppen-, Haus-; branden, heran-, zurück-; Brandung, -sbad
Schreibe die Wörter vollständig oder bilde Sätze!

Übung 4

d oder t:

Jugendherberge, Kameradschaft, todmüde, wund, Elektroherd, blond, Brandstifter, Dutzend, … Bekanntschaft, Leitmotiv, Zukunft, Gehalt, Branntwein, hoffentlich, zärtlich, Glut, tot, deutlich, …

Setze die Reihen fort und fülle die Lücken in den folgenden Wörtern:

Schil____kröte, Blin____darmen____zündung, Schal____jahr,

scheinto____, Bor____funker, Jag____, tö____lich, Bekenn____nis,

Grun____stück, En____silbe, en____lassen, Gewan____,

Diaman____, A____las, verstän____lich, An____wort, Fahrra____,

Regierungsra____, schul____haf____, Schlüsselbun____,

Bun____specht, Rückgra____, Längengra____, nieman____,

Stran____ba____, Verra____, wöchen____lich, jugen____lich,

Gewal____, Mischwal____, for____, vorwär____s, nirgen____s,

Vollmon____, Schil____, Zün____kerzen

Berichtige die in jedem Satz befindlichen zwei Fehler bei der Schreibung von d und t!

1. Endweder ihr seit mit dem Fahrrad pünktlich am Rathaus oder wir treffen uns an der Straßenbahnendstation.
2. Auffallent war, dass sich viele Abgeordnete bei der Wahl des Parlamentspräsidenten der Stimme endhielten.
3. Seit Gerhard das Medikamend regelmäßig einnimmt, hat sich sein Gesundheitszustand wesendlich gebessert.
4. Winfried fuhr mit seinem Mopet versehentlich an die Bortsteinkante und stürzte.
5. Lachend und singend kamen viele Jugendliche vom Sportplatz, denn ihre Mannschaft hatte hervorragent gespielt und das Pokalentspiel gewonnen.

6. Der Intendand riet Ingrit, wegen ihrer Blinddarmentzündung von der Abendvorstellung fernzubleiben.

▶ Lösungsteil Nr. 118

Übung 5

Schreibweise des s-Lautes in den drei verschiedenen Arten:

a) Das stimmhafte *s*: gläsern, Bluse, verreisen, blasen, … und im Auslaut, wenn beim Verlängern das stimmhafte s deutlich wird: Gras (Gräser), Maus (Mäuse), los (lösen), Kies (Kiesel), …

b) *ss* nur nach kurzem Vokal: interessieren, Kasse, Düsseldorf, verlassen, müssen, Kessel, …

c) Das stimmlose, scharfe *s* in der Schreibung als *ß* nach Doppelvokal oder langem Vokal: Fuß, Fleiß, gießen, Strauß, bloß

Beachte aber den s-Laut bei der Nachsilbe *-nis* (Ergebnis – Ergebnisse) und bei Fremdwörtern (Radius, Kommunismus, Atlas, …)!

Fülle die Lücken folgender Wörter:

Mi____verständnis, Au____land, au____en, Wi____enschaft,

Nie____pulver, Ilti____e, vergrö____ern, Flü____igkeit,

Mu____keln, Mi____etat, Sü____igkeiten, Grie____,

verge____lich, Rei____suppe, Klei____ter, verro____tet,

Schü____el, Wei____heit, Wei____dorn, ma____enhaft,

Ma____ken, Meterma____, spa____ig, Zirku____, Gu____eisen,

Imbi____stube, bi____her, fa____t, Verfa____ung, Gefä____,

fri____tlo____, bü____en, Autobu____e, unentschlo____en,

schlie____lich, bi____chen, Glei____, blo____, Ambo____,

Globu____, Brennne____el, verru____t, Ka____ette

▶ Lösungsteil Nr. 119

76. Vom Tauschhandel zum Bankwesen

Diktat

In der Frühzeit der Menschheitsgeschichte mussten die zum Leben notwendigen Waren durch Tausch erworben werden. Man versuchte einen Tauschpartner zu finden, der das eigene Gut benötigte und das anbot, was man selbst gebrauchen konnte. Das war nicht immer leicht. Deshalb suchte man nach einem Tauschmittel, das einen allgemein anerkannten Wert besaß. Gold, Silber und Kupfer erwiesen sich als dafür besonders geeignet. Diese Metalle waren knapp und daher wertvoll. Bereits im siebten vorchristlichen Jahrhundert wurden in Kleinasien daraus die ersten Münzen geprägt. Mithilfe dieses Zahlungsmittels entwickelte sich bald ein reges Wirtschaftsleben. Besonders bei den Griechen und innerhalb des römischen Weltreiches entstanden Handelszentren mit Geldwechselstellen. Daraus entwickelten sich die ersten Banken, die die verschiedenen Münzsorten eintauschten, Geld zum Aufbewahren annahmen und es gegen Sicherheiten verliehen. (128 Wörter)

Übung 1

Übung

Wörter mit chs (x-Laut):

wechseln, Fuchs, Wachs, Achse, Deichsel, Wichse, Drechsler, wachsen, sechs, Achsel, Eidechse, Büchse, Dachs, Buchsbaum, Lachs, Ochse, Luchs

Schreibe die Wörter in alphabetischer Reihenfolge ab!

Bilde außerdem Zusammensetzungen mit dem Wort „Wechsel":

Öl, Wild, Platz, Fahrer, Ort, Schule, Schuss, Stelle, Ball, Seiten, Programm, Schrift, Brief, Wort, Wohnung, Regierung, Reifen, Beruf, Geld, Jahr, Fieber, Strom, Wirkung, Gesang, Kurs, Schicht, Rahmen

Vielleicht findest du noch weitere „Wechselmöglichkeiten"!

Übung 2

Übung

z oder tz:

> **Merkregel:**
> *tz* steht nie nach *l, n, r* (Holz, ganz, Sturz), nie nach *au, ei, eu* (Kauz, Weizen, Kreuz) und nur nach einem kurzen Vokal (Spitze, plötzlich, kratzen, beschützen, besetzt).

Vervollständige die Wortanfänge durch Anfügen von tz, lz, nz oder rz:

Ma-	Mä-	Ha-	He-	Pi-	Kra-	Pri-
Stu-	Bli-	Klo-	Schu-	Besi-	Sche-	Besa-
Gese-	Schli-	Aufsa-	Provi-	Schmu-	Schme-	
Viehsa-	Hochsi-	Vorpla-	Eisene-	Hauspu-		

Übung 3
Schärfung mit ll:
Bilde Reihen!

Metall, F______, Sch______, Kn______, Handb______,

über______, Marsch______, Krist______, Pferdest______,

W______, Aufpr______, Widerh______, Kraw______,

Nachtig______, Pr______, Redeschw______

Elle, St______, W______, K______, Wurstp______, D______,

Türschw______, Fo______, Lib______, Kap______, Z______,

Stromschn______, Sard______, Qu______, Ges______,

Nov______, Gaz______, Sch______, Tab______, Mirab______

Übung 4
Die Vorsilbe ent-:
entwickeln, entgegnen, Entschluss, unentbehrlich, entsetzlich, Entscheidung, entzwei, entschlossen

Aber unterscheide diese Vorsilbe von den Zusammensetzungen mit „End(e)"! (Endstation, Fußballendspiel, endlich, ...)

Setze die Vorsilbe vor folgende Wörter mit Ausnahme von fünf, die mit Ende verbunden werden müssen!

Wurf, fliehen, fallen, weichen, Zündung, Punkt, stehen, Schädigung, Kampf, falten, kleiden, Führung, Spurt, Täuschung, reißen, Silbe, lassen, schließen, gegen, Spannung, gültig

► Lösungsteil Nr. 120

Übung

Übung 5

ch in Fremdwörtern (vgl. S. 166):

christlich, Kirchenchor, Chef, Charakter, verchromt, China, Chronik, Chance, chaotisch, Chlor, Chile, Champignons, Christentum, Choral, Charterflugzeug, chemisch, charaktervoll, Chaussee, Chile, Cholera, Chemiker, Chrysanthemen, Chamäleon

Ordne die Wörter nach ihrer Aussprache (ch = tsch, ch = k, ch = sch, ch = ch)!

77. Die Entwicklung zum Buchdruck

Diktat

Bis ins Mittelalter haben Mönche die christliche Heilsbotschaft, Weisheiten und Erfahrungen Buchstabe um Buchstabe auf Pergament gemalt. Sie taten es zur Ehre Gottes und zum Nutzen der wenigen, die Zugang zu den kostbaren Werken in den Klosterbibliotheken hatten. Schon viele Jahrhunderte vorher hatten ägyptische, griechische und römische Schriftenmaler Wissenserkenntnisse in der gleichen mühevollen Weise auf Tontafeln, Papyrus oder Pergament der Nachwelt überliefert. Erst durch die Erfindung der Buchdruckerkunst durch den Mainzer Johannes Gutenberg konnte man Buchstaben aus Metall gießen, sie zeilenweise zu Wörtern zusammensetzen und mit der neuen Druckpresse beliebig viele Abdrucke herstellen. Bald entstanden überall Druckereien, die einen ungeahnten bildungsmäßigen Aufschwung ermöglichten. Schon längst werden Buchstaben aber nicht mehr in zeitraubender Handarbeit gesetzt, sondern durch große Fotosetzmaschinen, die elektronisch gesteuert werden und mit atemberaubendem Tempo Zeitschriften und Bücher herstellen. (136 Wörter)

Übung

Übung 1

Zusammengesetzte Verben (Zeitwörter):

a) Mit Präpositionen (Verhältniswörtern) und Adverbien (Umstandswörter) zusammengesetzte Verben sind trennbar. Diese Vorsilbe ist betont. (*ab*fahren – Wir fahren gleich *ab*.)
zusammensetzen, herstellen, anfertigen, mitkommen, herabsteigen, einkaufen, abstimmen, hinüberschauen, austrinken, aufbauen
b) Verben mit den Vorsilben *be-, ent-, emp-, er-, ge-, miss-, ver-, zer-, wider-* (ohne „e“) sind untrennbar. Diese Vorsilben sind unbetont

und nicht mehr selbstständig. (widersprechen – Ihr widersprecht dem Lehrer.)
entstehen, ermöglichen, bezahlen, ersetzen, verdienen, zerreißen, …

c) Verben mit den Vorsilben *durch-, über-, unter-, um-* und wieder- sind trennbar oder untrennbar. Die Verben haben eine doppelte Bedeutung und Betonung:
wiederholen (Betonung auf dem Verb): Ich wiederhole den Stoff für die Prüfung = ich mache etwas noch einmal.
wiederholen (Betonung auf der Vorsilbe): Ich hole mir das ausgeliehene Fahrrad wieder = ich hole etwas zurück.

Schreibe zu jeder Art weitere Zusammensetzungen und verwende sie in Sätzen!

Übung

Übung 2
Von geografischen Namen abgeleitete Adjektive (Eigenschaftswörter):

Von geografischen Namen abgeleitete Wörter auf *-er* (Kölner Dom) schreibt man immer groß, die von geografischen Namen abgeleiteten Adjektive auf *-isch* (kölnisch) schreibt man klein, wenn sie nicht fester Bestandteil eines Namens sind (Beispiel: kölnisches Bier, aber: Kölnisch Wasser).
Entscheide bei den folgenden Begriffen über die Groß- oder Kleinschreibung:
die (B/b)ayerischen Alpen, der (F/f)ranzösische Ministerpräsident, (S/s)chweizer Grenze, (W/w)estfälischer Schinken, (B/b)ritische Inseln, (L/l)ibanesischer Dampfer, (T/t)hüringer Bratwurst, (J/j)apanische Autos, (C/c)hinesische Mauer, (S/s)panischer Hafen, (R/r)heinisches Schiefergebirge, (H/h)olländer Käse, (O/o)stpreußischer Bernstein, (K/k)anadischer Weizen, (W/w)ürttembergische Metallwarenfabrik (Firmenname), (A/a)llgäuer Alpen, (F/f)ranzösische Revolution, (A/a)tlantischer Ozean, (S/s)ibirische Kälte, die (N/n)ordfriesischen Inseln, (B/b)elgische Insel, (B/b)randenburger Tor, (S/s)üddeutscher Rundfunk

▶ Lösungsteil Nr. 121

Übung

Übung 3
Wörter mit y:

Ägypten, Papyrus, Pyrenäen, Stenotypistin, Dynamo, typisch, Hobby, Physik, Asylbewerber, anonym, Pyramide, sympathisch, Zylinder, Psychologe, Party, Symmetrie, Syrien, lyrisch, Zypern, Analyse, Polypen, Typhus, Synthese, Sylt

Ordne die Wörter alphabetisch!

Übung 4

Zusammensetzungen mit Partizipien und Wortgruppen mit Partizipien (Mittelwörter) – Der erste Bestandteil ist ein Substantiv (Hauptwort):

Zeit raubend, atemraubend, postlagernd, Not leidend, Gewinn bringend, sturmerprobt, schwindelerregend, hochwassergeschädigt, leidgeprüft, schuldbewusst, handgearbeitet, ohrenbetäubend, umweltbewusst, ekelerregend, himmelschreiend, grasbewachsen, Unheil drohend, angstverzerrt

Zusammensetzungen mit einem Substantiv (Hauptwort) als erstem Bestandteil sind oft Verkürzungen von Wortgruppen. Wenn dabei ein Artikel (Geschlechtswort) oder eine Präposition (Verhältniswort) eingespart wird, schreibt man Substantiv und Partizip (Mittelwort) zusammen; Beispiel: himmelschreiend = *zum* Himmel schreiend. Wenn es sich hier um keine Verkürzung handelt, kann man das Substantiv auch groß und vom Partizip getrennt schreiben; Beispiel: Not leidend = leidet Not.

Schreibe passende Wortgruppen aus Substantiv und Partizip hinzu!

Übung 5

Fremdwörter mit der Endung -ent:

Pergament, Student, Testament, Firmament, Fundament, Kontingent, Fragment, Element, Dozent, Assistent, Dirigent, Dokument, Advent, Prozent, Abonnent, Experiment, Temperament, Medikament, Patient; intelligent, korpulent, prominent, konsequent, dezent

Bilde mit den Substantiven zusammengesetzte Wörter und mit den Adjektiven Sätze!

78. Neue Zeitalter

Allein mit ihrer Muskelkraft und mit Nutzung der Energiequellen von Wasser und Wind verrichteten die Menschen früher ihre Arbeit und schufen dabei Werte, die wir noch heute staunend bewundern. Durch die Erfindung der Dampfmaschine entstanden überall Fabriken, in denen mithilfe von Maschinen die Arbeitsweise wesentlich erleichtert wurde. Durch die Dampflokomotiven nahmen der Personen- und Warenverkehr einen gewaltigen Aufschwung. Neue landwirtschaftliche Maschinen halfen, immer mehr Nahrung für die sich stets rascher vermehrende Bevölkerung zu erzeugen. Die Dampfmaschine hatte das Industriezeitalter eingeleitet. Doch die Entwicklung schreitet unaufhaltsam fort. Vor wenigen Jahrzehnten eröffnete die Elektronik ungeahnte Möglichkeiten. Nur etwa 250 Jahre nach der ersten Dampfmaschine landeten Menschen zielsicher mit einer weitgehend elektronisch gesteuerten Rakete auf dem Mond. Und schon stehen wir mitten im neuen Zeitalter, dem Zeitalter des Computers. (130 Wörter)

Übung

Übung 1

Adjektive (Eigenschaftswörter) mit der Nachsilbe -sam:

unaufhaltsam, einsam, aufmerksam, geruhsam, gemeinsam, langsam, grausam, seltsam, duldsam

Bilde aus folgenden Wörtern mithilfe der Nachsilbe -sam Adjektive:

biegen, kleiden, Mühe, arbeiten, folgen, sparen, Gewalt, schweigen, empfinden, Furcht, wachen, gehorchen, Heil, enthalten

Übung

Übung 2

Wörter mit v:

mühevoll, Lokomotive, vermehren, vor, violett, Advent, vervielfältigen, brav, Provinz, Bevölkerung, vierzig, Universität, November, vielleicht, Karneval, Vergissmeinnicht, Violinkonzert, Vase, Vater, Revolver, Vollmilch, Klavier, Vetter, Oliven, Ventil, Vogelkäfig, Silvester, Villa

Ordne die Wörter je nach Aussprache v wie f (deutsche Wörter: mühevoll, vermehren, ...) und v wie w (Fremdwörter: Lokomotive, violett, ...)!

Übung

Übung 3

t als Gleitlaut vor der Nachsilbe -lich:

wesentlich, hoffentlich, namentlich, ordentlich, wöchentlich, wissentlich, eigentlich, versehentlich, öffentlich

Setze diese Wörter sinnvoll in die folgenden Sätze ein!

Die Bundestagsabgeordneten mussten __________________ abstimmen.

Wir besuchen __________________ einmal die Großeltern.

Das Wetter wird __________________ bald besser.

Der Zeuge hat __________________ falsch ausgesagt.

Hast du ____________________ unserer Katze Hundefutter gegeben?

Seine Leistungen haben sich in der letzten Zeit

____________________ gebessert.

Das Abstimmungsergebnis wird noch ____________________ bekannt gegeben.

Ich wollte ____________________ schon gestern Vormittag abfahren.

Melanie hat ihr Zimmer täglich ____________________ aufgeräumt.

Übung 4

Partizipien im Präsens und im Perfekt (Mittelwörter der Gegenwart und der Vergangenheit)

staunend, vermehrend, eingeleitet, gefährdet, singend, erfahren, bekümmert, verstorben, lachend, ohrenbetäubend, betend, verletzt, verwirrend, erprobt, träumend, gefeiert, erschütternd, berechnet

Ordne die Partizipien nach ihrer Zeit und schreibe von folgenden Verben die zugehörigen beiden Partizipien:

schreiben, üben, vortragen, entscheiden, klettern, tauchen, vorübergehen, verwünschen, fliegen, bedecken, hinzueilen, berichten

Übung 5

Der k-Laut bei Fremdwörtern in der Schreibung mit c:

Computer, Comics, Cocktail, Comeback, Cousine (auch: Kusine), Collage, Parcours, Camping, Credo, Creme (auch: Krem)

Weitere zehn Fremdwörter mit c sind in dem folgenden Buchstabenfeld versteckt. Sie haben folgende Bedeutung:

Flugzeugbesatzung, Gewürz, Großbehälter, Hindernisbahn beim Pferderennen, Liegesofa, Revolver, Spaßmacher, Vetter, vollfetter Weichkäse, Pilotenkabine

Viel Erfolg beim Suchen!

(Die gesuchten Wörter stehen im Lösungsteil Nr. 122. Du kannst sie aber auch in der folgenden Buchstabenanordnung kenntlich machen.)

I	H	R	P	A	R	Z	O	C	R	E	W
O	C	O	C	K	P	I	T	L	C	R	S
P	A	C	L	W	H	A	R	Z	V	U	Z
A	S	T	C	A	M	E	M	B	E	R	T
X	C	O	L	T	X	C	L	O	W	N	C
S	I	B	O	R	K	U	M	T	A	C	O
Z	C	O	U	C	H	P	N	E	Z	U	U
F	A	C	O	N	T	A	I	N	E	R	S
Z	P	A	R	C	O	U	R	S	B	R	I
G	O	R	L	I	T	Z	F	G	Z	Y	N

79. Der himmlische Wetterbeobachter

Alle, die Wanderungen, Fahrten und andere Unternehmungen im Freien planen oder deren Urlaub in absehbarer Zeit bevorsteht, warten besonders gespannt auf die Wettermeldungen im Fernsehen. Die anschauliche Wetterkarte im Großformat, die die Meteorologen nach den Nachrichten präsentieren, wird allabendlich mit Interesse wahrgenommen. Seit Jahrzehnten funken europäische Wettersatelliten aus dem All Informationen für das morgige Wetter zur Auswertung an die Bodenstation. Der von der Europarakete Ariane auf 36.000 Kilometer Höhe beförderte Satellit umkreist innerhalb einer halben Stunde die Erde, wobei er hundertmal in der Minute um sich selbst rotiert. Die dabei ständig gesendeten Wetterbilder, die selbst nachts noch gestochen scharf sind, lassen durch die unterschiedliche Helligkeit Grad und Verteilung der Luftfeuchtigkeit, die genaue Wolkenhöhe und die gefürchteten Tiefdruckwirbel erkennen. Somit kann die Großwetterlage noch zuverlässiger als früher vermittelt werden. (131 Wörter)

Übung 1
Wortfamilie „wahr":

un-, für-, -haft, -haftig, -nehmbar, -scheinlich, -lich, -heitsgetreu, -heitswidrig, -heitsliebend, -heitsgemäß; wahren, aufbe-, be-, ver-; wahrnehmen, -sagen, -haben, be-heiten; Wahrheit, -sliebe, -ssinn; Wahrsager, -scheinlichkeit, -nehmung, -zeichen, -haftigkeit, -ung, Aufbe-ung, Ver-ung, Sicherheitsver-ung, Ge-sam; bewähren; Währung, -sausgleich, -sreform; Bewährung, -shelfer, -zeit, -frist, Bewährtheit

Bilde damit Sätze!

Übung 2

Schärfung mit tt:

Wetterkarte, vermitteln, Operette, quittieren, Stafette, Attest, Pinzette, Schweinskotelett, Attraktion, Plakette

Setze tt oder nur t in die Wortlücken ein!

Sa___elli, Flore___, zerspli___ern, Dri___el, Mi___woch,

Wi___we, zi___ern, Be___ler, Kri___ik, Appe___it,

A___entat, Mi___leid, Großbri___annien, Sta___iv,

Ersta___ung, zerkni___ern, Balle___, e___was, Spage___i,

Klarine___e, Raba___, Li___eratur, Quarte___, Kapi___el,

Jacke___, Ba___erie, Kapi___al, Skele___, Kilowa___,

Ze___el, Etike___, Ti___el, ma___, Ma___erial

▶ Lösungsteil Nr. 123

Übung 3

Fremdwörter mit der Nachsilbe -tion:

Information, Spedition, Generation, Lektion, Nation, Munition, Portion, Situation, Station, ...

Bilde die folgenden Verben in Substantive mit der Nachsilbe -tion um:
gratulieren, demonstrieren, fabrizieren, dekorieren, produzieren, operieren, reagieren, resignieren, vegetieren, imitieren, dirigieren, subtrahieren, multiplizieren, organisieren

Übung 4

Die Schreibweisen des f-Lautes (f – v – pf – ph):

Luftfeuchtigkeit, frei, befördern – zuverlässig, Vorderansicht, vollständig – Krampf, empfindlich, sumpfig – Philosoph, phrasenhaft, Phonstärke

Setze den richtigen f-Laut in die folgenden Wörter ein!

Straßen____laster, oli____grün, ____irsich, gi____tig,

____erha____ten, ____er____iel____achen, trie____en, Tro____en,

____er____lichten, stum____, san____t, ____ielleicht, ____lachs,

____os____or, ____ysikalisch, ____ütze, Trium____, Trum____,

Stro____e, ____undort, An____ang, Em____ang, Eisen____eile,

____eilspitze, ____eilchen, Katastro____e, ____löcke,

Schnee____locke, Gru____t, Detekti____, Tari____, In____initi____,

Archi____, ____ro____en, Del____in, Cuxha____en, Pro____et

▶ Lösungsteil Nr. 124

Übung 5
Schärfung mit nn:
innerhalb, erkennen, Stanniol, Branntwein, Tonnage, Antenne, unsinnig, Verbannung, Annoncen, abonnieren, …
Setze nn oder nur n in die Wortlücken ein:

Spi____rad, Spi____del, Ka____te, Beka____te, I____land,

i____erlich, niema____d, Ma____schaft, ma____chmal,

Baumri____de, Wasserri____e, verba____en, Verba____d,

Gewi____, Wi____de, fi____ster, Bra____dstelle, verbre____en,

bre____zlig, I____dien, I____, I____halt, Fi____land,

Gespe____ster, Spe____der, Ärzti____, Sekretäri____en,

Re____pferde, Re____tiere, gö____erhaft, Gu____st, jederma____, ma____, Gara____t, gera____t, Ra____d, Fe____chel, Pfe____ig,

kö____en, Ku____st, Ka____e, Ka____inchen, Ka____al

Bei der Schreibweise des n-Lautes sind in den folgenden Sätzen sechs Fehler entstanden, die du sicherlich bald entdeckt und berichtigt hast.
Die weltbekannte Brantweinbrennerei beliefert nicht nur Kunden im Inland. – Hannes Freundin gewann bei einer Verlosung einen Obstkorb mit einer großen Annanas. – Die Spinnerei auf der Tannenstraße sucht für Anfang Jannuar dringend gewanndte Arbeiterinnen. – Max besitzt ein Konnto bei der Sparkasse in Hannover. – Kaum jemand kennt die deutschen Binenhäfen so gut wie unser Bootsmann Johannes.

▶ Lösungsteil Nr. 125

80. Jahreswechsel

Diktat

Im Gegensatz zum lauten Silvestertrubel werden viele Menschen gerade zum Jahreswechsel still und besonnen. Wenn auch Silvester und Neujahr sich nicht von anderen Tagen unterscheiden, so sind sie doch Anlass, eingehend über die Zukunft nachzudenken. Besonders geschieht das, wenn das neue Jahr voraussichtlich wesentliche Veränderungen bringen wird. Auch für Familie Gärtner standen erhebliche Umstellungen durch einen Wohnungswechsel bevor. Karin würde nach Abschluss der Grundschule ein Gymnasium besuchen, und Niklas wollte eine Lehre als Fernsehmechaniker beginnen. Während das Mädchen dem Schulwechsel mit gemischten Gefühlen entgegensah, spürte der Junge, dass das kommende Jahr für ihn besonders bedeutungsvoll werden würde. „Hoffentlich bekomme ich eine der begehrten Lehrstellen“, meinte Niklas etwas misstrauisch. „Es wird schon alles gut werden, wenn nur Vater seinen Arbeitsplatz behält“, sagte die Mutter. (124 Wörter)

Übung 1

Übung

Substantive (Hauptwörter) mit der Vorsilbe ge-:
Gefühl, Gestell, Gefälligkeit, Gestrüpp, Gebirge, Gerechtigkeit, Gewalt, Geäst, Gemeinschaft, Genauigkeit, Gesellschaft, Gesinnung, Gelächter
Bilde Substantive mit der Vorsilbe ge- aus:
sprechen, backen, setzen, singen, trinken, bauen, malen, bilden, schmecken, denken, mischen, helfen, beißen, flechten, schreien, folgen, riechen, packen, fliegen, spüren, dichten, rauschen, rollen, halten

Übung 2
Dehnungs-h vor r:

begehren, Lehre, während, Jahr, Wahrheit, gefährlich, Spehr, Mehrschweinchen, Autoverkehr, abwehren, Führung, Nahrung, rühren, Gefahr, wahrscheinlich, Rohr, Bohrturm, alljährlich, Lehrzeit, begehren, Berührung, Feuerwehr, Geschwühr, Ehre, auskehren, unehrlich, ernähren, Fahrt, verkehrt, Mehrheit, Gehöhr, ehrbar, Fähre, Röhren, vermehren, bohren, spühren

Ordne die Wortfamilien, nachdem du die 5 vorhandenen Fehler berichtigt hast!

▶ Lösungsteil Nr. 126

Übung 3
Schärfung mit ll:

Umstellungen, alles, Lehrstelle, Libelle, Überschallgeschwindigkeit, Koralle, Ballung, Kontrolleur, Geselligkeit, Karussell, …

Setze in die Lücken ll oder l ein:

Qua____e, A____uminium, Me____odien, Schwe____e, Fa____ter,

Ze____stoff, Ze____tplane, To____kirschen, Fi____ter,

Schi____dkröte, schi____ern, kontro____ieren, a____mählich,

Kape____e, Gefä____e, einfä____tig, Porze____an, verzo____en,

sti____, Bausti____, sto____pern, Christsto____en, sche____en,

schä____en

▶ Lösungsteil Nr. 127

Übung 4
Das silbentrennende h:

Fernsehmechaniker, verstehen, vorsehen, fröhlich, verblühen, Brühe, Frühling, fliehen, Eichelhäher, wehen, Uhu, Viehzucht, rau, verzeihen, Drohung, roh, nähen, wiehern, Schuhriemen, mitgehen, sprühen, Höhe, ruhig, Kühe, ziehen, drehbar, mühselig, flehen, glühen, Reihe, lohen, Zehe

Ordne nach Wortarten (Substantive, Verben, Adjektive)!

Übung 5

lehren – leeren:

lehren, belehren, Lehrer, Lehrmeister, gelehrig, lehrreich, Gelehrter, …
leeren, entleeren, leer, Leerlauf, Briefkastenentleerung, …

Ergänze folgende Wörter und ordne sie in die richtige Wortfamilie ein:

Le____rzeit, Le____rungszeit, Hauptschulle____rer,

Entle____rung, Le____rjahre, Le____rerkollegium, ein

gele____rtes Glas, ein gele____rter Mensch, Le____rsätze,

ausle____ren, unbele____rbar, Le____rwerkstatt, Le____rzug,

Bele____rung, Elektrikerle____re

► Lösungsteil Nr. 128

Übung 6

Die Vorsilbe miss-:

misstrauisch, missverstehen, Misswirtschaft, missfallen, missbräuchlich, misslingen, Missgunst, missverständlich, Missetat, Missetäter

Setze die Silbe miss- vor folgende Wörter und beachte den damit hervorgerufenen Bedeutungswandel:

Erfolg, günstig, Stimmung, gelaunt, Geschick, Wuchs, Ernte, tönen, vergnügen, Mut, handeln, gönnen, Verständnis, Brauch, trauen, Griff, raten, Deutung

5. Diktate und Übungen für das 7. Schuljahr

81. Der 32. Januar

Tobias läuft schmunzelnd mit dem neuen Abreißkalender zur Küche. „Mutter, sieh einmal! Der Januar hat in diesem Jahr zweiunddreißig Tage!", ruft Tobias. Die Mutter schaut ihn ungläubig an. „Zeig einmal!", bittet Lisa, seine kleinere Schwester. Tobias blättert in dem Kalenderblock. „Schau! Da steht eine große Zweiunddreißig!", sagt er. Lisa macht ein erstauntes Gesicht. „Mutter, das stimmt!", ruft sie aufgeregt. Nun blickt auch Mutter von ihrer Arbeit auf, um nach dem seltsamen Kalender zu sehen. „Vielleicht ist dieses Jahr ein Schaltjahr", meint Lisa. „Das ist unmöglich", sagt Mutter, „denn kein Monat hat mehr als einunddreißig Tage. Vielleicht ist es ein Druckfehler." Nun schaut sich Mutter den merkwürdigen Kalenderzettel genau an und gibt ihn lachend Tobias zurück. „So schnell lass ich mich nicht anführen!", sagt sie. Auch Lisa betrachtet den Kalender eingehend. Aber es dauert eine Zeit, bis sie merkt, dass Tobias von einem anderen Kalenderblatt eine Zwei herausgeschnitten und auf den letzten Zettel des Januars aufgeklebt hat. (159 Wörter)

Übung 1

Großschreibung von Zahlwörtern (Numeralien):

eine große Zweiunddreißig, eine Eins im Zeugnis, ein Viertel, das Zehnfache, das Erste und das Letzte, Heinrich der Vierte, eine Neun, sie ist Mitte Vierzig, der Dritte im Bunde, die Zahl Zwölf, ein halbes Hundert

Ordne:

1. Zahlwörter, die als Hauptwörter (Substantive) besonders hervorgehoben werden (das Gehalt am Ersten, Anfang der Fünfzig, ...)
2. Zahlwörter als Namen von Ziffern (die Acht, eine Zwei, ...)
3. Zahlwörter, die Zahleinheiten bezeichnen (ein Drittel, drei Fünftel, ...)
4. Zahlwörter in Titeln und Eigennamen (Friedrich der Erste, die hohe Acht in der Eifel, ...)

Übung 2

Wortfamilie „reißen“:

reißen, ab-, auf-, aus-, an-, ein-, herein-, mit-, herunter-, zer-, zusammen-, nieder-, entzwei-, heraus-, los-, reißend; reißerisch; Reißzwecke, -brett, -verschluss, -leine, -zeug, -schiene, Reißen, Glieder-; Riss, Mauer-, Seiten-, Auf-, Grund-; rissi; Abreißkalender, Ausreißversuch, Zerreißprobe

Übung 3

Komma trennt Anreden:

Mutter, das stimmt! – Hans, kommst du jetzt? – Gerda, deine Eltern fragten nach dir. – Hast du Geld verloren, Peter? – Ich weiß nicht, Lisa, ob wir dir helfen können.
Bilde ähnliche Sätze, bei denen Anreden am Anfang, am Ende oder in der Mitte eines Satzes vorkommen!

Übung 4

Wortfeld „laufen“:

eilen, schreiten, jagen, gehen, wandern, marschieren, schlendern, stapfen, huschen, torkeln, strolchen, hinken, schleichen, flitzen, rasen, waten, bummeln, hetzen, stolzieren, wandeln, tippeln, humpeln, tappen, sausen, hoppeln, preschen, pilgern, spazieren, nachsetzen, trotten, pendeln, staken, stampfen, traben, rennen, joggen
Ordne die Wörter! (langsame Bewegungen – schnelle Bewegungen)

Übung 5

Zusammengesetzte Mittelwörter der Vergangenheit (Partizipien im Perfekt):

aufgeregt, herausgeschnitten, eisgekühlt, ferngesteuert, selbstgebaut, hervorgeholt, windgeschützt, welterfahren, altüberliefert, handgearbeitet, zusammengestellt, schneebedeckt, schuldbeladen, vorübergegangen, schmerzverzerrt, ausgefallen
Ordne die Mittelwörter nach der Art ihrer Bestimmungswörter! (Verhältniswörter, Eigenschaftswörter, Hauptwörter)

82. Gedränge in der Straßenbahn

Diktat

Während der Schulzeit müssen einige Kinder täglich Autobusse oder Straßenbahnen benutzen, um pünktlich zum Unterricht zu kommen. Da gleichzeitig viele Berufstätige ihre Arbeitsstätten erreichen wollen, herrscht in öffentlichen Verkehrsmitteln morgens oft ein beängstigendes Gedränge. Auch Kevin und Alex sind an jedem Schultag Fahrgäste der Straßenbahnlinie 7. Da sie immer als erste Fahrgäste einsteigen, können sie sich regelmäßig einen Sitzplatz im noch leeren Wagenzug aussuchen. Doch nach einigen Haltestellen sind alle Sitzplätze besetzt, und nachfolgende Fahrgäste müssen im Gang eng zusammenrücken. Auch Alex steht dann in der Menschenschlange, da er seinen Sitzplatz täglich einem älteren Erwachsenen überlässt. Kevin ist längst nicht so höflich und zuvorkommend. Meist hat er sein Gesicht hinter Büchern und Heften verschanzt. Auch als ein gehbehinderter Mann zustieg, blieb er unbekümmert sitzen. Erst als er von dem Schwerbehinderten angesprochen wurde, stand er widerwillig und mürrisch auf. „Na, endlich machst du Platz!“, dachte einer der Fahrgäste. (151 Wörter)

Übung

Übung 1

ss – ß:

Straßenbahn, regelmäßig, müssen, überlassen, weiß, Genossenschaft, Verfassung, Gefäß, Bandmaß, abmessen, Blumenstrauß, Wasserkessel, großartig, Vergesslichkeit, …

Setze in die Lücken ss oder ß ein!

ma____enhaft, bü____en, Fu____tritt, Flü____igkeit,

zuverlä____ig, Gewi____heit, vergrö____ern, spa____ig,

eingepre____t, Mi____geschick, schlie____lich, au____en,

unverge____en, grü____en, Schwei____, wi____begierig,

hä____lich, zerri____en, Rei____zwecke, Schlo____erei, hei____

▶ Lösungsteil Nr. 129

Übung

Übung 2

tz – z:

Sitzplatz, besetzt, verschanzt, Schmalz, witzig, Schmutz, plötzlich, schmerzlich, winzig, Schlitz, abschätzen, trotzig, Glanz, Wurzel, spitz, hetzen, Weizen, Kauz, glitzern, Herzlichkeit, Lanze, versalzen, schmelzen, Heizer, Schnauze, Walzer, verputzen, reizvoll, Kanzler, holzig, Verletzung, Bolzen, abbeizen, Schlingpflanze, Metzger, Pilzsuppe, Schnitzel, zerkratzt, begrenzt, jetzt, Schweiz, Sülze, Kerzenwachs, schwitzen, Pelz, abkürzen, Blitzlicht, Sturz

Ordne die Wörter nach dem vor dem z-Laut stehenden Buchstaben!

Übung

Übung 3

wieder – wider:

wiederholen, Wiederwahl, Tonwiedergabe, wiedersehen, wiederbringen, Wiedervereinigung, Wiederkäuer, ...

widerwillig, erwidern, Widerstand, widerrechtlich, widerstreben, Widerhall, widersprechen, widerlich, anwidern, Widerhaken, widersinnig, Widerspruch, Widersacher, widerspenstig, ...

Setze die Reihen fort und ordne dann nach Wortarten!

83. Zu Hause nie arbeitslos

Diktat

Peters und Sophies Vater ist seit einiger Zeit arbeitslos. Aber er hat zu Hause allerhand Beschäftigungen. Heute hat er das Wohnzimmer fachmännisch tapeziert. Nun sieht der Raum wieder wie neu aus. Vater möchte jetzt Feierabend machen. Zufrieden mit seinem Werk, hat er sich in seinen Sessel gesetzt und liest die Tageszeitung. Da öffnet sich die Tür und neben ihm steht Peter, der den zerbrochenen Flügel seines Modellflugzeuges in der Hand hält. „Vater, mir ist beim Spielen das Flugzeug an der Hofmauer zerschellt. Hilf mir bitte, das Flugzeug wieder zusammenzubauen!“, sagt Peter. „Hoffentlich gelingt uns das!“, meint der Vater und sieht mit bedenklicher Miene auf das beschädigte Spielzeug. „Oh, du kannst doch alles!“, ruft Peter in überzeugendem Ton. Tatsächlich schafft es Vater mit geschicktem Basteln und in geduldiger Arbeit, den Schaden zu beheben. Peters Freude ist offensichtlich. Unterdessen ist Sophie mit ihrem Rechenheft hinzugekommen. Vergeblich hat sie sich bisher bemüht, einige Aufgaben der Prozentrechnung zu lösen. Sie weiß, Vater wird auch hier helfen. Er hofft aber, bald wieder in seinem Beruf einen Arbeitsplatz zu finden. (178 Wörter)

Übung 1
Wörter mit ll:

alles, zerschellen, Kelle, Stall, Kralle, schillern, wollig, Grille, hell, Brille, Stollen, Gebrüll, fällen, Bollwerk, Hölle, Gebell, schellen, Schall, rollen, Müll, Knolle, Kelle, stellen, Groll, füllen, Wille, verschollen, knallen, schnell, drollig, Kamille, ...

Bilde Reime! (Falle, Schnalle, ... Elle, Welle, ... Ball, Krawall, ...)

Schreibe zusammengesetzte Hauptwörter (Substantive)! (Bärenfell, Maurerkelle)

Übung 2
t als Gleitlaut vor der Nachsilbe -lich:

hoffentlich, flehentlich, wissentlich, gelegentlich, wöchentlich, eigentlich, öffentlich, wesentlich, versehentlich, namentlich, kenntlich, verschiedentlich, ordentlich, geflissentlich, erkenntlich; aber: morgendlich, abendlich, verständlich, jugendlich, endlich

Übung 3
Zeitwörter (Verben) mit der Nachsilbe -ieren:

tapezieren, studieren, radieren, rasieren, halbieren, addieren, planieren, dividieren, ...

Bilde damit Sätze!

Übung 4
Unterscheiden der Wörter „Miene" und „Mine":

Gesichtsmiene, Mienenspiel, gute Miene zum bösen Spiel machen, freundliche, düstere, heitere, ... Miene – Bleistiftmine, Sprengmine, Kohlenmine, Minensuchboot, Minenleger, vermint, unterminieren

Bilde Sätze!

Übung 5
Bildung von zusammengesetzten Zeitwörtern (Verben) mit „zusammen":

zusammenbauen, -setzen, -legen, -stellen, -kommen, -laufen, -stoßen, -leimen, -klappen, -nageln, ...

Setze die Reihe fort!

84. In der Buchhandlung

Maria wollte ihrer Freundin zum Geburtstag eine Freude bereiten. „Ein Buch ist ein passendes Geschenk!", sagte sich Maria und ging zur nächsten Buchhandlung. Im Schaufenster entdeckte sie eine beträchtliche Anzahl von Jugendbüchern, von denen sie einige selbst kannte. Maria betrat kurz entschlossen das Geschäft, denn sie wusste, dass hier eine noch größere Auswahl zu finden war. Bis an die Decke waren die hohen Regale mit Büchern gefüllt. Auf schiebbaren Leitern konnten die Verkäuferinnen leicht auch das oberste Regal erreichen. Maria ließ sich Tierbücher zeigen. Ihr war bekannt, dass ihre Freundin diese von allen Bücherarten am liebsten las. Aus verschiedenen Regalen hatte die Verkäuferin Jugendbücher mit Tiergeschichten geholt und vor Maria aufgestapelt. Eins nach dem andern schaute sie sich an. „Wer die Wahl hat, hat die Qual", dachte Maria. Zuletzt entschied sie sich für eine spaßige Hundegeschichte, die Ute sicherlich gern lesen würde. (145 Wörter)

Übung 1

d als Endlaut:

Handlung, Jugend, blind, Wand, blond, Spind, wund, Herd, Band, wild, Schlund, Grund, Geduld, Bord, Abschied, Ludwig, niedlich, Ordnung, Elend, Brandstelle, Rekord, schädlich, Magd, redlich, Leid, Dutzend, Bussard, Admiral, Advent, Verstand, Jod, Pfand, Held, gesund, Abend, Widmung, Schwindsucht, Schild, Jagd, Versand, Gold, Rand, Tod, Unterschied, bald, Strand

Versuche zu beweisen, dass diese Wörter mit d geschrieben werden! (Handlung – handeln, blind – erblinden, ...)

Übung 2

Langes a mit unbezeichneter Dehnung:

Geburtstag, sie betrat, Regale, schiebbar, sie las, aufstapeln, Qual, Braten, waten, Tal, Tafel, Taler, Grad, Schwan, Orkan, Tran, Vorname, Kanal, Heilbad, Pfad, schmal, Ader, brav, Maler, Ware, Bargeld, Same, schadhaft, Gram, Schale, Graben, Wade, Schal, Drama, Schar, Lama, Star, Rathaus, Spaten, Salat, Altar, traben, Denkmal, Hafen, madig, Bienenwabe, Holzspan, Leichnam, klar, Faden, Kran

Bilde neue Wörter! (vertagen, Tagung, ...)

Übung 3

Wörter mit ts:

Geburtstag, bereits, abseits, stets, abwärts, Amtsgericht, arbeitslos, rechts, Lotse, Nichtsnutz, Wirtshaus, einsichtsvoll, Weihnachtsfeier, Geschichtsunterricht, Habichtsfeder, Rechtsanwalt, Freiheitsfeuer, Rätsel, jenseits, Gehaltsvorschuss, gemütskrank, Gutsbesitzer, blutsverwandt, Krankheitsursache, Staatsmann, Gesellschaftszimmer, Gesichtswasser, nachts

Suche zu folgenden Wörtern ein Grundwort und bilde zusammengesetzte Hauptwörter (Substantive): Ort, Advent, Landschaft, Arbeit, Boot, Mannschaft, Hochzeit, Leutnant, Gewicht, Heiterkeit, Amt, Gelegenheit, Elektrizität, Sehnsucht, Gewohnheit (Ortsschild, Adventszeit, ...)

Übung 4

Eigenschaftswörter (Adjektive) mit der Nachsilbe -lich:

beträchtlich, sicherlich, namentlich, kindlich, herrlich, weiblich, grünlich, stattlich, leserlich, redlich, unverbesserlich, säuerlich, wohnlich, liederlich

Bilde aus folgenden Wörtern mithilfe der Nachsilbe -lich Eigenschaftswörter (Adjektive): Raum, Geld, Bild, Farbe, Abscheu, Haus, Jahr, Tag, Schaden, Gemüt, Hand, Land, Schrift, Mund, Punkt, Grund, Süden, Bau, Gefahr, Welt, Geist, Beruf, Amt, Mensch, Fürsorge, Gott, Fest, Weihnachten, Sommer, Norden, Herbst

Übung 5

Wortfamilie „schließen":

an-, ab-, auf-, aus-, be-, er-, ent-, zu-, zusammen-, ver-; schließbar, ab-, ver-; Schließfach; Schließung; Türschließer; Schluss, Ver-, Ab-, An-, Be-, Ent-, Sommer-verkauf, -punkt, -licht, -strich; Schlüssel, Haus-, Zimmer-, Himmel-, Schrank-, -bein, -brett, -stellung, -loch, -übergabe; Schloss, -herr, -hof, -park, -wache; Türschloss, Königs-, Sicherheits-; Schlosser, Kunst-, -werkstatt, -meister, -handwerk; Schlosserei

Schreibe die Wörter vollständig ab und ordne sie dabei nach der Schreibweise des -Lautes (ß – ss)!

85. Schachspiel gegen den Computer

Zum Geburtstag hatte Sebastian einen Schachcomputer bekommen. Ein großer Wunsch ging damit in Erfüllung. Sebastian war ein eifriger Schachspieler und hatte es dabei schon zu einer beachtlichen Fähigkeit gebracht. Gleichaltrige Klassenkameraden hatten keine Lust mehr, mit ihm zu spielen, da er sie jedesmal matt setzte. Nun war der Computer für ihn ein willkommener, immer greifbarer Gegner. Schon nach kurzer Zeit war er mit der Technik des Schachcomputers vertraut. Aber so sehr sich Sebastian bemühte und vor jedem Zug konzentriert überlegte, gelang es ihm doch nicht, gegen den Computer zu gewinnen. Als nun am vergangenen Sonntag sein Onkel zu Besuch war, wollten sie gemeinsam den Computer bezwingen. Doch so sehr sie auch nachdachten, konnten sie das Matt nicht vermeiden.
(122 Wörter)

Übung 1

Die Nachsilbe -keit:

Fähigkeit, Schnelligkeit, Bequemlichkeit, Ewigkeit, Deutlichkeit, Fröhlichkeit, Gemeinsamkeit, …

Verbinde die folgenden Adjektive (Eigenschaftswörter) mit der Nachsilbe -keit!

ehrlich, sparsam, fähig, müde, pünktlich, sauber, eitel, gemütlich, traurig, gefällig, großzügig, gründlich

Übung 2

Fremdwörter mit c:

Computer, Couch, Clown, Crew, Credo, Comics, Cockpit, Curry, Cousine (auch: Kusine), Countdown, Cowboy, Colt

Ordne die hierzu passenden deutschen Bezeichnungen hinzu!

Spaßmacher, elektronischer Rechner, Base, berittener Rinderhirt, Revolver, Pilotenkanzel, Liegesofa, Glaubensbekenntnis, Flugzeugbesatzung, rückwärtiges Zeitzählen, Gewürzart, Bilderreihe

Übung 3

Die Vorsilbe be-:

bemühen, beerdigen, besuchen, bestellen, betreiben, bewegen, berechnen, berichten, befehlen

Prüfe, vor welche der folgenden Verben (Zeitwörter) die Vorsilbe passt, und bilde daraus Substantive (Hauptwörter)!

schreiben, sprechen, lesen, leuchten, zittern, rufen, essen, lenken, träumen, setzen, zeichnen, grüßen, prüfen, arbeiten

Übung 4

Adjektive (Eigenschaftswörter) als Substantive (Hauptwörter):

matt – das Matt, schön – etwas Schönes, dunkel – im Dunklen (aber: im dunklen Zimmer); alt – der Alte (aber: der alte Mann)

Wandle in Substantive um und bilde mit diesen Sätze:

warm, fleißig, klein, arm, krank, reich, grün, sauer

Übung 5

Fremdwörter mit der Endung -ur:

Figur, Natur, Dressur, Politur, Temperatur, Reparatur, Glasur, Rasur, Korrektur, Literatur, Architektur, Kultur, Zensur, Karikatur

Ordne alphabetisch!

86. Die alte Stadt

Fast tausend Jahre besteht sie schon, die alte Stadt. Zwar sind viele Städte unseres Landes im Laufe der Jahrhunderte viel größer und bedeutungsvoller geworden, aber nur wenige haben eine so reiche Geschichte hinter sich. Einige historische Häuser sind noch stumme Zeugen längst vergangener Zeit. Besonders schöne mittelalterliche Bauten stehen am Marktplatz. Es sind Handelshäuser, die wohlhabenden Kaufleuten gehörten. Hier auf dem Markt kreuzten früher zwei Handelsstraßen, die der Stadt schnelles Aufblühen und Wohlstand bescherten. Durch den Fleiß der Handwerker und Kaufleute wurde die Stadt bald zu einem bedeutenden Handelsplatz. Eine prächtige Kirche mit vielen Kostbarkeiten wurde zur Ehre Gottes errichtet. Noch heute grüßt uns schon von weitem der mit Grünspan bedeckte Turmhelm. Auch ein Teil der alten Stadtmauer mit einem der vier Tortürme hat die Jahrhunderte trotz Krieg und Brand überdauert. Doch die Bedeutung dieser Stadt ist gewichen, denn der Hauptverkehr zieht nun über andere Straßen. Aber an den Wochenenden kommen oft viele Fremde und besichtigen die historischen Gebäude und Anlagen. (164 Wörter)

Übung 1

Stadt – Statt – Staat:

Stadtmauer, Industriestadt, staatlich, stattlich, städtisch, anstatt, Staatendienst, stadtbekannt, Statthalter, Stadtplan, statthaft, Staatenbund, Kleinstadt, gestatten, Werkstatt

Ordne die Wörter und füge andere hinzu!

Verbinde folgende Wörter mit Stadt, Staat oder Statt:

groß, Bund, Präsident, finden, Kreis, Grenze, Anwalt, Lager, Vertrag, Theater, Bürger, Direktor, frei, Hafen, geben, Park, Nachbar, Feiertag, alt

► Lösungsteil Nr. 130

Übung 2

äu – eu:

bedeutungsvoll, Handelshäuser, Kaufleute, kreuzen, heute, verträumt, säuerlich, beschleunigen, Gebäude, Scheune, verräuchert, läuten, keuchen, Geräusch, Zigeuner, Spreu, betäubt, häufig, Beule, kräuseln, meutern, bläulich, neulich, heulen, träufeln, Knäuel, seufzen, scheu, säuseln, vergeuden, Säule, erläutern, scheußlich, sträuben, steuern, Gräueltat, häuten, schäumen, ungläubig

Ergänze folgende Wörter und ordne dann nach ihrer Schreibweise (äu – eu):

vers____men, Bed____tung, L____chter, S____gling,

Verl____mder, r____spern, h____cheln, M____terei, S____re,

T____schung, verstr____en, H____ptling, ohrenbet____bend,

K____chhusten, Schl____der, Wollkn____el, versch____chen,

R____ber, Gestr____ch, anf____ern, S____fzer, Kr____ter,

Kr____zer, s____bern, d____tlich

Arbeitshilfe: 13 Wörter werden mit *eu* geschrieben.

► Lösungsteil Nr. 131

Übung 3

d oder t im Auslaut:

tausend, Jahrhundert, Wohlstand, Zeit, Markt, bald, Haupt, Brand, Hirt, Schlüsselbund, Buntstift, Leopard, Dutzend, Jagd, blind, zart, Schild, Gurt, jemand, Wirt, Rückgrat, Längengrad, Schlund, Schulrat, Fahrrad, Kleingeld, hart, Landschaft, Atlas, Abschied, Advent, Geleit, Heimat, grundlos, mutwillig

Ergänze in folgenden Lücken d oder t und ordne dann die Wörter nach ihrer Schreibweise:

Gedul____, Spal____, Wel____, Breitengra____,

Schwin____such____, Bor____, Brann____wein, Gebirgsgra____,

Schul____, Bran____stelle, Ei____, Bussar____, Gestal____,

Kamera____, blon____, Lei____tier, grun____los, Or____, Hel____,

Zel____, Gerä____, Zahnra____, sü____lich, Gebur____,

Gewan____, gesun____, Wi____we, Mitlei____

Arbeitshilfe: Bei 12 Lücken muss *t* eingesetzt werden.

▶ Lösungsteil Nr. 132

Übung 4

Langes a ohne Dehnungszeichen:

Grünspan, schmal, Adel, Kram, Schwan, Same, Tran, Bad, Leichnam, Bargeld, Qual, Kanal, Quadrat, Schal, Star, Schale, schamhaft, Name, Grabmal, Hafer, gramvoll, einmal, Orkan, Choral, Schicksal, klar, wagen, Krater, Schaden, Uran, Ware, rar, Faden, Karfreitag, gar, abgeschabt, Plakat, Zitronat, Karneval, Signal, Taler, Reklame

Bilde damit neue Wörter! (Holzspan, Schmalspur, …)

87. Ein Haus für einen Fremden

In den letzten Jahren wurde auch in den Dörfern tüchtig gebaut. Besonders an den Dorfrändern wurde ein Neubau nach dem anderen errichtet und trug erheblich zur Veränderung des Dorfbildes bei. Viele Städter wussten eine ruhigere Wohnlage zu schätzen und siedelten gern in die Dörfer über. Jedoch waren viele Bauern mit dieser Entwicklung nicht immer einverstanden. Eines Morgens stand wieder ein Bagger in einem Dorf und begann seine Arbeit. Anscheinend wurde wieder eine Grube für einen Neubau ausgeschachtet. Ein alter Bauer aus der Nachbarschaft, der an der neuen Arbeitsstelle vorüberkam, erkundigte sich nach dem Bauvorhaben. „Für wen wird denn hier schon wieder gebaut?“, fragte er missmutig. „Wir bauen ein Haus für den Transformator!“, erwiderte der Angeredete. „Den kenne ich nicht“, sagte der Bauer, „das ist schon wieder so ein Fremder!“ (134 Wörter)

Übung 1

Wörter mit der Vorsilbe miss-:

missmutig, Missverständnis, misslingen, Missgeschick, missbilligen, Missernte, Missverhältnis, misstrauisch, Missgunst, missfallen, misshandeln, Missbrauch

Gib folgenden Wörtern mithilfe der Vorsilbe miss- *eine gegenteilige Bedeutung:*

Erfolg, Verständnis, glücken, vergnügt, vertrauen, Klang, Wuchs, Bildung, Stimmung, geraten, gönnen, Handlung, achten

Übung 2

Wörter mit gg:

Bagger, Egge, Dogge, Flagge, schmuggeln, Waggon, Roggen, flügge, Doggerbank (Sandbank in der Nordsee), Brügge (Stadt in Belgien), joggen

Ordne die Wörter nach dem Alphabet und bilde neue Wörter! (baggern, eggen, …)

Übung 3

Schreibung der Tageszeiten:

eines Morgens, am Morgen, der Morgen, heute Morgen, frühmorgens, morgens früh, von morgens bis abends

Schreibe ähnliche Reihen mit anderen Tageszeiten!

Übung

Übung 4
Wortfeld „sprechen“:
sagen, erwidern, erkundigen, fragen, vortragen, antworten, entgegnen, schimpfen, schreien, rufen, flüstern, tuscheln, jammern, beteuern, bemerken, klagen, plaudern, erzählen, berichten, stottern, meinen, schwatzen, schelten, murren, jubeln, einwenden, prahlen, erwähnen, reden, äußern, lallen, babbeln, lispeln, schluchzen, zetern, behaupten, erklären, schwören, stammeln, mahnen, bitten, lügen, murmeln, danken, gröhlen, betteln

Übung

Übung 5
Großschreibung von Eigenschaftswörtern (Adjektiven):
fremd, der Fremde, in die Fremde; gut, das Gute, Gutes tun; arm, die Armen, Arme und Reiche; blau, das Blau des Himmels, zum Blau des Kleides, die Blauen (Mannschaft in blauer Kleidung); warm, etwas Warmes zum Trinken, im Warmen
Verwende folgende Eigenschaftswörter (Adjektive) als Hauptwörter (Substantive): böse, dunkel, hell, schlimm, krank, kalt, schwarz, klug
Bilde damit Sätze!

88. Textilfasern

Diktat

Bereits vor Jahrtausenden haben sich die Menschen aus tierischen oder pflanzlichen Fasern Kleidungsstücke hergestellt. Spindel und Webstühle waren schon in der jüngeren Steinzeit bekannt. Aus Leinen und Schafwolle entstanden kleidsame Gewänder. Auch Seide wurde bereits vor fünftausend Jahren verarbeitet. Auf der berühmten Seidenstraße brachten chinesische Kaufleute sie bis nach Europa. Aber sie war früher so wertvoll, dass sie sogar mit Gold aufgewogen wurde. Im 19. Jahrhundert gelang Wissenschaftlern die Herstellung seidenähnlicher Fäden. Da die künstliche Seide billiger hergestellt werden konnte, war die Vormachtstellung der Naturseide gebrochen. Vor etlichen Jahren schufen deutsche Forscher aus Steinkohlenteer und Kalk die äußerst haltbare Perlonfaser. In Verbindung mit anderen Fasern hat Perlon eine sehr vielseitige Verwendungsmöglichkeit. Aber noch immer ist Baumwolle die am meisten gefragte und verarbeitete Textilfaser der Welt. (126 Wörter)

Übung 1
Der x-Laut in seiner verschiedenartigen Schreibung:

Textilien, Häcksel, rings, Koks, Dachs, Abwechslung, Text, Klecks, rücklings, sechs, Hexe, Eidechse, flugs, boxen, Achsel, unterwegs, wachsen, …

Ergänze folgende Wörter:

E______port, Sa______en, län______t, Mi______er, Ta______i,

O______e, än______tlich, La______, A______t, Ke______,

Arztpra______is, e______plodieren, lin______, dre______eln,

Hen______t, Gewä______haus, allerdin______,

Blechbü______e, anfan______, Fu______, Wagena______e,

Te______tbuch, verwe______eln, hinterrü______,

E______periment, Kni______, Wa______kerzen, Dei______el

Arbeitshilfe: In 11 Wörter muss *chs*, in 8 *x*, in 5 *gs* und in je 2 *ks* und *cks* eingesetzt werden.

▶ Lösungsteil Nr. 133

Übung 2
Eigenschaftswörter (Adjektive) mit der Nachsilbe -isch:

tierisch, chinesisch, betrügerisch, mörderisch, himmlisch, rumänisch, katholisch, herrisch, europäisch, gotisch, regnerisch, gebieterisch, neckisch, englisch, …

Wandle die folgenden Wörter mithilfe der Nachsilbe -isch in Eigenschaftswörter (Adjektive) um:

erfinden, Kind, Hölle, Dieb, Sturm, verraten, Amerika, trügen, Weib, Räuber, Teufel, Rhein, Bauer, verführen, Tücke, Schlesien, zanken, Westfalen, Seele

Übung

Übung 3

Langes u ohne Dehnungszeichen:

Naturseide, Schule, Schwur, Frisur, Wut, Flut, Krume, Fuder, verludern, Schnute, verbluten, Kurbad, Rute, umspulen, Urenkel, Rune, Glut, Brut, Spur, Jubel, Knute, hupen, Tube

Schreibe die Wörter in alphabetischer Reihenfolge ab!

Übung

Übung 4

Wörter mit ll:

billig, Herstellung, Schafwolle, wertvoll, schellen, Weltall, Elle, gefällig, Roller, gutwillig, Schnalle, Stall, grollen, Porzellan, Wallfahrer, kristallklar, vielleicht, Parallele, Millimeter, Tollkirsche, gleichfalls, Ellipse, Grille, Karussell, Pullover, Quelle, grell, Gesellschaft, Ballon, Knall, Metall, Pellkartoffel, tollen, Scholle, verzollen, allmächtig, Grill

aber: Holunder, Almosen

Ordne nach Wortarten!

Beachte: Eisschnelllauf, Fußballländerspiel, Falllinie, Schallluke, Stalllaterne, Wolllappen, Stillleben, Rollladen, Metallleiste, Kontrolllampe! Bei der Zusammensetzung entstehen sogar Wörter mit drei *l*.

Übung

Übung 5

Wörter mit üh:

berühmt, früher, Fühler, Kühnheit, Bühne, verblüht, Wühlmaus, rühren, Gestühl, ungebührlich, verführen, …

Fülle die Lücken durch ü oder üh aus!

ungest____m, zerkr____meln, Gef____l, Unget____m,

gem____tlich, H____nengräber, K____lschrank, erm____det,

Geschw____r, Kirschbl____te, Windm____le, Vor____bung,

schw____l, Gem____se, Gew____l, D____nen, m____sam,

nat____rlich, Sp____rhund, Geb____r, L____gner

Arbeitshilfe: 6 Wörter erfordern *üh*.

► Lösungsteil Nr. 134

89. Eine große Osterüberraschung

Schon tagelang hatten wir uns auf Ostern und ganz besonders auf das Suchen der Ostereier gefreut. Nun suchten mein Bruder und ich bereits länger als eine Stunde in unserem Garten. Auf den Beeten, zwischen den Sträuchern, hinter den Baumstämmen, in Blumenstauden und Grasbüscheln, überall hatten wir schon nachgeguckt und viele bunt gefärbte Eier gefunden. Doch noch immer sagten die Eltern, die uns lachend zuschauten: „Ihr müsst noch weitersuchen, denn die schönste Überraschung habt ihr bisher nicht entdeckt." Verdutzt schauten wir uns gegenseitig an. „Wo sollen wir denn noch suchen?", fragten wir uns völlig ratlos. Plötzlich begannen Vater und Mutter gleichzeitig zu lachen. Erstaunt sahen wir uns um. Zwischen den Johannisbeersträuchern hoppelte gemächlich ein kleines, graubraunes Kaninchen umher. „Nun könnt ihr mit dem Suchen aufhören!", rief der Vater lachend. Vor Freude klatschten wir in die Hände. Nun hatten wir einen lebendigen Osterhasen. Er sollte sich bei uns wohlfühlen! (151 Wörter)

Übung 1

Wörter mit ee:

Beete, Johannisbeerstrauch, Tee, Seele, Gelee, Klee, Fee, Teer, leer, Kaffee, See, Heer, Lorbeer, Reeder, Heer, Armee, verheeren, Schnee, Spree, Idee, Allee, scheel, Meer, Speer

Setze e, eh oder ee ein:

Ver____rung, verh____rend, s____lisch, S____ligkeit,

entb____rlich, bequ____m, Geb____t, B____tumrandung,

Erdb____re, f____nhaft, F____de, Sch____mel, L____m, Th____ma,

Kamillent____, bel____ren, entl____ren, S____lenheil,

glücks____lig, Tap____te, L____rling, S____nsucht

Arbeitshilfe: In 8 Wörter ist *ee*, in 7 *e* und in 7 *eh* einzusetzen.

► Lösungsteil Nr. 135

Übung 2

Wörter mit tsch:

klatschen, verrutschen, Kutscher, plätschern, Kitsch, lutschen, quatschen, verhätscheln, quietschen, zwitschern, Peitsche, Bratsche, tratschen, quetschen, Pritsche, Gletscher, Grätsche, patschen

Schreibe die Wörter ab und trenne sie nach Silben!

Übung 3

Mittelwörter der Vergangenheit (Partizipien im Perfekt) mit der Endung t:

erstaunt, gefärbt, nachgeguckt, abgespannt, gedacht, zugeschaut, gefreut, gesinnt, bescheuert, gekannt, geträumt, verreist

Bilde von folgenden Zeitwörtern (Verben) die Mittelwörter der Vergangenheit (Partizipien im Perfekt): bestimmen, brennen, holen, lenken, rennen, führen, rühmen, loben, kauen, lehren, untersuchen, entsetzen, überraschen, verheiraten, wiederholen, entbehren, verzaubern, operieren, verkaufen

Übung 4

Zusammengesetzte Eigenschaftswörter (Adjektive) – Das Bestimmungswort ist ein Hauptwort (Substantiv):

tagelang, schokoladenbraun, turmhoch, scharlachrot, taufrisch, pfeilschnell, wieselflink, strohgelb, federleicht, eiskalt, zentnerschwer, windstill, sternklar

Setze passende Hauptwörter (Substantive) vor folgende Eigenschaftswörter (Adjektive): grau, dunkel, lang, grün, schwer, hart, reich, alt, sauer, weich, bitter, hell

► Lösungsteil Nr. 136

Übung 5

Aufeinanderfolge gleicher Mitlaute (Konsonanten) bei Zusammensetzungen:

Überraschung, erreichen, Strohhütte, auffällig, abbürsten, mitteilen, vorrechnen, Aussendung, vielleicht, Unterricht, Aufführung, mittellos, Verrat, Rätsellösung, errichten, Stadttheater

Schreibe ähnliche Wörter!

90. Die Computermaus

Jochen ist eine richtige Leseratte und geht deshalb fast wöchentlich in die Stadtbücherei. Riesenhaft ist die Auswahl an Büchern, die ihn interessieren. Es macht ihm Spaß, in den hohen, langen Regalen das Richtige herauszusuchen. Manchmal ist aber gerade das Buch, das er ausleihen wollte, bereits vergriffen. Seit voriger Woche kann er sich die Sucherei sparen, denn in der Lesehalle stehen auf Tischen Computer mit Bildschirmen. Jochen ist technisch interessiert und schaut zu, wie ein Junge vor dem Gerät sitzt und schon ganz fachmännisch vorgeht. In der rechten Hand bewegt er einen mausähnlichen Gegenstand auf einer Unterlage und übermittelt damit bestimmte Eingaben auf dem Bildschirm, bis er sich durchgeklickt hat. Nun kann sich Jochen diese Neuerung genau anschauen. „Tatsächlich, das ist ja einem schwanzlosen Mäuschen ganz ähnlich!", denkt er. Mit gezielten Bewegungen des Mäuschens dirigiert er die Pfeilspitze auf dem Bildschirm und hat nach ein paar Klicks die gewünschten Angaben.

(151 Wörter)

Übung 1

Fremdwörter mit c in der Aussprache wie k:

Computer, Cowboy, Coach, Container, Cockpit, Clique, Cousin, Countdown, Cornedbeef, Couch, Comic, Clown, Camping, Crew, Credo, Cover, Coat

Versuche dafür deutsche Bezeichnungen oder Umschreibungen zu finden!

Übung 2

Die Nachsilbe -isch:

technisch, fachmännisch, elektrisch, teuflisch, politisch, sächsisch, mathematisch, englisch, musikalisch

Bilde mithilfe der Nachsilbe -isch aus folgenden Wörtern Adjektive! Doch bei 6 Wörtern kannst du nur die Nachsilben -ig oder -lich anfügen.

Olympiade, Sturm, Wind, Telefon, Westfalen, bewegen, Klima, Mörder, Zank, Kirche, Nebel, betrügen, Erfinder, Wolken, Ruhe, Spanien

▶ Lösungsteil Nr. 137

Übung 3
Großschreibung von Adjektiven (Eigenschaftswörter), weil sie als Substantive (Hauptwörter) verwendet werden:
der Richtige, alles Gute, ins Grüne, die Armen und die Reichen, im Dunklen, zum Besten geben, im Kalten, etwas Schönes, Alte und Junge, der Nächste, kein Einziger, alles Neue, jeder Einzelne, nichts Kaltes, der Klügere, wenig Neues, ein Neuer, die Fremden
Bilde damit Sätze!

Übung 4
Wörter mit pf:
Pfeilspitze, Pfirsiche, einpflanzen, stumpf, pflügen, Verpflegung, Dampf, Trumpf, Pfundstelle, Gipfelkreuz, Krämpfe, sanpft, anklopfen, stumpf, schlüpfen, Anpfang, Empfang, Tropfen, Schnupfen, Zukunpft, Zipfel, pflegelhaft, Kupfer
Dabei sind aber 5 Fehler!
▶ Lösungsteil Nr. 138

Übung 5
Wörter mit äh:
ähnlich, während, bewähren, ungefähr, zähmen, strähnig, Trähnen, Späher, Währung, Fähre, gähnen, allmählich, erzählen, wählen, Ähren, ernähren, Mähne, erwähnen, quählen, Fährte, gelähmt, Spähne, Nähseide, Mähre
Die drei Fehler hast du sicherlich gefunden!
▶ Lösungsteil Nr. 139

91. Festtag im Hamburger Hafen

Unzählige Menschen drängen sich zwischen hunderten von Buden und Schaustellerbetrieben auf dem Hamburger Hafengelände. Kein Wunder, denn heute ist hier ein wahres Volksfest. Alljährlich feiert der bedeutende Welthafen traditionsgemäß im Mai Geburtstag. „Da ist was los!", ruft Uwe begeistert, als er die glitzernden Fontänen über die kreisenden bulligen Schlepper emporschießen sieht. In Kiellinie, wie zur Parade, gleiten Großsegler, Motorjachten, Dampfer und behäbige Fischereischiffe am Landungssteg vorüber. Von hier aus können die Besucher der Hansestadt eine ganze Reihe hervorragender Vorführungen miterleben. Regatten unterschiedlicher Bootsklassen,

Einsatzübungen von Löschbooten, Darbietungen von Wasserschutzpolizei und Hafenfeuerwehr wechseln einander ab. Über dem Hafen schaffen bunte Heißluftballons ein farbenfrohes Bild, Flugzeuge und Hubschrauber zeigen ihre Künste. Aus dem Himmel stürzen sich Fallschirmspringer zur zielgenauen Landung auf einem schwimmenden Podest. Uwe freut sich schon auf den Abend, wenn zum Geburtstagsfeuerwerk Raketen in den Nachthimmel steigen und sich farbenprächtig im Wasser widerspiegeln. (147 Wörter)

Übung 1

Schreibweise des langen ä:

Fontäne, behäbig, alljährlich, Ähren, …

Schließe die Wortlücken mit äh oder ä!

Versp___tung, L___mung, Tr___nen, ungef___rlich,

S___mann, Kapit___n, h___misch, g___nen, Gef___rten,

Sp___ne, ___nlichkeiten, K___se, n___mlich, Ferienpl___ne,

Verm___lung, Gr___ten, Haarstr___ne, F___re, w___rend,

Gem___lde, M___ne, Ern___rung, unz___lig

Arbeitshilfe: In 11 Wörter ist *ä* einzusetzen.

▶ Lösungsteil Nr. 140

Übung 2

Wortfeld „Schiffe“:

Dampfer, Fischkutter, Kahn, Viermaster, Kahn, Ruderboot, Kanu, Floß, Fähre, Segeljacht, Galeere, Schlepper, Tanker, Kajak, Fregatte, Unterseeboot, Flugzeugträger, Lotsenboot, Walfangmutterschiff, Luxusliner

Ordne die Wörter alphabetisch!

Übung 3

„Schiff“ als Grund- und als Bestimmungswort bei Zusammensetzungen:

Schifffahrt, Schiffsglocke, … Fischereischiffe, Hochseeschiff, …

Schaffe die möglichen Verbindungen! Jedoch drei Wörter passen nicht hierfür.
Bau, Landung, Katastrophe, Handel, Schaukel, Passagier, Feuer, Schraube, Fähre, Segel, Zwieback, Luft, Wasser, Reise, Kirchen, Raum, Fracht, Hebewerk, Seiten, Bruch, Eingang, Haupt, Junge, Mannschaft, Motor, Koch, Ruder, Schule, Container, Bahn, Verkehr, Fahrgast

Übung 4
Schreibweisen des langen o:
Motorboote, bewohnt, Dom, …
Ergänze die folgenden Wörter:

R____senk____l, M____rgebiet, pr____ben, T____n, Pers____n,

H____lweg, abh____len, emp____r, M____s, M____n, M____nat,

bel____nen, Z____eingang, Spi____n, Kr____ne, ____nmächtig,

Ruderb____te, verchr____mt

► Lösungsteil Nr. 141

Übung 5
Zusammensetzungen mit „vor“:
Vorführungen, vorlesen, Vorrunde, Vorbilder, hervorragen, Vortrag, Vorschrift, vorsingen, …
Erweitere diese Wortsammlung

92. Peters Starenkasten

Im letzten Sommer hatte Peter einen Starenkasten gebastelt. Vater hatte ihm dabei geholfen. Am Stamm der hohen Birke, die die meisten anderen Bäume weit überragt, hatten sie den Nistkasten vor einigen Tagen befestigt. Ganz vorschriftsmäßig wurde er aufgehängt; das Flugloch nach Osten, damit kein Regen eindringen konnte. Seitdem schauten Peter, seine Eltern und Geschwister oft nach dem Kasten am weißen Birkenstamm. Die zarten, hellgrünen Blättchen hatten sich bereits entfaltet und wehten an den langen, dünnen Zweigen im Frühlingswind. Schwalben segelten schon seit einiger Zeit über dem Dorf. Auch beim Nachbarn hatte sich wieder ein Schwalbenpärchen im Kuhstall einquartiert. Zwar hatte Peter schon einige Stare gehört und beobachtet, jedoch sein Starenkasten war noch immer leer. Eines Morgens, Peter lag noch im Bett, hörte er ganz in der Nähe einen Star pfeifen. Auf der Sitzstange von Peters Nistkasten hatte er sich niedergelassen. Staunend schaute Peter aus dem Fenster. Sicherlich war der frohe Vogelgesang der Dank für die neue Wohnung. (159 Wörter)

Übung 1

Verdopplung der Selbstlaute (Vokale) gilt nicht für die Umlaute:

Paar – Pärchen, Saal –Säle – Sälchen, Haar – Härchen, Boot – Bötchen

Bilde damit zusammengesetzte Hauptwörter (Substantive)!

(Schwalbenpaar – Schwalbenpärchen, ...)

Übung 2

Schreibweise des s-Lautes:

Starenkasten, vorschriftsmäßig, weiß, niederlassen, Osten, belästigen, am meisten, Hindernis, Wasserkessel, Vergrößerung, preiswert, bisschen, Muskeln, Autobus, bis gestern, Apelmus, Reißverschluss, Milchreis, Maske, Grießsuppe, Missverständnis, Kirmes, zerrissen, lustig

Ergänze die folgenden Wörter und ordne sie dann nach der Schreibweise ihres s-Lautes:

Ka____ierer, Briefka____ten, Abschlu____, Schlü____elbund,

Pa____tor, Pa____kontrolle, ma____enhaft, Ma____arbeit,

au____en, Auswei____, schneewei____, anfa____en, Bierfa____,

Fa____an, Mi____geschick, Mi____etäter, geheimni____voll,

Zeugni____e, Ku____, Zirku____, Mittage____en, e____bar,

Flü____igkeit, flü____tern, Nebenflu____

Arbeitshilfe: 3 Wörter werden mit *ß*, 7 mit *s* und 15 mit *ss* geschrieben.

▶ Lösungsteil Nr. 142

Übung 3
Wörter mit qu:

einquartieren, Qual, quer, bequem, Quadrat, quälen, quaken, Quader, Quarz, überqueren, Quartett, Qualm
In Wörtern mit *qu* gibt es kein Dehnungs-h!
Schreibe damit zusammengesetzte oder verwandte Wörter!

Übung 4
st, sst oder ßt:

Nistkasten, Geschwister, gefasst, verwaist, Bewusstsein, verrußt, aufgespießt, Festung, Rüstung, verpasst, verlustreich, gehasst, Quaste, Rast, gesüßt, belästigen, flüstern, hastig, sie isst, fast, mästen, verblasst, kostbar, gegrüßt, Kanister, restlos, entblößt, rösten, bewusstlos, vermisst, Pflaster
Ordne die Wörter nach der Schreibung mit st, sst und ßt und erweitere diese Reihen!

Übung 5
Schreibweisen des langen ö:

gehören, stöhnen, Öl, Föhn, persönlich, unversöhnlich, Empörung, töricht, Höhle, Krönung, gewöhnlich, verzögern, dröhnen, höhnisch, Likör, nervös, König, strömen, Möglichkeit
Fülle die Lücken durch Einsetzen von ö oder öh und sortiere dann nach Wortarten!

Verm____gen, vertr____deln, besch____nigen, Verz____gerung,

aush____len, K____der, Nadel____r, Tagel____ner, K____nigin,

vertr____sten, b____se, Rätsell____sung, ungeh____rig, Fris____r,

Br____tchen, T____ne, M____re, unn____tig, l____ten, R____re

Arbeitshilfe: Nur 5 Wörter werden mit *öh* geschrieben.
► Lösungsteil Nr. 143

93. Gestörte Ruhe

Waldarbeiter waren gerade dabei, mit ihren Äxten die Äste einer mächtigen gefällten Eiche abzuschlagen. Da bemerkte einer von den Männern mitten zwischen den Zweigen des liegenden Baumes ein Eichhörnchennest mit hilflosen Jungen und sagte: „Da sind junge Eichhörnchen, die müssen wir jetzt in Ruhe lassen. Die Alte wird sie bestimmt gleich holen. Wir nehmen uns vorläufig eine andere Arbeit vor." Die Männer packten ihre Werkzeuge und verschwanden hinter den Bäumen und Sträuchern. Darauf hatte die Eichhörnchenmutter, die ihre Jungen von einem nahen Baum aus beobachtete, nur gewartet. Flink eilte sie den Stamm hinunter und sprang in hastigen Sätzen zu ihren Jungen. Ganz vorsichtig trug sie nun ihre Kleinen mit dem Maul eins nach dem anderen in ein neues Nest. Immer wieder kletterte sie schnell den Fichtenstamm empor und legte die noch blinden Tierchen in die Ersatzwohnung. Wie hatte sie sich beeilt, dass der Fuchs nicht vorher ihre Jungen fand. Gut, dass Eichhörnchen mehrere Nester besitzen! (157 Wörter)

Übung 1
Wörter mit mm:
bestimmt, Stamm, klammern, jammervoll, zertrümmern, verschlammt, trommeln, gekrümmt, Versammlung, Kommunion, grimmig, entflammt, himmelblau, Programm, flimmern, Kilogramm, Kummer, zusammenkommen, Nummer, stramm, Schlamm, Kamm, Kommando, summen, Schwimmmeister (Schwimm-Meister)
aber: sämtlich, Gesamtheit, Kamerad, Himbeere, Damhirsch, Zimt, Samt, Brombeere
Bilde damit neue Wörter! (Bestimmung, stämmig, ...)

Übung 2
g und k im Auslaut:
Werkzeug, flink, Krug, Betrug, welk, Zwerg, Tabak, Talg, schräg, schalkhaft, Zweig, karg, Zink, Georg, Salmiak, Volk, Erfolg, Gebälk, Blasebalg, Rundfunk, Öltank, Zwang
Ergänze g oder k:

Ber____wer____, Schlin____pflanze, Geträn____, Buchfin____,

Sar____, star____, An____st, Anfan____, Trin____wasser,

Messin____, Schwun____, Hen____st, Blin____licht, Essi____,

Mar____t, Bu____, Geisterspu____, Unfu____, Flu____zeu____,

ar____, kar____, genu____

Ordne die Wörter nach ihrer Schreibweise!
Arbeitshilfe: In 8 Lücken muss *k* eingesetzt werden.
▶ Lösungsteil Nr. 144

Übung 3
Großschreibung von Eigenschaftswörtern (Adjektiven):
die Alte, ihre Jungen, ihre Kleinen, die Guten, der Reiche, das Weiß, im Grünen, der Kluge, ins Tiefe, das Süße, etwas Neues, nichts Erfreuliches, viel Schönes, im Dunkeln, Eiskaltes, Schweres
Bilde damit Satzpaare! (gut: Die guten Leute halfen uns sofort. – Die Guten werden belohnt.)

Übung 4
Eingeschobene Nebensätze:
Darauf hatte die Eichhörnchenmutter, die ihre Jungen von einem nahen Baum aus beobachtete, nur gewartet. – Das Eichhörnchen trug die Kleinen, die noch blind waren, behutsam in ein neues Nest. – Der Fuchs, dessen Geruchssinn sehr ausgeprägt ist, hätte die Tierchen bald gefunden.
Der eingeschobene Nebensatz erfordert zwei Kommas, die ihn vom Hauptsatz trennen.
Bilde ähnliche Satzgefüge vom Sachgebiet „Wald" und unterstreiche dabei die eingeschobenen Nebensätze!

94. Am Vogelfreigehege

Diktat

Vater hat Felix versprochen, heute mit ihm zum Zoo in die Stadt zu fahren. Mit dem Wagen erreichen sie schnell den weiträumigen Parkplatz vor dem Zoogelände. Während Vater noch die Eintrittskarten löst, hört Felix schon das Geschrei der Vögel und das Geschnatter der Affen. Felix ist ein großer Vogelliebhaber. Zu Hause hat er selbst eine Menge Tauben gezüchtet. So fühlt er sich besonders zum Vogelfreigehege hingezogen. Viele bunte Vögel, Schwäne, Enten und Gänse aus allen Ländern der Erde beleben einen kleinen Teich und seine flachen Ufer. Flamingos stehen teilnahmslos auf einem Bein im Wasser. Störche und Marabus stolzieren am Ufer entlang, und wendige Zwergtaucher und Blesshühner lassen das Wasser aufspritzen. Stolz blickt der vornehme Fischreiher über das lebhafte Treiben. Immer wieder gibt es auf der Vogelwiese und am Teich etwas Neues zu beobachten. Felix möchte noch stundenlang zuschauen. Aber im Zoo sind noch viele andere Tiere zu sehen. (150 Wörter)

Übung 1

Übung

Wörter mit v:

Vogel, Vater, viel, Advent, vornehm, November, Nerven, brav, Vers, Ventil, Lava, verteilen, Vulkan, Violine, Villa, Sklave, Pulver, Volk, Silvester, Revier, vierzehn, Universität, Vase, Provinz, Vieh, Revolver, Veilchen, Vetter, Larve, Lokomotive, Kurve, servieren, vollenden, Vorderfront, oval, Gustav, Klavier, Evangelium, Eva

Ordne die Wörter nach ihrer Herkunft! (Aussprache bei deutschen Wörter: v = f, bei Fremdwörtern: v = w)

Übung 2

Übung

Eigenschaftswörter (Adjektive) mit der Nachsilbe -haft:

lebhaft, standhaft, glaubhaft, gewissenhaft, zaghaft, unehrenhaft, namhaft, …

Verbinde folgende Wörter mit der Nachsilbe -haft: krank, Meister, Kind, Sünde, naschen, ernst, träumen, lachen, schmeicheln, Schmerz, Dauer, schmecken, Mädchen, Fehler, wahr, wohnen, Grauen, böse, Sprung, Scham

Übung 3

Zusammengesetzte Zeitwörter (Verben) mit „zu“:

zuschauen, zuhalten, zugeben, zunähen, zuschließen, zusehen, zubauen, zuklappen, zurufen, zujubeln, zureden

*Unterscheide in Sätzen die zusammengesetzten Zeitwörter (Verben) von den durch zu erweiterten Nennformen (Infinitiven)! (Die Kinder wollten zuschauen. – Die Frau vergaß, nach dem Essen zu schauen.) Achte auf die Betonungsunterschiede! (**zu**schauen – zu **schauen**)*

Übung 4

Schreibweisen des langen o:

Vogel, Zoo, schon, Fohlen, Wohnung, Moos, Krone, Mohn, tropisch, erzogen, Floh, Bohrturm, Zone, Ohr, Moor, Hohn, Dohle, verbogen, Hohlspiegel, Boot, Bohle, Telefon, Bohne, Garnison, Polen, Belohnung, empor, Schuhsohle, Postbote, Solbad, Dom, Verbot, Borwasser, Zofe, aufholen, katholisch, johlen, moorig, Sohn, Schote, Kohl, Trost, Frondienst, Person

Stelle ähnliche Wörter zusammen (Boote - Bote, ...) und ordne die Wörter nach ihrer Schreibweise! (o, oo, oh)

Übung 5

Langes e mit unbezeichneter Dehnung:

Gehege, beleben, Nebel, Spinnweben, Thema, Kamel, verfemt, Segen, selig, Pflege, Gerede, Bescherung, Hebel, Wermut, Verlegenheit, bewerten, unredlich, demütig

Bilde davon abgeleitete Wörter!

95. Der Kirschenhagel

Peter darf heute die Kirschen im Garten der Großeltern pflücken. Er ist so hoch in die Baumkrone geklettert, dass nur noch seine Beine zu sehen sind. Ganz dunkelrot und groß sind die Kirschen. Die schönsten pflückt Peter sofort in seinen Mund. Aber auch der große Henkelkorb, den Peter an einem Haken neben sich aufgehängt hat, füllt sich langsam. Unter dem Kirschbaum steht der kleine, dicke Hans und schaut sehnsüchtig nach oben. Er klettert nicht gerne. Ab und zu wirft Peter ihm einige Kirschen zu. Aber immer wieder bettelt Hans: „Wirf doch noch mehr herunter! Da hängen ganz dicke, schwarze!“ Peter ist ein gutmütiger Junge und reckt sich, um die

Prachtkirschen für Hans zu erreichen. Dabei stößt er plötzlich an den schon schweren, fast gefüllten Korb. Wie ein Hagelschauer prasseln die Kirschen auf Hans herab. „Hast du jetzt genug Kirschen?", ruft Peter lachend herunter. (145 Wörter)

Übung 1

Wörter mit ck:

pflücken, dick, Strecke, verschicken, Rücken, Druckerei, Baracke, lackieren, einwickeln, überzuckert, schlucken, geschmacklos, trocken, Perücke, Häcksel, gezackt, Steckkontakt, Druckknopf, nackt, Päckchen, Flickzeug, Hecke, Trick, Zicklein, Genick, Block

Beim Zusammentreffen werden *ck* und *k* geschrieben (Dickkopf, Rockkragen, Steckkissen).

Trenne nach Möglichkeit! (pflü-cken, ...)

Übung 2

b oder p:

Henkelkorb, Haupt, Laub, herb, Sirup, Erbse, Rollmops, Galopp, grob, Rebhuhn, Kaplan, obdachlos, Abtei, Dompteur, Fränkische Alb, Stöpsel, Raubtier, Optik, Krepppapier (Krepp-Papier), taub, Rezept, lieb, Sieb, Gelübde, Hubraum, Lump, Trabrennen, Kälbchen, Knirps, Betrieb, Schlips, Raps, Webstuhl, plump, September, Schublade, unerheblich, Stoppuhr, schubsen, Schuppen, Ägypten, gelobt, halb, Papst, Obst, Lebkuchen, Krebs, hübsch

Ordne die Wörter nach ihrer Schreibung! (b – p)

Übung 3

Aufeinanderfolge gleicher Mitlaute (Konsonanten) bei Zusammensetzungen:

erreichen, auffangen, Strohhut, mitteilen, annehmen, Abbau, auffällig, unterrichten, verringern, vorrechnen, Erregung, Verrat, aussuchen, abblättern, forttragen, Ausstellung, ...

Suche ähnliche Wörter!

Betttuch, Schifffahrt, Fußballländerspiel, Krepppapier, Brennnessel, Schnelllauf, Schwimmmeister, Wolllappen, vollaufen, stillliegen, Stofffülle, Kontrolllampe

Schreibe die Wörter ab und trenne sie anschließend! (Bett-tuch, Schiff-fahrt, ...)

Übung 4
fast – fasst:
fast südlich, ein Spiel fast gewinnen, vor fast zehn Jahren, fast blind, fast nichts, seit fast drei Wochen, fast gestürzt – er fasst, er befasst sich, ihr verfasst, sie wurden gefasst, etwas erfasst haben, angefasst, kräftig zugefasst
Bilde Sätze!

96. Fressgierige Hühner

Eine Frau hatte starken Branntwein mit schwarzen Johannisbeeren gemischt und in einer Flasche sorgsam aufbewahrt. Nach einiger Zeit goss sie den Branntwein, der nun dunkelrot gefärbt war, vorsichtig in eine andere Flasche ab. Für die Beeren hatte sie keine Verwendungsmöglichkeit mehr und warf sie auf den Misthaufen. Eilends rannten die Hühner herbei und verschlangen die Beeren so hastig, dass man ihnen anmerkte, wie gut ihnen dieses seltene Futter schmeckte. Der Hahn hob mit sichtlichem Vergnügen ein paarmal den Kopf und schüttelte den lappigen, roten Kamm, und die Hühner gackerten sehr zufrieden. Jedoch dauerte die Freude nicht lange, denn die Beeren hatten viel von dem Schnaps eingesogen. Der Hühnergesellschaft bekam er ebenso schlecht wie den Menschen. Das Federvieh wurde betrunken, torkelte über den Hofplatz, gackerte jammervoll und verkroch sich. Die Hühner mochten nichts mehr fressen, waren krank und hockten traurig umher. Am folgenden Tage hatten sie die üble Wirkung des Alkohols noch nicht überstanden. Erst allmählich kehrte ihre Gesundheit wieder, und sie waren fressgierig wie zuvor. (167 Wörter)

Übung 1
Wortfamilie „brennen“:
brennen, an-, ab-, aus-, nieder-, ver-, durch-; Brennstoff, -glas, -nessel, -holz; brennbar; brenzlig; gebrannt, ver-, abge-, ausge-, durchge-, niederge-; Brand, -stelle, -salbe, -stätte, -meister, -stifter, -bombe, -mauer, -bekämpfung, Wein-, Groß-; Branntwein
Schreibe die Wörter vollständig ab! Beachte dabei: Weinbrand, Branntwein, Brennnessel!

Übung 2

Hauptwörter (Substantive) mit der Nachsilbe -schaft:

Gesellschaft, Gemeinschaft, Eigenschaft, Kundschaft, Bereitschaft, ...
Verbinde folgende Wörter mit der Nachsilbe -schaft:
Land, Mann, Freund, Feind, Arbeiter, verwandt, Eltern, Bürger, Kamerad, Wirt, Lehrer, Schüler, Graf, gesandt, bekannt

Übung 3

Wortfamilie „rot":

dunkelrot, wein-, hell-, blut-, tief-, zinnober-, scharlach-, rosen-, purpur-, karmin-, lachs-, feuer-, kirsch-, rosa-, ziegel-, krebs-, blau-, matt-, braun-, kupfer-, korallen-, puter-, scham-, -backig; rötlich; Rotbuche, -dorn, -wein, -lauf, -wild, -kraut, -stift, Abend-, Morgen-, Wangen-; Schamröte; Röteln; Rötung; röten, er-

Übung 4

Wörter mit ps:

Schnaps, Gips, Kapseln, Raps, Klaps, Stöpsel, Rips, knipsen, Schlips, Klopse, hopsen, Mops
aber: Erbse, Krebs, schubsen
Bilde damit zusammengesetzte Wörter! (Schnapsflasche, Gipsverband, ...)

Übung 5

Komma bei Vergleichssätzen:

Der Hühnergesellschaft bekam er ebenso schlecht wie den Menschen. – Der Hühnergesellschaft bekam er ebenso schlecht, wie er den Menschen schlecht bekommt.
Sie waren fressgierig wie zuvor. – Sie waren fressgierig, wie sie es auch zuvor waren.
Beachte: Bloße Vergleiche mit den Wörtern wie und als werden nicht mit einem Komma versehen. Nur wenn Vergleiche zu einem Nebensatz erweitert werden, steht ein Komma.
Bilde entsprechende Satzpaare!

97. Nur Regenwürmer

Diktat

Auf dem Schulweg fiel Jonas ein älterer Herr auf, der sich zur Erde bückte, etwas aufhob und in den angrenzenden Garten legte. „Warum heben Sie die Regenwürmer auf?“, fragte Jonas beim Näherkommen. „Sie sind sehr nützlich, und ich kann nicht sehen, dass sie achtlos auf dem Asphalt zertreten werden“, bekam er zur Antwort. Dann begann der alte Herr zu erzählen: „Ein amerikanischer Arzt hatte ein Stück Ödland erworben, auf dem nichts wachsen wollte. Da schüttete er an einer Stelle Laub auf und setzte Regenwürmer hinzu. Bald sah er, dass sie das Laub in schwarze Humuserde verwandelt hatten. Nach einigen wiederholten Versuchen konnte der Arzt Blumen und Gemüse ziehen und Bäume anpflanzen. Aus dem unfruchtbaren Boden war Gartenland geworden. Der Arzt schrieb seine Beobachtungen nieder und veröffentlichte sie. So taten andere es ihm nach und hatten den gleichen Erfolg.“ Nun schaute Jonas nicht mehr verständnislos dem Handeln des alten Herrn zu. (152 Wörter)

Übung

Übung 1
Zeichensetzung bei reinen und erweiterten Nennformsätzen (Infinitivgruppen):

Nennformsätze kann man durch Komma abtrennen, um die Gliederung des Satzes deutlich zu machen oder um Missverständisse auszuschließen: Wir empfehlen, ihm zu folgen./Wir empfehlen ihm, zu folgen.

Der alte Herr begann(,) zu erzählen. – Der alte Herr begann(,) von seinen Erlebnissen zu erzählen. – Der Kranke versuchte(,) zu schlafen. – Der Kranke versuchte(,) trotz seiner Schmerzen zu schlafen.

Begründe die Kommas und unterstreiche die Satzteile, die die Nennformen erweitern! Bilde ähnliche Satzpaare!

Übung

Übung 2
Eigenschaftswörter (Adjektive) mit der Nachsilbe -bar:

unfruchtbar, sonderbar, achtbar, gangbar, überbrückbar, undurchführbar

Bilde aus folgenden Wörtern mithilfe der Nachsilbe -bar *Eigenschaftswörter (Adjektive):*

essen, heizen, Furcht, erkennen, ohne Dank, brennen, brauchen, tragen, ohne Sicht, streiten, fahren, Ehre, lehren, spüren, fühlen, halten, nicht zu genießen

Übung 3

Wortfamilie „Arzt":

Arzt, Kinder-, Fach-, Tier-, Zahn-, Nerven-, Amts-, -helfer, -rechnung, -kittel; Ärztin; Ärzteschaft; Arznei, -mittel

Schreibe die vollständigen Wörter ab!

Übung 4

Wörter mit ph:

Asphalt, Pharao, Strophe, Pharisäer, Prophet, Christoph, Phosphor, Alphabet, Typhus

Schreibe die Wörter ab und beachte: ph wird nicht getrennt!

Übung 5

Zeitwörter (Verben) werden Hauptwörter (Substantive):

beim Näherkommen, vom Laufen, im Springen, das Rechnen, während des Schreibens, ...

Wandle die im Diktat vorkommenden Zeitwörter (Verben) in Hauptwörter (Substantive) um und bilde Sätze!

98. So ein Pech

Ich sitze bereits gemütlich am Abteilfenster des Zuges und schaue auf den Bahnsteig. Nur wenige Leute stehen noch draußen. „Wann soll unser Zug abfahren?", frage ich meinen Vater, der neben mir sitzt und sich gerade eine Zigarre anzünden wollte. „Vorausgesetzt, dass meine Uhr stimmt", sagt er, indem er auf seine Armbanduhr schaut, „in einer Minute!" – „Bitte einsteigen! Der Zug nach Münster ist abfahrbereit!", ruft der Beamte mit der roten Mütze. „Gute Fahrt! Schreib sofort, wenn du angekommen bist!", verabschiedet sich noch schnell eine Frau von einem Mädchen. „Guck mal", tippe ich meinen Vater an, „da will noch jemand mitfahren!" Ein junger Mann mit Koffer und wehendem Mantel drängt mit eiligen Schritten durch die Sperre. Ich spüre, wie der Zug bereits anruckt. „Ob er es noch schafft, Vater?" Nun ist der Mann schon dicht an unserem Wagen. Da klappt plötzlich sein Koffer auf. „Ach, du lieber Himmel!", ruft eine alte Dame entsetzt. Fußballschuhe, Sportkleidung und noch andere Dinge purzeln auf das Bahnsteigpflaster. „So ein Pech! Seine Mannschaft wird diesmal ohne ihn spielen müssen!", meint Vater. (177 Wörter)

Übung 1
Komma nach Empfindungswörtern:

„Ach, du Schreck!“, ruft eine alte Dame entsetzt. – Oh, das ist aber eine Überraschung! – Au, du tust mir weh! – Ah, das schmeckt gut! – O weh, da kommt er schon!

Bilde ähnliche Ausrufesätze mit Empfindungswörtern!

Beachte dabei die Schreibung: O ja! O weh! O nein! – Oh! (Allein stehend mit h)

Übung 2
Wörter mit rr:

Zigarre, knurrig, geknarrt, versperrt, Verwirrung, Zerrung, Gitarre, herrlich, erstarrt, verscharren, irr, Geschirr, Barren, verdorrt, schwirren, Terrasse, Narr, murren, herrschen, Pfarrkirche

Setze in folgende Wörter r oder rr ein:

He____zog, Spe____ling, Spe____e, he____isch, Ba____ikade,

dü____, Ziga____ette, He____berge, he____aus, Te____or,

Behe____schung, veri____t, abgeschwi____t, Wi____tschaft,

He____mann, schä____fen, schnu____en, Ke____ker, Ge____ber,

su____en, Spe____ber, Hi____t

Arbeitshilfe: In 12 Wörter ist *r* einzusetzen.

▶ Lösungsteil Nr. 145

Übung 3
ch – sch:

Pech, mächtig, Specht, fechten, mischen, Büschel, flüchten, Täschchen, Esche, gerecht, Schicht, patschen, manchmal, kreischen, rutschen, verräuchert, Kutsche, frisch, frech, bedächtig, bleich, fleischig, forsch, Storch, teuflisch, Trichter, stürmisch, Furche, Kürschner

Ordne die Wörter nach ihrer Schreibung (sch – ch)!

Setze ch oder sch in folgenden Wörtern ein:

Botti_______, ra_______, Tei_______, heu_______eln,

himmli_______, Krani_______, schli_______t, Gebü_______,

Fi_______te, Gedi_______t, Ta_______e, fle_______ten, _______ef,

Du_______raum, Mu_______el, seeli_______, dre_______en,

Dor_______, Dol_______, He_______t, Pfirsi_______, fal_______,

getäu_______t, viellei_______t, bere_______nen,

mar_______ieren, leu_______ten, Pfli_______t, fur_______tlos,

Sauerkir_______e, Pfarrkir_______e

Arbeitshilfe: In 13 Wörter ist *sch* einzusetzen.
► Lösungsteil Nr. 146

Übung 4
mal – Mal – Male:

Wird „mal“ als Adverb (Umstandswort der Zeit) gebraucht, schreibt man es zusammen und klein: dreimal, auf einmal, zum letztenmal, ein paarmal, keinmal, mehreremal, manchmal, jedesmal, beim drittenmal, ein andermal, vielmals
Wird „Mal“ als Substantiv (Hauptwort) gebraucht, schreibt man es getrennt und groß: das eine Mal, zum letzten Mal, manches Mal, dieses eine Mal, nächstes Mal, voriges Mal, ein einziges Mal, beim zweiten Mal
(Es schellt schon zum dritten Mal. – Es hat dreimal geschellt.)
Mit Endungen erfolgt immer Großschreibung: ein paar Male, zum ersten Male, mit einem Male, mehrere Male, bei verschiedenen Malen, nach wiederholten Malen
Bilde Sätze mit den vorstehenden oder ähnlichen Wörtern und Verbindungen!

Übung 5
Wörter mit nn:

Mannschaft, bekannt, Erinnerung, Spinnweben, Finnland, Antenne, Branntwein, Verbannung, Zinkwanne, trennen, Brunnen, jedermann, Rinnsal, Tennis, Schneiderinnen, Gesinnung, Erkenntnis, sinnlos, missgönnen, Kinn, angespannt

Bilde davon abgeleitete Wörter!

Setze in folgende Wörter n oder nn ein:

bli____d, Zi____, Gewi____de, Tu____el, gü____stig, Begi____,

Beke____tnis, gara____tieren, Bi____enstaat, Flu____der,

Bra____dstelle, jema____d, gru____dlos, Verba____ung, blo____d,

Kolo____e, Ante____e, bena____t, Ha____elore, Tale____t,

Pfa____d, Verschwe____dung, Ka____te

Arbeitshilfe: Bei 13 Wörtern muss *n* stehen.

► Lösungsteil Nr. 147

99. Reisefieber

Diktat

In sechs Tagen beginnen die Sommerferien. Gleich am ersten Ferientag will Laura zu ihrer Tante reisen, die in Holstein auf einem Bauernhof wohnt. Die letzten Schultage vor dem Ferienbeginn vergehen viel zu langsam. Laura hat schon Reisefieber. „Na", denkt sie, „ich will schon einmal meinen Koffer packen! Das ist eine schöne Beschäftigung!" Alle Sachen, die sie in die Ferien mitnehmen möchte, holt sie aus dem Schrank und legt alles neben den geöffneten, leeren Koffer. Es ist ein hoher Berg von Wäsche, Kleidern, Strümpfen und allerlei nützlichen Dingen. Sorgsam packt sie alles in den Koffer. So voll ist er, dass sie den Deckel kaum noch schließen kann. Mit viel Mühe und großer Anstrengung gelingt es ihr doch. Da fällt ihr plötzlich ein, dass sie morgen in der Schule Sport hat. Aber auch das Sportzeug liegt im Koffer. Nun muss Laura alles wieder auspacken, denn es liegt ganz unten im Koffer. (150 Wörter)

Übung 1
Wörter mit mpf:

Strümpfe, empfehlen, schrumpfen, verdampft, kämpfen, impfen, empfinden, Klampfe, Rumpf, Empfang, Krämpfe, stampfen, sumpfig, auftrumpfen, Baumstumpf

Bilde damit neue Wörter! (Strumpffabrik, Empfehlung, ...)

Übung 2
Schreibweisen des langen i:

Reisefieber, ihr, Ferien, viel, schließen, Fibel, Ventil, Vieh, Igel, Schiene, Maschine, radieren, Glieder, Spalier, Volkslied, Augenlid, Schiefer, widersprechen, Biber, ihnen, Linie, Melodie, Kali, Industrie, wiederholen, Bibel, Tiger, Trieb, Marine, verzieren

Ordne die Wörter nach ihrer Schreibweise (i, ie, ih) und bilde neue Wörter!

Übung 3
Wortfeld „Gepäckstücke":

Koffer, Tasche, Korb, Beutel, Rucksack, Paket, Aktentasche, Mappe, Päckchen, Bündel, Sack, Einkaufsnetz, Tragekorb, Tornister, Seesack, Schultertasche, Kis-te, Kasten, Brotbeutel, Ranzen, Ränzel

Ordne die Wörter alphabetisch!

Übung 4
Päckchen – Paket:

Päckchen, Geburtstags-, Tabak-, Verbands-; Gepäck, -träger, -stück, Hand-, Reise-; Packwagen, -tasche, -papier, -eis, -esel; Packung, Waden-, Schwitz-, Schutz-; packen, an-, auf-, aus-, ein-, ver-, zu-, zusammen-, weg-, be-; Paket, -karte, -post, -wagen, -beförderung, -porto, -annahme, -zustellung, -abfertigung, Weihnachts-, Lebensmittel-, Geburtstags-

Übung 5
e – ä:

Anstrengung, Beschäftigung, Deckel, Krempe, Schärpe, Terpentin, Kerker, März, spärlich, Erklärung, bemerken, ätzen, hämisch, Käfer, Stängel, lärmen, Gämse, behände

Schreibe damit zusammengesetzte oder davon abgeleitete Wörter!
Setze e oder ä in folgende Wörter ein:

Begr____bnis, ____rgerlich, w____rben, W____hrung, S____nfte,

qu____r, tr____ge, gef____hrlich, F____hre, ____ltern, G____rte,

f____rtig, L____rm, h____sslich, Gel____nder, Sch____rben,

Schl____ppe, K____fig, ____gypten, M____xiko, rückw____rts,

l____stig, schw____nzeln, Milit____r, bed____chtig, Kapit____n,

Tr____ne, Sch____mel, m____ckern, Pr____sident, bew____rten

Arbeitshilfe: In 20 Wörtern ist *ä* zu ergänzen.

▶ Lösungsteil Nr. 148

100. Der Fischreiher

Diktat

Eine Jugendgruppe ist unterwegs zu einem der am Niederrhein seltenen Hochwälder. Noch vor der Mittagshitze erreichen die Jungen ihr Wanderziel. Von der Marschverpflegung erfrischt und gestärkt, liegen die Jungen auf den schattigen Moospolstern. Große Wanderkarten sind vor ihnen ausgebreitet. Die Jungen haben den Auftrag, ihren Lagerplatz auf der Karte festzustellen. Anschließend wollen sie im Wald ein Geländespiel durchführen. Darauf freuen sie sich jetzt schon. Plötzlich erregt ein rauer Vogelschrei in unmittelbarer Nähe ihre Aufmerksamkeit. Ein grauer, storchenartiger Vogel steigt soeben von einer Waldlichtung auf und streicht mit mächtigem Flügelschlag und angezogenem Hals über die Erlenbüsche und Haselnusssträucher hinweg. Alle beobachten gespannt seinen Flug, der auf einer alten, hochstämmigen Weißbuche endet. „Einer der seltenen Fischreiher, der dort oben seinen Horst hat", sagt der Gruppenleiter. Schnell laufen die Jungen durch das dichte Unterholz zur Buche. In der obersten Spitze der Baumkrone erkennen sie das Nest des Fischreihers. Längst haben die Jungen das geplante Geländespiel vergessen. (155 Wörter)

Übung 1
Wörter mit ie:
friedlich, Niederrhein, Wanderziel, anschließend, Geländespiel, Betrieb, Flieder, schieben, Kiefer, ...
Setze die Reihe fort!
Fülle die Lücken in folgenden Wörtern durch Einsetzen von ie oder i:

B____ber, Zw____bel, Masch____ne, rad____ren, Kl____ma,

N____te, K____lometer, Vent____l, Kant____ne, verl____ren,

L____ter, Ol____ve, Portug____se, G____bel

Arbeitshilfe: Nur in 6 Wörtern steht *ie*.
► Lösungsteil Nr. 149

Übung 2
Wortfamilie „wandern":
wandern, aus-, ein-, ab-, hinaus-, zu-, fort-, vorüber-, mit-; Wanderweg, -falke, -schuhe, -schaft, -karte, -zirkus, -bursche, -stab, -tag, -lied, -vogel, -bühne; Wandersmann, -leute; Wandern, Schul-, Jugend-; Wanderung, Nacht-, Herbst-, Gebirgs-, Sonntags-, Wanderer, Aus-, Ein-, Berg-

Übung 3
Ableiten der Wörter mit ä:
Hochwälder – Hochwald, gestärkt – stark, Gelände – Land, hochstämmig – Stamm, Nähe – nah, längst – lange, Gedränge – Drang, vielfältig – falten, Rätsel – raten, Stängel – Stange, ...
Setze die Reihe fort!
Präge dir besonders folgende Wörter ein, da sie nicht ableitbar sind:
ätzen, plärren, prägen, Lärchenbaum, Schärpe, Lärm, Geplänkel, März, Schädel, Ähre, Käfig, Säbel, Säge, Ägypten, fähig, vorwärts, träge, Träne, schräg, Käse

Übung 4
Bezeichnungen für Tierwohnungen:
Nest, Horst, Nistkasten, Höhle, Bau, Unterschlupf, Kobel (Eichhörnchen), Erdloch, Stall, Käfig, Hütte, Box (Reitpferd)

Bilde zusammengesetzte Hauptwörter (Substantive): Bau, Kaninchenbau, Fuchs-, Dachs-, Ameisen-, ... Stall; Pferde-, Schweine-, Schaf-, Kuh-, ...

101. Bergschafe

Die Jungen und Mädchen des 6. Schuljahres waren auf ihrer Bergwanderung schon halbwegs am Ziel. Sie wollten zum Gipfel eines schönen Aussichtsberges. Zunächst rasteten sie auf einer ausgedehnten Bergwiese. Einige Kinder packten ihre Butterbrote aus oder holten ihre Limonadenflaschen aus den Rucksäcken. Plötzlich hörten sie das Blöken von Schafen. Sofort sprangen die Kinder auf, denn weit konnten die Tiere nicht entfernt sein. Bald hatten einige Jungen eine Herde Bergschafe entdeckt. Zur großen Freude der Klasse waren ein paar Tiere recht zutraulich und ließen sich anfassen und streicheln. Daniel gab einem Schaf ein Stück von seinem Wurstbrot, das es mit Wohlbehagen verspeiste. Daraufhin lockten auch andere Kinder mit ihren Butterbroten die übrigen Tiere an. Das Füttern bereitete den Kindern so große Freude, dass die Bergschafe bald die gesamte Tagesverpflegung verzehrt hatten. Ein Schaf schnupperte sogar in Daniels Brotbeutel, da es dort noch mehr Leckerbissen vermutete. Erst allmählich wandten sich die Tiere wieder den Weideflächen zu und zogen endgültig weiter. (159 Wörter)

Übung 1

Wörter mit der Vorsilbe ent-:

entfernt, entdecken, Entscheidung, entwickeln, Entschluss, entsichern, entsetzt, entkleiden, Entwurf, enträtseln, entkommen, Entstellung, entstehen, entschwinden, Entbehrung, entgleisen, Entgegnung, Entdecker, entladen, entziffern, ...

Setze vor folgende Zeitwörter (Verben) die Vorsilbe ent-:

reißen, ziehen, weihen, scheiden, täuschen, laufen, gehen, schlafen, sprechen, spannen, weichen, zünden, flammen, fliehen, gleiten, fliegen, fallen, nehmen, werfen, schließen, schlüpfen, wenden, führen

Übung 2

Unterscheiden von end – ent:

a) **Wortfamilie „Ende":** Ende, Lebens-, Monats-, Jahres-, Kriegs-, Spiel-, Zug-, Wurst-; Endpunkt, -silbe, -kampf, -runde, -station,

-lauf, -spiel, -spurt, -zweck, -ung; Unendlichkeit; Beendigung; Zwölfender; endlich; endlos, endgültig; enden, be-, ver-

b) **Mittelwörter (Partizipien) der Gegenwart:** singend, laufend, springend, kämpfend, wissend, ringend, schützend, gestaltend, …

Setze die Reihe fort!

c) **Vorsilbe ent-:** entfernt, entdeckt, entzwei, Entführung, Entscheidung, entreißen, entkommen, unentwegt, unentbehrlich, unterentwickelt, Entstehung, …

d) **-ent- vor der Nachsilbe -lich:** versehentlich, hoffentlich, gelegentlich, öffentlich, wesentlich, eigentlich, wöchentlich, …

e) **-ent am Ende der Fremdwörter:** Student, Advent, Zement, Talent, Dozent, Testament, Regiment, Patent, Dirigent, Patient

Setze in folgende Wörter ent *oder* end *ein:*

nam__________lich, __________schlossen, helf__________,

__________geschwindigkeit, un__________schieden,

fleh__________lich, bet__________, __________stufe,

kämpf__________, schleich__________, __________stehung,

un__________lich, spiel__________, ord__________lich,

__________lassen, __________täuschung, Fußball__________spiel,

umfass__________, __________spannt, Präsid__________

Arbeitshilfe: 10 Wörter werden mit *ent* geschrieben.

▶ Lösungsteil Nr. 150

Übung 3

Wortfamilie „Berg":

Berg, -schafe, -wiese, -kühe, -land, -rücken, -ahorn, -kiefer, -steiger, -wacht, -hang, -wald, -werk, -mann, -kuppe, -rutsch, -kristall, -bau, -arbeiter, Wein-, Tafel-; Gebirge, Ketten-, Rand-, Hoch-, Grenz-, Scheide-, Gebirgsdorf, -schuhe, -zug, -landschaft, -klima; gebirgig

Übung 4

Der x-Laut in seiner Schreibung mit gs:

halbwegs, längst, allerdings, blindlings, rücklings, neuerdings, anfangs, seitlings, rücklings, unterwegs, flugs, meuchlings, rings, jährlings – *aber:* links

Bilde Sätze!

Übung 5

Wortfamilie „sammeln":

sammeln, ver-, an-, auf-, ein-; Sammlung, An-, Ver-, Briefmarken-, Kunst-, Geld-, Münzen-, Straßen-, Bilder-; Sammelstelle, -name; zusammen, -stürzen, -laufen, -stoßen; Zusammenkunft, -hang, -setzung, -bruch

aber: gesamt, insgesamt, samt und sonders, sämtlich, Gesamtheit, -eindruck, -ausgabe

Suche noch andere Wörter mit sammeln *und bilde Sätze!*

102. Schiffsausflüge vor der Nordseeküste

Holger ist von den Ferientagen, die er an der Nordsee verbringt, ganz begeistert. Das günstige Wetter hat er zum Schwimmen bisher voll nutzen können. Vor einigen Tagen hat er an einer geführten Wattwanderung zu einer kleinen Sandinsel teilgenommen. Das war für ihn etwas völlig Neues. Ein besonderes Erlebnis war auch die gestrige Fahrt mit einem Kutter zum Krabbenfang. Gleich an Bord wurden die frisch gefangenen Krabben gekocht und verzehrt. Noch nie haben Holger Krabben so gut geschmeckt. Heute ist er mit einem Ausflugsdampfer auf Fahrt durch die Weite des Wattenmeeres. Möwen folgen erwartungsvoll dem Schiff. Auf nahen Sandbänken räkeln sich Seehunde in der Sonne. Ferne Halligen scheinen auf dem Wasser zu schwimmen. Auf einer von ihnen ist ein mehrstündiger Aufenthalt geplant. Auf die morgige Fahrt zur Felseninsel Helgoland freut sich Holger sehr. Da wird er besonders viele Fotos machen zur Erinnerung an die Nordsee. (148 Wörter)

Übung 1

Schärfung mit bb:

Krabben, schrubben, krabbeln, Sabbat, Ebbe, knabbern

Füge verwandte Wörter hinzu und forme Sätze!

Übung 2

Großschreibung von Adjektiven (Eigenschaftswörtern) nach Mengenangaben:

etwas völlig Neues, wenig Erfreuliches, viel Gutes, nichts Kaltes, manches Wertlose, alles Schöne, …

Ergänze die Beispiele und bilde Sätze!

Übung 3

w oder v, das in Fremdwörtern wie w gesprochen wird:

Möwen, Wattenmeer, Lawine, Witwer – Lava, Reserverad, nervös, Karneval

Setze in die Wortlücken w oder v ein!

Skla____e, Konser____en, Kra____atte, E____igkeit,

e____angelisch, Re____ol____er, ____rack, ____ioline,

Oli____enöl, Lö____en, Uni____ersität, Pro____inz, Kra____all,

Re____olte, ____entilator, Kara____ane, Kur____en, ____inzer,

No____ember

Arbeitshilfe: In 7 Lücken steht *w*.

► Lösungsteil Nr. 151

Übung 4

Substantive (Hauptwörter) mit der Nachsilbe -nis:

Erlebnis – Erzeugnisse, Ereignis – Ereignisse, Hindernis – Hindernisse

Bilde aus folgenden Verben (Zeitwörtern) mit der Nachsilbe -nis Substantive (Hauptwörter) und setze sie ins Plural (Mehrzahl)!

bedrängen, verhalten, verstehen, begraben, bilden, versäumen, faulen, gleichen, zeugen

Übung 5

d oder t im Auslaut:

Nordseeküste, an Bord, stündlich, Dutzend, wund, Schwindsucht, Buntstifte, wertlos, Gurt, Truthahn

Ergänze die folgenden Wörter durch d oder t!

Kamera____schaft, blon____, Spal____, Gestal____, sü____lich,

Brann____wein, Bran____stelle, Berggra____, Zel____planen,

A____las, jeman____, Rückgra____, Längengra____, har____,

Schlun____, Regierungsra____, Dreira____, grun____los,

Blin____heit

Arbeitshilfe: 9 Wörtern werden mit *t* geschrieben.

▶ Lösungsteil Nr. 152

103. Viele hungern

Diktat

Wir können glücklich sein, denn wir haben jeden Tag genug zu essen. Das war nicht immer so. In den ersten Nachkriegsjahren mussten viele Menschen hungern. Viele Städter fuhren auf die Dörfer und hofften, dort ein paar Pfund Kartoffeln oder sonstige Lebensmittel zu bekommen. Manche nahmen Schmucksachen oder andere wertvolle Gegenstände mit, um sie gegen ein Stück Butter oder Speck einzutauschen. Andere mühten sich, auf abgeernteten Feldern noch einige übersehene Kartoffeln herauszuhacken. Überglücklich waren sie, wenn sie abends, nach stundenlanger Arbeit, ein Säckchen mit Kartoffeln heimwärts tragen konnten. In dieser Zeit kam es nie vor, dass jemand auch nur einen Bissen Brot fortgeworfen hätte. Doch zu allen Zeiten gibt es Menschen, die nicht satt werden, da sie längst nicht ausreichend Nahrung erhalten. Besonders in einigen Ländern Afrikas, Asiens und Südamerikas verhungern noch immer Kinder und Erwachsene, denn ihnen fehlt das Notwendigste zum Leben. Nur ein Drittel aller Menschen hat genügend Nahrung. (152 Wörter)

Übung

Übung 1

Zusammengesetzte Eigenschaftswörter (Adjektive):

wertvoll, überglücklich, lauwarm, sehschwach, feuerrot, gehbehindert, alltäglich, stockdürr, hinterlistig, grauhaarig, kurzatmig, wieselflink, mehrstimmig, achtkantig, rotbraun, wanderfroh, eiskalt, dunkelblau, voreilig, merkwürdig, diensteifrig, vielfarbig, über-

ängstlich, blitzschnell, grasgrün, abschließbar, dreieckig, nasskalt, schreibfaul, unterirdisch, einarmig, schwimmfähig, anschmiegsam
Ordne die Eigenschaftswörter (Adjektive) nach der Art ihrer Bestimmungswörter (Hauptwort, Eigenschaftswort, Zeitwort, Zahlwort, Verhältniswort) und versuche, noch andere zusammengesetzte Eigenschaftswörter (Adjektive) zu jeder der fünf Arten zu schreiben!

Übung 2
ch im Anlaut:
China, Charakter, Chor, Christentum, Chronik, Chile, Chrom, Charlotte, Chiemsee, Chef, Choral, Champignon, Christbaum
Ordne die Wörter nach der unterschiedlichen Aussprache des ch (vgl. S. 166)!

Übung 3
Wortfeld „entbehren":
hungern, darben, dürsten, schmachten, Not leiden, Mangel haben, sich sehr einschränken, mittellos sein, in kargen Verhältnissen leben, erdulden, leidtragend sein, besitzlos sein, auf dem Trockenen sitzen, vor dem Nichts stehen, in arger Bedrängnis sein, nichts zu beißen haben
Bilde Sätze!

Übung 4
Wörter mit chs:
Erwachsene, verwechseln, Lachs, Büchse, Sachsen, Achse, drechseln, Luchsaugen, Deichsel, Eidechse, Bienenwachs, Dachs, Weichsel, Fuchsbau, sechs, Flachs, Buchsbaum, Ochse, Gewächs
Bilde neue Wörter! (aufwachsen, Wechselstelle, ...)

Übung 5
Wortfamilie „lang":
lang, -mütig, -sam, -weilig, -jährig, -stielig, -lebig, -atmig, -wierig, -haarig, tage-, stunden-, jahre-, meter-, seiten-, ellen-; entlang, -laufen; Langholz, -streckenlauf, -mut, -schläfer; Langeweile; langen, be-, ver-, an-, er-, zu-; längs, -seits; Längsrichtung, -schnitt, -falte, -achse; längst; längstens; länglich; Länge; Längenmaß, -grad; verlängern; Verlängerung, Spiel-, -slinie

104. Kein Parkplatz

Marcel und sein Vater waren beide begeisterte Fußballfreunde. Regelmäßig gingen sie daher sonntags zu den Spielen der einheimischen Bundesligamannschaft. Da Vater seit einigen Tagen ein neues Auto besaß, bat ihn Marcel diesmal, zum Sportplatz zu fahren. Obwohl sie bisher zu Fuß nur eine knappe Viertelstunde bis zum Fußballstadion benötigten, stiegen sie in den vor dem Haus abgestellten Wagen und fuhren in Richtung Sportplatz. Doch je mehr sie sich dem Stadion näherten, desto dichter standen parkende Fahrzeuge an den Straßenrändern. Das wichtige Fußballspiel hatte schon so viele Menschen angelockt, dass auch der große Parkplatz neben dem Stadion so dicht besetzt war, dass die beiden keine Parklücke für ihren Wagen entdecken konnten. Schnell mussten sie die Suche nach einer Parkmöglichkeit fortsetzen. Endlich fanden sie in einer Nebenstraße ausreichend Platz, aber hier war Parkverbot. Kurz entschlossen fuhren sie rasch heimwärts, stellten den Wagen vor dem Haus ab und gingen wie an den vorigen Sonntagen eilends zu Fuß zum Sportplatz. Aber das Spiel hatte schon begonnen. (164 Wörter)

Übung 1
Wortfeld „schnell":

geschwind, rasch, behände, hurtig, flott, blitzartig, eilends, flink, hastig, fließend, schnellfüßig, pfeilschnell

Übung 2
Zusammengesetzte Zeitwörter (Verben):

abstellen – abgestellt – abzustellen, fortsetzen – fortgesetzt – fortzusetzen, mitnehmen – mitgenommen – mitzunehmen, zusammenbauen – zusammengebaut – zusammenzubauen, wiederbringen – wiedergebracht – wiederzubringen, abfahren – abgefahren – abzufahren, …

Bilde von anderen zusammengesetzten Zeitwörtern (Verben) das Mittelwort der Vergangenheit (Partizip Perfekt) und die Grundform (Infinitiv) mit zu!

Übung 3
Wortgruppen mit Zeitwörtern (Verben)

Verbindungen mit dem Zeitwort sein werden immer getrennt geschrieben: da sein, aus sein, zufrieden sein, vorbei sein …

- Zusammenschreibung von Zusammensetzungen mit einer Verbpartikel als erstem Bestandteil. Ausnahmslose Zusammenschreibung von Partikel und Verb (z. B. abändern, aufeinanderstapeln, zuteilwerden, ...)
- Ist der erste Bestandteil eine Ableitung auf *-ig*, *-isch* oder *-lich,* wird immer getrennt geschrieben: z. B logisch denken

Bilde ähnliche Verbindungen!

- Ist der erste Bestandteil ein Mittelwort (Partizip), ist Getrennt- wie auch Zusammenschreibung bei Verbindungen von Substantiven, Adjektiven, Adverbien oder Pronomen mit adjektivisch gebrauchten Mittelwörtern möglich: z. B. dicht bevölkert/dichtbevölkert

Bilde ähnliche Verbindungen!

- Ist der erste Bestandteil ein Hauptwort (Substantiv), wird immer getrennt geschrieben: Auto fahren, Schlittschuh laufen, ...

Bilde ähnliche Verbindungen!

- Folgende Wörter werden aber *immer* zusammen geschrieben: eislaufen, kopfstehen, leidtun, nottun, standhalten, stattfinden, stattgeben, statthaben, teilhaben, teilnehmen, wundernehmen. In vier Grenzfällen ist sowohl Getrennt- als auch Zusammenschreibung erlaubt: achtgeben/Acht geben (aber nur: sehr achtgeben, allergrößte Acht geben), achthaben/Acht haben, haltmachen/Halt machen, maßhalten/Maß halten
- Ist der erste Bestandteil ein Zeitwort (Verb), wird immer getrennt geschrieben: spazieren gehen, lesen üben, baden gehen, ...

Bilde ähnliche Verbindungen!

Bei Verbindungen mit bleiben und lassen als zweitem Bestandteil ist bei übertragener Bedeutung auch Zusammenschreibung möglich.

- Getrennt- und Zusammenschreibung, wenn ein einfaches Adjektiv eine Eigenschaft als Resultat des Verbalvorgangs bezeichnet: fertig kochen/fertigkochen, kaputt machen/kaputtmachen, ...
  Erhält das Wort aber eine neue Gesamtbedeutung, schreibt man es zusammen: z. B. (jmdn./etwas) fertigmachen

Bilde ähnliche Verbindungen!

Übung 4

ck – k:

Parklücke, entdecken, Flecken, Ecke, Doktor, Politik, Verdeck, Techniker, Rektor, Inspektor, Oktober, getrocknet, Druckknopf, Paket, zwecklos, Traktor, Reck, Elektriker, Hektar, Takt, Stecknadel, Schreck, blank, Rücksicht, zwinkern, Dackel, Balken

Ordne die Wörter nach ihrer Schreibweise! (ck – k)
Beachte: Akkordeon, Akkumulator, Mokka, Makkaroni, Akkord, Marokko!
Setze in folgende Wörter k oder ck ein:

Bara____e, Inse____t, Se____t, Di____icht, Di____tat, Fra____,

Na____en, Kle____s, Ke____s, Kautschu____, Que____silber,

Krü____e, Fabri____, Dire____tor, Beste____, Wra____,

Konta____t, Stri____, Archite____t, ele____trisch, Politi____er

Arbeitshilfe: Bei 10 Wörtern steht *ck*.
▶ Lösungsteil Nr. 153

Übung 5
Umstandswörter (Adverbien) mit der Nachsilbe -wärts:
heimwärts, rückwärts, auswärts, landeinwärts, westwärts, …
Ersetze folgende Ausdrücke durch Umstandswörter (Adverbien) mit der Nachsilbe -wärts: nach oben, nach unten, nach Süden, nach innen, nach vorn, zum Himmel, nach Osten, nach Norden, zur Seite

Übung 6
langes i ohne Dehnungszeichen:
Bundesligamannschaft, Terrine, aktiv, Sabine, Biber, Krokodil, Tiger, Kilometer, Maschine, Fibel, Lawine, Elisabeth, Erwiderung, Gardine, Kaninchen, Primel, Baustil, Apfelsine, Liter, Kamin, Linie
Ordne die Wörter in alphabetischer Reihenfolge!

105. Auf Jagd am Weiher

Philipp und Peter knien am Ufer des Weihers und beobachten aufmerksam die Wasserfläche. Jeder von ihnen hat ein kleines Fischnetz in der Hand. Neben den Jungen stehen zwei wassergefüllte Marmeladengläser. Philipp und Peter wollen nämlich für ihr Aquarium ein paar Wassertiere fangen. Vergeblich haben sie bisher auf Stichlinge gewartet. Vor ihnen huschen nur einige Wasserläufer mit ihren langen, stelzigen Beinen über die Wasseroberfläche. Da kommt dicht am Ufer ein dicker, dunkler Käfer herangerudert. Peter versucht, ihn mit seinem Netz zu fangen. Doch der Käfer ist ein schneller, geschickter Schwimmer und entwischt. Philipp ruft: „Du, das war ein Gelbrandkäfer. Den willst du doch nicht mitnehmen?" „So einen Wasserkäfer habe ich noch nicht in meinem Aquarium", entgegnet Peter. Nun erzählt Philipp, dass Gelbrandkäfer ganz gefährliche Räuber sind, die Kaulquappen, Molche, Frösche und auch kleine Fische fressen. Schließlich findet Peter noch eine Wasserschnecke. So ist die Wasserjagd doch nicht ganz ergebnislos verlaufen. (153 Wörter)

Übung 1

Wortfamilie „jagen":

jagen, ab-, nach-, hinterher-, auf-, ver-, er-; Jäger, -hut, Düsen-; Jägersmann; Jagd, -hund, -schein, -flieger, -horn, Fuchs-, Enten-, Hasen-, Großwild-, Verbrecher-; jagdbar; Jagen (bewirtschaftete Waldfläche)

Übung 2

Wörter mit qu:

Aquarium, Kaulquappe, quetschen, Quark, quer, bequem, Qualle, quietschen, Quitte, Quecke, erquicken, aufquellen, Qual, qualmen, Quaste, Quadrat, quaken, Quader, Quartett, Quarz

Schreibe die Wörter ab!

Übung 3

Das silbentrennende h:

Weiher, Reiher, Höhe, mähen, Mühe, blühen, früh, Stroh, nähen, Ruhe, froh, lohnen, Floh, ziehen, Reihe, leihen, drohen, Truhe, drehen, sehen, glühen, zäh, nah, roh, sprühen, Geweih, Brühe, flehen, verzeihen

Wörter ohne *silbentrennendes* h: Sämann, knien, schreien, schauen, bauen, reuen, Steuern, streuen, hauen, vertrauen, Schauer, flau, Treue

Trenne die mehrsilbigen Wörter!

Übung 4

ch – sch:

Fischnetz, Stichling, Oberfläche, entweichen, Molch, Frösche, Nichte, dicht, Streich, löschen, Löcher, Fächer, Esche, frisch, Richtung, prächtig, flüchtig, Furche, Mischung, Kirschbaum

Ergänze folgende Wörter und ordne sie dann nach ihrer Schreibweise (ch, sch):

gebre_______lich, blei_______, Bü_______er, rei_______,

Mu_______el, dre_______en, Pä_______ter, E_______e,

Dicki_______t, Gebü_______, Dei_______, Dol_______,

räu_______ern, Pfli_______t, täu_______en, gere_______t,

Kir_______blüte, Kir_______turm, Pe_______, Flä_______e

Arbeitshilfe: In 6 Wörtern steht *sch*.

► Lösungsteil Nr. 154

Übung 5

Eigenschaftswörter (Adjektive) mit der Nachsilbe -sam:

aufmerksam, geruhsam, heilsam, mitteilsam, bedeutsam, gemeinsam, einsam, sittsam

Bilde aus folgenden Zeitwörtern (Verben) mithilfe der Nachsilbe -sam Eigenschaftswörter (Adjektive):

kleiden, achten, wachen, schweigen, biegen, sparen, empfinden, gehorchen, folgen, arbeiten, streben, enthalten, fügen

106. Die Dohlen und der Wetterhahn

Nachmittags, wenn ich meine Schulaufgaben erledigt habe, gehe ich gern in unseren Garten. Er liegt nicht weit von unserer Kirche entfernt. Am liebsten sitze ich unter dem alten Kirschbaum und schaue zur Kirche hinauf. Auf der Spitze des mächtigen hohen Turmes dreht sich der eiserne Wetterhahn. Um ihn herum jagen Dohlen in wildem Fluge. Kopf und Schwanzfedern des metallenen Hahnes sind der begehrteste Sitzplatz der krächzenden Gesellen. Kaum hat sich eine Dohle auf dem Kirchturmhahn niedergelassen, so stürzt sich gleich der ganze Dohlenschwarm auf sie, um ihr den höchsten Platz streitig zu machen. Zwar wehrt sie sich tapfer, muss aber doch der Übermacht weichen. Gerade wollen sich drei Vögel gleichzeitig auf dem Hahn niederlassen, da beginnen die Abendglo-cken zu läuten. Erschrocken fliegen die Dohlen auf und umkreisen aufgeregt die Turmspitze. Mit kreischenden, gellenden Schreien entfernen sie sich. Still wird es nun um den Wetterhahn auf seinem hohen Posten. (153 Wörter)

Übung 1

Wörter mit oh:

Dohle, Kohl, Mohn, Ohr, hohl, Ledersohle, Bohrer, Fohlen, Rohr, johlen, Argwohn, Wohlstand, belohnen, Pflegesohn, gestohlen, Drohne, Steinkohlen, Schnittbohnen, bohnern

Von den folgenden Wörtern werden nur 5 mit h geschrieben:

Bet____nung, verchr____mt, unw____l, Pertr____leum, S____lbad,

Fr____ndienst, Komm____de, L____denmantel, pr____ben,

Kr____nleuchter, Spi____n, l____nenswert, abh____len,

Ch____rprobe, Hauptpers____n, Kant____n, B____rturm,

B____rsalbe, Wirsingk____l, versch____nen, alk____h____lisch,

emp____r

► Lösungsteil Nr. 155

Übung 2

igt – icht:

erledigt, dicht, Predigt, Gewicht, Pflicht, beerdigt, Gicht, schlicht, ermöglicht, befehligt, verewigt, verständigt, Berichterstatter, Rücksicht, Habicht, töricht, gereinigt, Dickicht, Kehricht, genehmigt, Verzicht, besänftigt, gesündigt, beschädigt, belichten, beschäftigt

Ordne die Wörter nach der Schreibweise und schreibe die Ausgangsformen der Wörter mit der Endung -igt! (erledigt – erledigen, ...)

Übung 3

Wörter mit der Nachsilbe -ung:

Belustigung, Sammlung, Heizung, Witterung, Beruhigung, ...

Wandle folgende Zeitwörter (Verben) durch Anhängen der Nachsilbe -ung in Hauptwörter (Substantive) um und trenne sie:

lesen, reiben, rechnen, halten, stellen, messen, schätzen, pflanzen, spannen, wittern, spalten, sitzen, zahlen, rüsten, schließen, öffnen, belohnen (Lesung, ...)

Übung 4
Wörter mit eh:
drehen, begehrt, sich wehren, Lehm, Sehnsucht, Verehrung, verkehrt, Fehde, angenehm, Rotkehlchen, verzehren, belehren
Setze in folgende Wörter e oder eh ein:

unvers___rt, Kam___l, Kom___t, Besch___rung, Abw___r,

W___rtg___genstand, Sch___mel, M___ltau, s___nig,

S___ligkeit, Ben___men, bequ___m, Ar___na,

unentb___rlich, Br___zel, Kl___bstoff, S___gelboot,

H___bel, Tromp___te, M___rzahl, Schl___sien, T___l___fon

Arbeitshilfe: 7 Wörter werden mit *eh* geschrieben.
▶ Lösungsteil Nr. 156

Übung 5
Wortfeld „fliegen“:
schweben, kreisen, flattern, trudeln, gleiten, streichen, segeln, rütteln, schwirren, gaukeln, emporsteigen, herunterstoßen, jagen, sich schwingen, wirbeln, ziehen, steigen, sich senken
Suche zu folgenden Wörtern die treffenden Ausdrücke: Mücken, Raubvögel, Schmetterling, Papierfetzen, Blätter, Sperber, Lerche, Bussard, Ballon, Maikäfer, Segelflieger, Staub, Wolken

107. Gewitter

An einem wolkenlosen Sonntagmorgen waren Gerd und Katharina mit ihren Eltern schon frühzeitig unterwegs. Nur Großmutter war diesmal zu Hause geblieben, denn seit einigen Tagen schmerzte ihr wieder das Kniegelenk. „Mir sitzt das Wetter in den Gliedern!“, hatte sie beim Abschiednehmen gesagt. Bei herrlichem Sonnenwetter hatte die Familie ihr Wanderziel erreicht, sich an einem schattigen Gartentisch einer Waldgaststätte niedergelassen und das Mittagessen bestellt. Die beiden Kinder vergnügten sich unterdessen auf einer

Kinderschaukel. Doch plötzlich schoben sich dicke, blaugraue Gewitterwolken hinter Bäumen hervor und bedeckten bald den ganzen Himmel. Gerade brachte die Kellnerin die Suppe, als ein jäher Windstoß einsetzte, Staub aufwirbelte und einige Decken von den Gartentischen riss. Alle Leute flüchteten sich ins Innere der Gaststätte. Gleichzeitig mit dem ersten Donnerschlag setzte starker Regen ein. „Wo ist das Gewitter so schnell hergekommen?“, fragte Gerd. „Von Großmutter! Es hat ihr doch heute morgen schon in den Gliedern gesteckt!“, antwortete die fünfjährige Katharina. (152 Wörter)

Übung 1

mal – Mal – Male:

diesmal, einmal, allemal, manchmal, hundertmal, dutzendmal, unzähligemal; etliche Male, unzählige Male, zum ersten Male, bei den letzten Malen, viele tausend Male, mit einem Male, mehrere Male, einige Male (*e* oder *en* am Ende, dann Großschreibung!)

Bilde Sätze!

Wird „mal“ als Adverb (Umstandswort der Zeit) gebraucht, schreibt man es zusammen und klein: dreimal, auf einmal, zum letztenmal, ein paarmal, keinmal, mehreremal, manchmal, jedesmal, beim drittenmal, ein andermal, vielmals

Wird „Mal“ als Substantiv (Hauptwort) gebraucht, schreibt man es getrennt und groß: das eine Mal, zum letzten Mal, manches Mal, dieses eine Mal, nächstes Mal, voriges Mal, ein einziges Mal, beim zweiten Mal

(Es schellt schon zum dritten Mal. – Es hat dreimal geschellt.)

Mit Endungen erfolgt immer Großschreibung: ein paar Male, zum ersten Male, mit einem Male, mehrere Male, bei verschiedenen Malen, nach wiederholten Malen

Bilde Sätze!

Übung 2

Tagesnamen in Verbindung mit Tageszeiten

a) mit dem Geschlechtswort (Artikel): an einem Samstagmorgen, der Samstagmittag, zum Montagabend, am Dienstagmittag, vor dem Mittwochnachmittag

b) ohne Geschlechtswort (Artikel): Sonntagmorgen, Dienstagmittag, Samstagnacht, Montagvormittag, Mittwochabend, morgen Abend, heute Nacht

Stelle weitere Verbindungen zusammen!

Übung 3

nk am Wortende:

Kniegelenk, Fink, Bank, Schrank, Trunk, Zank, blank, flink, schlank, Rundfunk, Dank, krank, Geschenk, Strunk, Öltank, Gestank, Getränk, Blinklicht, Denkmal, unsinkbar, Senklot

Verlängere die Wörter! (Kniegelenke, Finken, ...)

Übung 4

Zeitwörter (Verben) werden Hauptwörter (Substantive):

beim Abschiednehmen, beim Blitzen, vom Regen, das Donnern, vom Laufen, beim Essen, während des Schaukelns, ...

Führe noch mehr Beispiele an und bilde Sätze!

Übung 5

Stätte – Städte:

Gaststätte, Brandstätte, Grabstätte, Sportstätte, Lehrwerkstätte, Arbeitsstätte, Ruhestätte, Schlafstätte, Feuerstätte, Schulungsstätte, Opferstätte, Schädelstätte, Lagerstätte, Schlachtstätte, Werkstätte, Kampfstätte, Geburtsstätte;

Großstädte, Kreisstädte, Hauptstädte, Industriestädte, Kleinstädte, Landstädte, Handelsstädte, Hafenstädte, Grenzstädte, Universitätsstädte

Ordne die Wörter alphabetisch!

108. Vorbereitungen für das Schulfest

In wenigen Monaten soll das Schulfest stattfinden. Die meisten Klassen haben schon klare Vorstellungen, wie sie einen guten Beitrag zum Programm leisten können. Einige von ihnen haben mit den Vorbereitungen bereits begonnen. Die einen proben Theaterstücke, Volkstänze oder turnerische Darbietungen. Andere tragen allerlei Gegenstände für einen Trödelmarkt oder für Losbuden zusammen. Nur die Mädchen und Jungen aus Manfreds Klasse können sich noch immer nicht für einen bestimmten Beitrag entschließen. Die Jungen wollen ein Fußballspiel gegen die Lehrer oder ein paar lustige Hindernisstaffelläufe veranstalten. Ein großer Teil der Mädchen möchte eine humoristische Modenschau vorführen, die Übrigen von ihnen sind für eine Handarbeitsausstellung. Niemand möchte gern von seinem Plan abrücken. Doch bald müssen sie sich entscheiden, denn die Zeit drängt. (122 Wörter)

Übung 1

Hauptwörter (Substantive) mit der Nachsilbe -nis:

Hindernis, Wagnis, Geständnis, Ersparnis, Erlebnis, Bündnis, Verhältnis, …
Hindernisse, Wagnisse, Geständnisse, Ersparnisse, Erlebnisse, Bündnisse, Verhältnisse, …
Bilde aus folgenden Zeitwörtern (Verben) mithilfe der Nachsilbe -nis Hauptwörter (Substantive) und setze sie in die Mehrzahl (Plural): begraben, verstehen, hindern, fangen, ärgern, ereignen, geschehen, verzeichnen, versäumen

▶ Lösungsteil Nr. 157

Übung 2

Wortfamilie „senden":

senden, ab-, aus-, ent-, über-, nach-, ver-, zurück-, zu-, voraus-; Sender, Ab-, Rundfunk-, Fernseh-; Sendbote, -graf, -ling, -brief; Sendeanlage, -raum, Sendung, Probe-, Reklame-, Rück-, gesandt, aus-, ab-; Gesandter, Ab-; Gesandtschaft; Versand, -abteilung, -geschäft, -kosten; versandfertig, -bereit; versandt, über-, abge-, ent-; Gesinde; Gesindel
Schreibe kurze Sätze mit den Zeitwörtern (Verben) in den Vergangenheitsformen ab! (Er sandte uns fort. – Wir hatten das Paket zugesandt.)

Übung 3

Wörter mit aa:

Waage, Briefwaage, waagerecht, Haar, Haarschopf, behaart, Saat, Saatfeld, gesät, Saal, Pfarrsaal, Sälchen, Staat, Freistaat, verstaatlicht, Aal, Räucheraal, sich aalen, paar, Pärchen, ein paarmal, Aas, Aasgeier
Erweitere die Wortreihen! (Waagschale, Waagebalken, …)
Bilde Sätze mit den Wörtern paar und Paar! (ein paar Volkstänze, eine paar Klassen, … ein Paar Schuhe, ein Paar Strümpfe, …)

Übung 4

Von Ländernamen abgeleitete Eigenschaftswörter (Adjektive):
Sachsen – sächsisch, Italien – italienisch, Schlesien – schlesisch, Portugal – portugiesisch, Russland – russisch, Irland – irisch, …
Bilde zu folgenden Ländernamen die zugehörigen Eigenschaftswörter (Adjektive): Frankreich, England, Dänemark, Ungarn, Thüringen, Afrika, Westfalen, Europa, Spanien, Mexiko, China, Indien

▶ Lösungsteil Nr. 158

109. Alarm auf der Feuerwache

Diktat

Aus dem Kellerfenster eines Wohnhauses dringt dicker, beißender Qualm. Daher hat Herr Petermann vor wenigen Sekunden an der Ecke Schillerstraße die Scheibe eines Feuermelders eingeschlagen und den schwarzen Knopf gedrückt. Damit ist auf der Feuerwache der Alarm ausgelöst worden. Durch eine ganz bestimmte Folge elektrischer Stromstöße wird dort die Nummer des Feuermelders aufgezeichnet. Unterdessen rennen die Feuerwehrmänner zu ihren Fahrzeugen, bei denen bereits die Motoren laufen. Der Fahrer jedes Einsatzwagens erhält rasch eine Karte mit der Lage des Feuermelders und den günstigsten Zufahrtswegen. Kaum dreißig Sekunden sind seit dem Alarm vergangen, und schon sind die Fahrzeuge des Löschzuges unterwegs. Mit Blaulicht und Signalhorn sind sie schnell und ungehindert am Feuermelder Schillerstraße. Dort wartet Herr Petermann und weist die Wagen zur Brandstelle. Es geht alles sehr flink, eben wie bei der Feuerwehr. (135 Wörter)

Übung

Übung 1

äu oder eu:

Feuerwache, Schläuche, schleudern, Umzäunung, Bräutigam, verbeult, Knäuel, Säule, vergeuden, abscheulich, streuen, häufig

Ordne nach Schreibweisen und bilde Wortreihen! (Feuer, feurig, Feuersbrunst, ...)

Ergänze folgende Wörter durch äu oder eu:

Hasenk____le, Kr____ter, vertr____mt, ern____ern,

übersch____men, Bel____chtung, Glockengel____t, L____tnant,

Bed____tung, verstr____t, s____fzen, Bet____bung, Spr____,

Beschl____nigung, Schl____se, F____erwehr, ____ter, m____tern,

____ßerlich, Vergnügungsst____er, erb____ten, gl____big,

Vers____mnis

Arbeitshilfe: 8 Wörter werden mit *äu* geschrieben.

▶ Lösungsteil Nr. 159

Übung 2

Zeitwörter (Verben) mit der Nachsilbe -ieren:
alarmieren, explodieren, gratulieren, frisieren, marschieren, fotografieren, sortieren, probieren, ...
Suche noch andere Wörter mit der Nachsilbe -ieren, die nur schwer durch deutsche Zeitwörter (Verben) ersetzt werden können!

Übung 3

Eigenschaftswörter (Adjektive) mit der Nachsilbe -bar:
sichtbar, brennbar, spürbar, brauchbar, vernehmbar, sonderbar, ehrbar, fühlbar, heizbar, verstellbar, unerreichbar, dankbar, untragbar, gangbar, unsagbar, erkennbar, unvorstellbar, überschaubar, erziehbar, unzählbar, furchtbar, verwendbar, greifbar, verwertbar, drehbar, fahrbar, dehnbar, unbelehrbar, unlesbar, verwundbar, unerfüllbar, achtbar
Setze passende Hauptwörter (Substantive) hinzu! (sichtbare Erfolge, brennbare Stoffe, ...)

Übung 4

Wörter mit rr:
zerren, verzerrt, Sperre, Sperrzeit, verirren, Irrtum, herrlich, Herrschaft, starr, angestarrt, dürr, verdorrt, Pfarrer, Pfarrkirche, verwirrt, Wirrwarr
Bilde Wortpaare von folgenden Wörtern: Herr, Narr, surren, Zigarre, knarren, Geschirr, Barren, scharren, Karre

Übung 5

Als Hauptwörter (Substantive) gebrauchte Mittelwörter (Partizipien):
die Umstehenden, die Überlebenden, der Besiegte, das Gelernte, der Betende, die Geretteten, ein Erschöpfter, viele Anwesende, ein Verwundeter, der Sterbende, das Ungewohnte, der Gesandte, drei Schwerverletzte, das Bedrückende
Ordne die Wörter (Mittelwort der Gegenwart, Mittelwort der Vergangenheit) und bilde Sätze!

110. Der Kreislauf des Wassers

Fast drei Viertel der Oberfläche unseres Planeten sind von Wasser bedeckt. Deshalb erscheint die Erde auf Fotos aus dem Weltall als blauer Planet. Der Atlantische, der Pazifische und der Stille Ozean verfügen über die größten Wassermassen. Ohne Meere und Ozeane gäbe es keinen Wasserdampf, keine Wolken und somit auch keinen Regen. Damit aber gäbe es hier nirgendwo Lebensmöglichkeiten. Unsichtbar steigt Wasserdampf auf, gelangt in kühlere Luftschichten und verdichtet sich zu Wolken. Davon wird ein beträchtlicher Teil vom Wind weit über das Festland getrieben. Dort kühlen sie sich ab und gehen als Regen, Schnee, Hagel oder Nebel nieder. Diese Nässe und Feuchtigkeit füllt das Wasser in den Binnenseen, speist Bäche und Flüsse, lässt Gletscher wachsen und den Grundwasserspiegel steigen. Die Wassermassen, die das Festland vom Meer erhält, strömen schließlich wieder ins Meer zurück, ohne dass etwas von den Flüssigkeitsmengen verloren geht. (144 Wörter)

Übung 1

Adjektive (Eigenschaftswörter) als Teil geografischer Begriffe:

der Atlantische Ozean, der Stille Ozean, die Fränkische Schweiz, die Westfälische Pforte

Von geografischen Namen abgeleitete Wörter auf *-er* (Kölner Dom) schreibt man immer groß, die von geografischen Namen abgeleiteten Adjektive auf *-isch* (kölnisch) schreibt man klein, wenn sie nicht fester Bestandteil eines Namens sind (Beispiel: kölnisches Bier, aber: Kölnisch Wasser).

Setze die folgenden Adjektive zu folgenden Wörtern:

hoch (Berge/Tauern/Venn), sächsisch (Schweiz/Hauptstadt), rot (Meer/Sandstein), chinesisch (Regierung/Mauer), thüringisch (Leberwurst/Wald), deutsch (Außenminister/Bucht), oberrheinisch (Tiefebene/Winzer), indisch (Regierung/Ozean), britisch (Inseln, Fährschiff, Kolumbien)

▶ Lösungsteil Nr. 160

Übung 2

Wörter mit ee:

Moschee, Idee (aber: ideal), Schiffsreeder (aber Redner), entleeren (aber: belehren), Seele (aber: Seligkeit), Meerwasser (aber: mehr Wasser)

Kannst du die falsch verbundenen Wörter richtig zusammensetzen?

Schneebohnen, Heerbepflanzung, Beerenspitze, Teerglas, Speerbaum, Beetsturm, Alleedach, Kaffeerosen, Seesträucher, Meerbonbon, Teeenge

Übung 3

Schärfung durch ss (aber mit vier Fehlern):

Nässe, Flüssigkeit, zuverlässig, Längenmass, Dressur, Gewissheit, aufpassen, Krokuss, bisschen, fesseln, Fesstung, blass, Musskeln, Gässchen

▶ Lösungsteil Nr. 161

Übung 4

Die Nachsilbe -bar:

unsichtbar, sonderbar, unerfüllbar, essbar, …

Bilde mit der Nachsilbe -bar Adjektive (Eigenschaftswörter):

tragen, danken, nicht zu zählen, teilen, erreichen, Frucht, nicht zu sehen, Wunder, drehen, nicht zu lesen

Bilde damit Sätze!

Übung 5

Schreibweisen des langen ü:

kühl, Bühne, berühmt, Kübel, Tribüne, ungemütlich, Flügel, …

Setze in die Lücken ü oder üh ein:

schw____l, Gem____se, r____ren, W____lmaus, ungeb____rlich,

D____nen, Gef____l, zerkr____meln, sp____ren, K____ler,

Geb____r, Geschw____r, Windm____lenfl____gel, eigent____mlich

Arbeitshilfe: In 7 Lücken steht *üh.*

▶ Lösungsteil Nr. 162

111. Der Neue

Mit Beginn des Schuljahres kam ein neuer Junge in die Klasse. Er war mit seinen Eltern von auswärts zugezogen und wohnte nun am Rande der Stadt. Frank Weber hieß er. Still und etwas scheu saß er auf dem hintersten Platz. In dem blassen Gesicht fielen die zahlreichen Sommersprossen besonders auf. Während der Pause lehnte er an der Schulhofsmauer. Seine Klassenkameraden wollten nicht mit ihm spielen. Sie nannten ihn nur „den Neuen". Es war verständlich, dass sich Frank in seiner neuen Umgebung sehr einsam fühlte. Eines

Tages machte die Klasse im Sportunterricht einen Staffellauf. Die Gruppe, zu der Frank gehörte, lag schon ziemlich weit zurück, als er an die Reihe kam. Gegen einen der schnellsten Jungen musste er starten. Frank, der jedoch ein vielseitiger, guter Sportler war, lief hervorragend und übergab den Staffelstab als erster Läufer. Seine Mitschüler waren sprachlos, dass Frank den Vorsprung der anderen Mannschaft aufgeholt hatte. Nun waren sie stolz, dass er zu ihrer Klasse gehörte. (160 Wörter)

Übung 1

Von Zeitwörtern (Verben) abgeleitete Hauptwörter (Substantive), bei denen kein Geschlechtswort (Artikel) steht:

Mit Beginn des Schuljahres, seit Anfang der Woche, bei Abfahrt des Zuges, ...

Wandle folgende Zeitwörter (Verben) in gleicher Weise um und bilde Sätze:

abmarschieren, aufgehen, aufnehmen, übergeben, ankommen, aufgehen, einreisen, durchsehen, vorarbeiten, vorsprechen, auswählen, absagen

(Bei Abmarsch der Gruppe ...; Vor Aufgang der Sonne ...)

Übung 2

Hauptwörtlich gebrauchte Eigenschaftswörter (Adjektive):

der Neue (aber: der neue Schüler), der Blonde (aber: der blonde Junge), ein Helles (aber: ein helles Bier, ...)

Bilde Satzpaare! (Das leuchtende Rot der Geranienblüten ...; Die leuchtend rote Farbe der Geranienblüten ...)

Übung 3

Eigenschaftswörter (Adjektive) mit der Nachsilbe -sam:

einsam, furchtsam, langsam, grausam, gemeinsam, seltsam, gehorsam, wachsam, unbeugsam, mitteilsam, enthaltsam, ...

Bilde aus folgenden Wörtern mithilfe der Nachsilbe -sam *Eigenschaftswörter (Adjektive):* kleiden, sparen, Heil, streben, Mühe, arbeiten, folgen, Bedeutung, schweigen, empfinden, biegen, Gewalt, aufmerken

Übung 4

Anführungszeichen zur Hervorhebung einzelner Wörter oder kurzer Aussprüche:

Sie nannten ihn nur „den Neuen". Das Wort „bitte" spricht ein höflicher Mensch recht oft aus. Die Grundform des Wortes ist mit „zu" erweitert.

Bilde ähnliche Sätze oder schreibe sie aus Büchern heraus!

Übung 5

Das Bindewort (Konjunktion) „dass" und die Zeichensetzung:

Es war verständlich, dass sich Frank sehr einsam fühlte. – Nun waren sie stolz, dass er zu ihrer Klasse gehörte. – Die Mitschüler waren sprachlos, dass Frank den Vorsprung der anderen Mannschaft aufgeholt hatte.

Vervollständige folgende Sätze: Die Kinder wussten, dass ... Frank lief so schnell, dass ... Die Jungen merkten, dass ... Keiner der Läufer glaubte, dass ... Alle hofften, dass ... Die Mannschaftskameraden freuten sich, dass ... Frank hatte erreicht, dass ...

Bilde andere dass-Sätze aus dem Schulleben!

112. Im letzten Augenblick

Die letzte Minute im Fußballspiel der Schulmannschaften von Sandberg und Neuhof war angebrochen. Der Schiedsrichter schaute bereits auf die Uhr. Noch immer stand das Spiel unentschieden, denn keiner Partei war es bisher gelungen, ein Tor zu schießen. Da erhielt plötzlich der Linksaußen der Sandberger, der ganz ungedeckt an der Seitenlinie stand, den Ball zugespielt. In geschickter Weise umspielte er zwei Abwehrspieler der Neuhofer Mannschaft und flankte mit genauer Vorlage für seinen Mittelstürmer den Ball nach innen. Dieser bekam den Ball in günstiger Stellung und mit scharfem, gezieltem Schuss sauste das Leder ins Tor. Vergeblich hatte sich der kleine Tormann der Neuhofer Schule bemüht, den Ball zu fassen. Im letzten Augenblick war das Spiel entschieden. Niemand hatte jetzt noch mit einem Sieg der Sandberger Jungen gerechnet. Da pfiff der Schiedsrichter auch schon und das Spiel war zu Ende. (140 Wörter)

Übung 1

Wörter mit ts und ds:

Schiedsrichter, bereits, jenseits, Geburtsort, vollends, abwärts, rücksichtslos, nirgends, Sportsmann, zusehends, ...

Vervollständige die folgenden Wörter:

Rin____leder, Lo____e, rech____, Ra____herr, rückwär____,

aben____, absei____, Wir____haus, eilen____, Rä____el, nich____,

Abschie____stunde, Am____gericht, Gedul____probe, nach____,

arbei____los, ste____, aussich____los

Arbeitshilfe: In 5 Wörtern steht *ds.*

▶ Lösungsteil Nr. 163

Übung 2
Die Vorsilbe -ent:

entscheiden, entwickeln, entreißen, Entstehung, entrinnen, Entlastung, entgegnen, Entdeckung, entziffern, entgleisen
Setze vor folgende Wörter die Vorsilbe -ent: kommen, Ladung, kleiden, schärfen, Spannung, wenden, Leerung, laufen, Führung, weichen, Täuschung, sinnen, zwei, zünden, lassen, Wurf, stehen, sprechen – *und achte auf die Bedeutung der entstandenen Wörter!*

Übung 3
ck – k:

Augenblick, geschickt, Linksaußen, ungedeckt, flanken, Rucksack, Schlacke, Insekten, Diktat, Lack, Lücke, Plakat, Brücke, Werk, flink, zucken, Paket, Genick, Doktor, Kuckuck, Fabrik, Päckchen, Ekel, Rückkehr, Rektor, Balken, Technik, locker, Oktober, Hektar, Hecke, Deckel, häkeln, Politik, welken, Schaukel, fleckig, Schicksal, Laken, elektrisch, Dickicht, haken, trocknen, Musik, Jäckchen, Dunkelheit
Ordne die Wörter nach ihrer Schreibweise (ck nach kurzem Selbstlaut, k nach vorangehendem Mitlaut, k nach langem Selbstlaut, k in Fremdwörtern)!

Übung 4
Zwischen 2 Hauptsätzen, die durch „und" verbunden sind, braucht kein Komma gesetzt zu werden:

Der Mittelstürmer bekam den Ball in günstiger Stellung und mit scharfem Schuss sauste der Ball ins Tor. – Der Schiedrichter pfiff und

das Spiel war zu Ende. Die Sandberger Jungen hatten gesiegt und ihr Lehrer freute sich mit ihnen.
Ein Komma kann jedoch gesetzt werden, um die Gliederung des Ganzsatzes deutlich zu machen:
Der Mittelstürmer bekam den Ball in günstiger Stellung(,) und mit scharfem Schuss sauste der Ball ins Tor. – Der Schiedrichter pfiff(,) und das Spiel war zu Ende. Die Sandberger Jungen hatten gesiegt(,) und ihr Lehrer freute sich mit ihnen.

Übung 5

Schreibweisen des langen u:
Minute, Uhr, Schule, Schwur, Ruhm, Spule, Huhn, Truhe, Urlaub, Krume, ruhen, Kurort, Ruhr, Nudel, Blut, Stuhl, Puder, Fuhrwerk, Natur, Kuhstall, Kuhle, Wut, Schuhmacher, Flur, Glut, Christentum, Spur, Aufruhr
Ordne die Wörter nach ihrer Schreibweise!

113. Stau auf der Straße

Vanessa darf mit ihren Eltern im neuen Wagen einen Wochenendausflug machen. Sie wollen Tante Elsbeth im Sauerland besuchen. Nun sind sie bereits eine knappe Stunde unterwegs und haben schon viele Kilometer auf der Autobahn zurückgelegt. „Am Samstagnachmittag ist der Verkehr immer besonders stark. Da kommt man nicht so schnell vorwärts", sagt Vater. Vor ihnen fährt ein schwerer Lastzug. Doch Vater ist vorsichtig und überholt nicht. „In gut einer Stunde sind wir am Ziel", meint er. „Tante Elsbeth wird sich freuen, uns wiederzusehen!", sagt Vanessa. „Merkwürdig, es geht ja so langsam", denkt Vater. Der Tachometer pendelt immer mehr zum Nullpunkt. Am vorderen Wagen leuchten die Stopplichter auf. Auch Vanessas Vater muss anhalten. Vor ihnen wartet bereits eine endlose Autoschlange im Stau. „Da vorn ist irgendwo eine Baustelle!", sagt jemand zu Vater. „Hoffentlich stehen wir nicht noch abends hier!", denkt Vanessa. (143 Wörter)

Übung 1

p – pp:
knapp, Stopplichter, Sirup, Gerippe, Klaps, Appetit, Teppich, Kaulquappe, schlapp, Attrappe, September, Rezept, üppig, …
Schreibe mehr derartige Wörter und ordne sie nach der Schreibweise ihres p-Lautes!

Setze in die folgenden Wörter p oder pp ein:

Kli____e, Gi____s, Pü____chen, zerlum____t, kla____ern,

verdo____eln, za____eln, Stö____sel, Tru____en, Trom____eter,

Schu____en, Häu____tling, umki____en, abgeschle____t,

Ka____lan, Pa____st, Tre____chen, Pa____deckel, verkrü____elt,

Ku____lung, Lei____zig, stol____ern, Ze____elin, stram____eln,

O____eration, Ko____el, Ra____s

Arbeitshilfe: 12 Wörter werden mit *p* geschrieben.
► Lösungsteil Nr. 164

Übung 2
t als Gleitlaut vor der Nachsilbe -lich:
hoffentlich, eigentlich, wöchentlich, ordentlich, namentlich, versehentlich, wissentlich, erkenntlich, öffentlich, wesentlich, flehentlich
aber: stündlich, empfindlich, morgendlich, abendlich, verständlich, endlich, gründlich, mündlich

Übung 3
Wortfeld „Wege“:
Straße, Weg, Gang, Allee, Gasse, Promenade, Damm, Steig, Stiege, Steg, Serpentine, Pfad, Furt, Pass, Schneise, Passage, Autobahn, Rain
Bilde alle möglichen Wortzusammensetzungen! (Hauptstraße, Prachtstraße, Bundesstraße, ...)

Übung 4
Wörter mit th:
Elsbeth, Theater, Martha, Ruth, Edith, Theodor, Thomas, Thron, Korinthen, Apotheke, Thermosflasche, Leichtathletik, Bibliothek, Lothar, Zither, katholisch, Thüringen, Theke, Therese, Kathedrale, Lothringen, Käthe, Thermometer
Ordne die Wörter nach ihrer Silbenzahl! Bilde Sätze!

Übung 5
Komma nach verkürztem Hauptsatz:
Merkwürdig, es geht ja jetzt so langsam (Es ist merkwürdig, es geht ja jetzt so langsam.) – Schade, dass wir zu spät kamen! (Es war schade, dass wir zu spät kamen.) – Vielleicht, dass wir ihn noch treffen. (Vielleicht ist es möglich, dass wir ihn noch treffen.)
Verkürze folgende Hauptsätze: Es ist schön, dass ... Uns war es unmöglich, ... Es erscheint unglaublich, ... Es war schlecht, dass ... Es ist traurig, dass ...!

114. Nachtjäger Fledermaus

An einem warmen Sommerabend umflattert Melanie auf dem Balkon ein merkwürdiges, schnelles Tier in lautlosem, schaukelndem Zickzackflug. Es ist eine Fledermaus, die wie ihre Artgenossen während des Tages an geschützten Orten schläft. Da hängen sie an den Krallen ihrer Hinterfüße mit dem Kopf nach unten. Am Abend und nachts jagen sie nach Nachtschmetterlingen, Fliegen und sonstigen Insekten. Obwohl sie nur kleine und schwache Augen besitzen, wissen sie ihre Beute auch bei völliger Dunkelheit zu jagen. Sie stoßen nämlich ganz schrille, hohe Töne aus, die wir nicht hören können. Treffen diese Pfeiftöne auf ein fliegendes Insekt oder einen Gegenstand, werden sie wie beim Echo zurückgeworfen. An diesem Widerhall erkennen die Fledermäuse nicht nur ihre Beutetiere, sondern auch Baumzweige, Telefondrähte und andere Hindernisse, sodass sie rechtzeitig ausweichen und niemals anstoßen. „Das sind wahre Flugkünstler, diese Fledermäuse", dachte Melanie. (139 Wörter)

Übung 1
wider – wieder:
Widerhall, erwidern, widerlich, widernatürlich – Wiederwahl, wiedersehen, Wiederholung, wiederkehren
Verbinde folgende Wörter mit wider (gegen) oder wieder (noch einmal, zurück)!
Stand, kommen, Spruch, borstig, holen, finden, Haken, geben, Ruf, beleben, Aufnahme
▶ Lösungsteil Nr. 165

Übung 2

Die Nachsilbe -heit:

Dunkelheit, Rohheit, Frechheit, Schönheit

Wandle diese Adjektive (Eigenschaftswörter) in Substantive (Hauptwörter) um: gewandt, klug, sicher, krank, feige, wild, bescheiden, einig, faul, gesund, frei, schwach, taub, schlau, schnell, rein, grob

Hast du gemerkt, dass zweimal die Nachsilbe -keit benötigt wird?

Übung 3

In Fremdwörtern kein ck:

Insekt, Direktion, Politik, Techniker, Diktat, Fabrik, Doktor, Detektiv, elektrisch, Optik, Tabak, Produkt, Botanik, Inspektion, Viadukt, Oktober, Kritik, Leichtathletik, Mathematik, Panik

Ordne die Wörter alphabetisch!

Übung 4

Schreibweisen des langen ä:

Telefondrähte, nämlich, Träne, gelähmt, zäh, Kapitän, Tätigkeiten, verspäten, Sämann, Ähre, ernähren, Gefährdung, quälen, abgeschält, Mähne, unzählig, Fährte, schädlich, gewählt, Prämie, gähnen, gezähmt

Ordne nach der Schreibweise äh oder ä!

Übung 5

s oder z im Auslaut:

nachts, niemals, ebenfalls, bereits, Hals - Erz, März, konkurrenzlos, ganz, Gewürz

Fülle die Wortlücken durch s oder z!

Pul____, Ter____, Rap____, Schwan____, Han____, vergeben____,

Fel____, abend____, sal____haltig, Klap____, schmer____lich,

Mal____, Glan____, zeitleben____, gän____lich, Gan____, Prin____

Arbeitshilfe: In 8 Wörtern steht *z*.

► Lösungsteil Nr. 166

115. Muntere Pinguine

Freudige Aufmerksamkeit bei Zoobesuchern finden stets die Pinguine. Mit ihrem frackähnlichen Äußeren sehen sie ganz vornehm aus. Als Bewohner der Antarktis verbringen sie zwei Drittel ihres Lebens im Wasser. Sie sind hervorragende Schwimmer, können aber nicht fliegen und kaum laufen. Es sieht lustig aus, wenn sie sich an Land watschelnd und doch in stolzer Haltung fortbewegen. Ihre Flügel sind zu kräftigen Paddeln umfunktioniert. Die so gemütlich wirkende Pinguingestalt streckt sich unter Wasser und wird zum stromlinienförmigen Torpedo. Auf ihrer Jagd nach Krebsen und Fischen erreichen Pinguine beachtliche Geschwindigkeiten und können sich anschließend in hohem Bogen aus dem Wasser aufs Eis katapultieren. Nur während der Mauser im Sommer und zur Brutzeit im Winter begeben sich die Pinguine längere Zeit an Land. Viele Arten müssen kilometerweit zu ihren Brutplätzen marschieren, wo sie sich in großen Kolonien versammeln. Eng aneinandergerückt wärmen sich die Tiere gegenseitig und beschützen ihre Brut. Lange wurden Pinguine gejagt. Heute stehen sie unter Naturschutz. Doch ihre Futtergründe in den Eismeeren sind durch Verschmutzung und Überfischung bedroht.

(170 Wörter)

Übung 1

b oder p:

Krebse, Betrieb, Herbst, Körbchen, …

Pinguine, zerlumpt, Papst, behaupten, Schlips, …

Fülle die Wortlücken mit b oder p:

ster___lich, Gi___s, verder___lich, Re___huhn, hü___sch,

Ra___s, Er___se, betäu___t, Sie___, Hau___tmann,

Gelü___de, Schu___karre, O___dach, Pro___st, O___tiker,

Schwäbische Al___, Re___u___lik, Ze___ter, Ter___entin,

Kla___s, belau___t, gesträu___t, schu___sen

Arbeitshilfe: In 9 Lücken muss *p* eingesetzt werden.

▶ Lösungsteil Nr. 167

Übung 2

Zusammengesetzte Eigenschaftswörter (Adjektive):

Das Bestimmungswort ist ein Hauptwort (Substantiv): schadenfroh, grasgrün, mondhell, sternklar, federleicht, schachmatt, lebenslustig, taufrisch, feuerheiß, zeitnah, mausgrau, wieselflink, wachsweich, kerzengerade

Verbinde die Hauptwörter (Substantive) Butter, Finger, Fuchs, Grund, Kirsch, Kristall, Kugel, Marine, Schrift, Schokolade, Stein, Stock *mit den Eigenschaftswörtern (Adjektiven)* blau, braun, breit, ehrlich, finster, hart, klar, kundig, rot, rund, schlau, weich *und gebrauche sie als Beifügungen (Attribute)!*

Übung 3

dd – tt:

Paddel, Troddeln, Pudding, Widder, Kladde, buddeln – Drittel, Futter, Gewitter, glatt, Matte, flott, schattig, Splitter, Tritt, Schnitt, Attest, Bottich, Ballett

Bilde damit zusammengesetzte oder davon abgeleitete Wörter! (Paddelboot, paddeln, Paddler, ...)

Übung 4

tz oder z:

beschützen, Verschmutzung, Naturschutz, kitzeln, plötzlich, ...
schwarz, harzig, Filz, Medizin, Kreuz, geizig, ...

Ergänze die folgenden Wörter durch tz oder z!

Pel___, schwi___en, gli___ern, Schwei___, Bli___, Ar___t,

Hei___ung, Mär___, wi___ig, Kan___ler, Ta___e, tro___ig,

ri___en, abbei___en, nü___lich, Kau___, Matra___e,

zerpla___t, schni___en, Klo___, schmer___lich, zerkra___t

Arbeitshilfe: In 9 Wörter muss *z* eingesetzt werden.

▶ Lösungsteil Nr. 168

Übung 5
ie am Wortende:

Kolonie, Batterie, Drogerie, Industrie, Fotografie, Garantie, Energie, Biologie, Lotterie, Partie – aber: Gummi, Kali, Potpourri

Ordne die Wörter alphabetisch!

116. Schüler gegen Lehrer

Den Abschluss unseres Schulsportfestes bildete das Fußballspiel Schüler gegen Lehrer. Das war spannend, aber auch recht lustig. Am Anfang hatten die Lehrer gute Chancen zu gewinnen. Sie hatten nämlich in ihrer Elf unseren Sportlehrer, der sogar früher mehrmals in der deutschen Nationalmannschaft mitgespielt hatte. Fast hätte er ein Tor geschossen, aber der Ball prallte am Torpfosten ab. Mit der Zeit wurden die Schüler immer überlegener. Sie waren auch schneller als die Lehrer, denen spürbar die Puste ausging. Es dauerte nicht lange, da erzielte unser Rechtsaußen mit einem Bombenschuss das erste Tor. Das war ein Jubel. „Schüler vor, noch ein Tor!“, riefen wir als Zuschauer begeistert. Das spornte unsere Kameraden mächtig an. Lehrer Wagner konnte den einschussbereiten Jan nur noch mit beiden Händen festhalten. Peters Vater als Schiedsrichter pfiff sofort und deutete auf den Elfmeterpunkt. Jan schoss den Ball zwar genau auf Mann, aber das Leder rutschte unserem Rektor durch die Beine. Alle lachten und freuten sich. Der brausende Beifall wollte nicht enden, denn wir wussten, dass das Spiel damit entschieden war. Unsere Kameraden hatten verdient gewonnen. Der Rektor gratulierte der siegreichen Mannschaft und sagte: „Ihr seid ja fast schon reif für die Bundesliga!“ (196 Wörter)

Übung 1
m oder mm:

Bombenschuss, Kameraden, Stimmung, schwimmen, humpeln, Versammlung, Lampe, Wimper, wimmern, Schlamm, Grammatik, Kilogramm, krumm, trampeln, Trompete, trommeln, flimmern, stumpf, sommerlich, Bodenkammer, Bahndamm, Damhirsch, Samstag, Kompass, aufkommen, Abstammung, stampfen, dumm

Ordne nach der Schreibweise mm oder m!

Übung 2

seit – seid:

seit gestern, seitdem, seit einer Woche, seither, seit Ostern, seit langer Zeit (alles Zeitangaben)
ihr seid – ihr seid zu spät gekommen. – Seid ihr nicht schon müde? (2. Person Plural des Zeitwortes „sein")
Bilde selbst Sätze zur Gegenüberstellung der beiden klanggleichen Wörter!

Übung 3

Wörter mit ff:

Pfiff, Kaffee, klaffen, Riff, Koffer, Treffer, Griff, geschliffen, Pfeffer, schnüffeln, Äffchen, verpuffen, Offizier, gestaffelt, öffentlich, Kartoffeln, aufraffen, Hoffnung, Schöffe, begaffen, Silberlöffel, straff
Bilde weitere Wörter!

Übung 4

l oder ll:

Angestellter, still, Kapitel, Tunnel, einhüllen, Hülse, polieren, Walfang, Schellfisch, Parallele, Gefälligkeit, Almosen, Walnüsse, Porzellan, Wallfahrer, Karussell, Holstein, Militär, Millimeter, Hotel, Modell, Kapelle, Nachtigall, Kolonie, Falltür, Falter, Schwelle, Spalte, gewaltig, quellen, Altar, allmächtig, gewellt, Sultan, Schalter, Pupille, Geröll, Helmut, abbestellt, Zwillinge, Gesellschaft, angeschnallt
Ergänze folgende Wörter durch Einfügen von l oder ll und ordne sie dann nach ihrer Schreibweise (l – ll)!

Gefä____e, Ze____t, Ze____stoff, Mu____binde, para____el,

Porze____an, Geschwu____st, Gri____e, anschwe____en,

He____d, Gese____e, verzo____t, Si____ber, gre____, gefä____ig,

Krista____, E____ipse, ungedu____dig, A____uminium,

anha____ten, Vorha____e, geri____t, A____kohol, a____mählich

Arbeitshilfe: 18 Wörter werden mit *ll* geschrieben.

▶ Lösungsteil Nr. 169

117. Daniel und die Raumfahrt

Wieder einmal berichtete das Fernsehen von einem gelungenen Senkrechtstart einer bemannten Raumfähre ins Weltall. Auch Daniel interessiert sich sehr für das Leben der Astronauten im schwerelosen Zustand in der engen Raumkapsel. Am liebsten würde er auch einmal als Raumfahrer durchs Weltall fliegen und von hoch oben aus dem Fenster der Fähre die Erde betrachten. Daniel stellt es sich sehr lustig vor, so ein Abenteuer im Schwebezustand Tag und Nacht zu erleben. Doch er weiß, dass für die Astronauten ein anstrengendes Vorbereitungstraining von mehreren Monaten nötig ist, um für das Leben in der Raumkapsel mit den vielen Entbehrungen gewappnet zu sein. In Berichten hat er gelesen, dass die Nahrungsaufnahme nach einem genauen Diätplan erfolgt, dass auch die Körperpflege ohne Wasser auskommen, sich nur auf den Gebrauch von feuchten Handtüchern beschränken muss. Außerdem ist jeder Tag ausgefüllt mit wissenschaftlichen Versuchen und genauen Beobachtungsaufgaben, die später im Labor ausgewertet werden sollen. Das alles sind erhebliche Anstrengungen, die nur ein völlig gesunder Mensch leisten kann. An all das denkt Daniel und bleibt doch lieber erdverbunden. (175 Wörter)

Übung 1
Wörter mit ai:

Vorbereitungstraining, Brotlaib, Hai, Kaimauer, …

Bilde zusammengesetzte Substantive (Hauptwörter) aus: Trainer, Saite, Mai, Kaiser, Waise, Main, Laien, Mais, Saison, Laich, Rain, Hai, Hain mit Haus, Monat, Spiel, Fußball, Violine, Buche, Fisch, Frosch, Mehl, Feld, Ferien, Ufer, Reich

Außerdem kannst du noch davon abgeleitete und andere Zusammensetzungen bilden!

Übung 2
pfl oder fl:

Körperpflege – flegelhaft, Pflug – Flugzeug, Pflock – Flocke

Setze die Anfangsbuchstaben ein!

_______licht, _______lanke, _______lücken, _______liederstrauch,

_______laumenbaum, _______lanzen, _______limmern,

_______liegenfänger, _______lorettfechter, _______lastersteine,

_______legevater, _______litzen, _______lüchten, _______lotte,

_______löten, _______lichtübungen, _______link, _______lügel,

_______lüchtlinge, _______liesenleger, _______leckig

Arbeitshilfe: In 7 Lücken steht *pf*.

▶ Lösungsteil Nr. 170

Übung 3

Schärfung mit pp: (mit fünf Schreibfehlern)

gewappnet, doppelt, Gerippe, kloppen, schlapp, Schuppen, klappen, zappelig, Tappete, Fotoapparat, Gruppenbild, Schrupper, stoppelig, Pappel, schnuppern, abschleppen, Klippe, Schupplade, wippen, Kappitel, appetitlich, Teppich

Hast du die Fehler alle gefunden?

▶ Lösungsteil Nr. 171

Übung 4

Wortfamilie „fahren“:

Suche möglichst viele Familienmitglieder zusammen!

fahren, … Fahrt, … Fähre, … Fuhre, … Furt, … Gefahr, … Fahrer, … Gefährte, …

Übung 5

Fremdwörter mit der Endung -or:

Labor, Direktor, Traktor, Meteor, Kontor, Humor, Korridor, Tenor, Major

Verwende diese Wörter in Sätzen!

118. So fährt kein Auto

Seit einigen Tagen besaß Kevin einen noch gut erhaltenen Gebrauchtwagen. Peter, sein elfjähriger Bruder, war mächtig stolz auf diese Neuerwerbung und er begleitete Kevin gern bei seinen ersten Autofahrten. Als sie eines Nachmittags durch eine Ortschaft fuhren, setzte plötzlich der Motor aus. Vergeblich drehte Kevin am Zündschlüssel und trat auf das Gaspedal. Der Motor blieb still. Maßlos enttäuscht stiegen die Jungen aus, öffneten die Motorhaube, hantierten am Keilriemen und überprüften die Zündkerzen. „Na, klappt es nicht?", fragte teilnahmsvoll ein Mann, der seinen Lieferwagen angehalten hatte. Hilfsbereit versuchte der Fremde, den Motor in Gang zu bringen, aber vergeblich. Schließlich sagte er: „Ich schleppe euch den Wagen bis zur nächsten Werkstatt ab." Bald war ein Autoschlosser damit beschäftigt, fachmännisch den Motor zu untersuchen. Doch er fand die Fehlerquelle nicht. Plötzlich rief Peter: „Ist überhaupt Benzin im Tank?" Alle mussten schallend lachen, denn der Tank war vollkommen leer. (149 Wörter)

Übung 1

Zusammensetzungen mit „los" und „voll":

maßvoll, treulos, fehlerlos, bedeutungslos, mühelos – teilnahmsvoll, friedvoll, rücksichtsvoll, leidvoll, geschmackvoll

Ersetze die folgenden Ausdrücke durch Eigenschaftswörter (Adjektive) mit -los und -voll: mit viel Schwung und Kraft, ohne Furcht, mit viel Mühe, ohne Neid, voller Freude, viel Angst, ohne Arbeit, ohne Ruhe, mit viel Sinn, ohne Salz, voller Vertrauen, ohne Wolken, mit viel Sorgen

Übung 2

e oder ä:

Neuerwerbung, vollständig, Werkstatt, mächtig, vergeblich, elfjährig, fertig, lärmen, Beschäftigung, lächerlich, Ferse, bemerken, Türschelle, prächtig, Pech, Pächter, wertvoll, erwerben, erwärmen, nebensächlich, Holzwände, Verwendung, Beschädigung, Scheckbuch, Gedränge, eng, ängstlich, dickfellig, schwerfällig, Fläche, flechten, jämmerlich, jetzt, schwächlich, Schwert, Trinkbecher, Gebirgsbäche, Hecht, verdächtigen, erschrecken

Ordne die Wörter nach ihrer Schreibweise (e oder ä) und füge bei den Wörtern auf ä die mit a geschriebenen Ursprungswörter hinzu!

Übung 3
Langes e ohne Dehnungszeichen:
Gebet, jemand, vergebens, General, Bescherung, stets, Seligkeit, Kamel, Dromedar, Hebel, wedeln, verekeln, wenig, demütig, Telefon, Schemel, Leber, Elend, Gewebe, Schlegel, Erhebung, Rakete, Emil, Makrele, edel, Hefeteig, schwelen, Vertreter, bequem, quer, Segel, Tapete, Schere, Nebel, schweben
Ordne nach Wortarten!

Übung 4
Groß- und Kleinschreibung von Tageszeiten:
eines Nachmittags, am Abend, eines Abends, gegen Abend, des Abends, Abend für Abend, jeden Abend, zum Abend, zu Abend essen, es wird Abend, am Sonntagabend, vor Montagabend; abends, heute Abend, Samstagabend, sonntagabends, abends spät, spätabends, von morgens bis abends, von gestern Abend bis heute früh/Früh, seit vorgestern Abend, sonntags abends
Beachte: Tageszeiten werden großgeschrieben, wenn sie als Hauptwörter (Substantive) gebraucht werden. Meist steht dann ein Geschlechtswort, Verhältniswort, Zahlwort oder Fürwort (Artikel, Präposition, Numerale oder Pronomen) davor.
Bilde von diesen Zeitangaben kleine Sätze!
Schreibe ähnliche Verbindungen mit anderen Tageszeiten!

119. Die erste Mondlandung

Früher war die Geschichte vom Mann im Mond nur ein Kindermärchen und niemand glaubte, dass je ein Mensch dorthin gelangen könnte. Alle Himmelskörper waren für uns unerreichbar. Es war wie ein technisches Wunder, dass am 21. Juli 1969 zwei amerikanische Astronauten vom Raumschiff Apollo 11 mit einer Spezialfähre auf dem Mond landeten und dass unzählige Menschen auf den Fernsehgeräten bei diesem Ereignis zusehen konnten. Der Kommandant dieses ersten Landeunternehmens im Weltraum sprach einen bedeutungsvollen Satz, als er die Mondoberfläche zögernd und vorsichtig betrat: „Das ist ein kleiner Schritt für einen Menschen, aber ein großer Schritt für die Menschheit." Schwierige und umfangreiche Berechnungen der Mathematiker haben dieses Weltraumunternehmen vorbereitet. Konstrukteure mussten zuerst Raketen bauen und erproben, bevor man ernsthaft an Raumfahrt denken konnte. Mit unbemannten Satelliten wurden die bemannten Weltraumfahrten vorbereitet. Russen und Amerikaner schickten viele Raketen ins Weltall, bis die erste Mondlandung glückte. (146 Wörter)

Übung 1
Wörter mit ah:

Raumfahrt, Sonnenstrahlen, kahl, Gemahl, fahrbar, Zahnrad, Tragbahre, Dahlien, wahrheitsliebend, einrahmen, Mahnung, prahlen, Landtagswahl, aufbewahren, Pfahl, Gefahr, Nahrung, …

Prüfe, welche der folgenden Wörter mit ah geschrieben werden!

K____r____w____ne, W____nsinn, Tr____n, T____l____r,

Ann____me, Ortsn____me, S____men, F____nenmast,

K____n____l, Apfelsch____le, erreichb____r, Blauw____l,

Ork____n, St____lwerk, auskr____men, Vorr____tslager,

verl____den, Anz____l, Str____ft____t, z____m, Sp____ten,

w____ten, Schl____gs____ne, ____nung, ____frik____ner,

K____rnev____l, Schleppk____n, Kr____nich, Pok____l,

Truth____n, Spin____t, Qu____l, n____rhaft, F____den, N____t,

Schw____n, Holzsp____n

Arbeitshilfe: Nur in 12 Lücken muss *ah* eingesetzt werden.

▶ Lösungsteil Nr. 172

Übung 2

Zeitwörter (Verben) mit „zu“:

zusehen, zureden, zugeben, zusagen, zuhalten, zunähen, zusperren, zuwinken, ...

Achte auf die Betonung und unterscheide diese Wörter von den durch zu erweiterten Nennformen (Infinitive): zu lächeln, zu reden, zu geben, zu sagen, zu halten, zu nähren, zu sperren, zu winken, ...

Bilde Satzpaare! (Wir freuen uns über das Kind, das uns freundlich zulächelt. – Er versuchte zu lächeln.)

Übung 3

Schreibweisen des langen ä:

Kindermärchen, Spezialfähre, unzählig, Fernsehgeräte, ernähren, Mähne, beschädigen, Träne, gefährlich, Hähnchen, verspäten, strähnig, betätigen, Drähte, absägen, Kapitän, abschälen, quälen, Ähre, säen

Ordne nach der Schreibweise des ä-Lautes (ä – äh) und füge abgeleitete Wörter hinzu!

Übung 4

Zusammensetzungen mit „reich“:

umfangreich, regenreich, siegreich

Bilde aus den folgenden Wörtern zusammengesetzte Eigenschaftswörter (Adjektive) und setze sie vor passende Hauptwörter (Substantive):

reich an Erfahrungen, an Fischen, an Wasser, an Kindern, an Verlusten, an Arbeit, an Verkehr, an Geist, an Ruhm, an Erfolgen (eine umfangreiche Arbeit, ein regenreiches Jahr, ...)

Übung 5

Die Nachsilbe -bar:

unerreichbar, unsichtbar, tragbar, undankbar, haftbar, verwundbar, fühlbar, sonderbar, unauffindbar ...

Häufig kann zusätzlich die Nachsilbe -keit angefügt werden: Unsichtbarkeit, Undankbarkeit, Verwundbarkeit, ...

Schreibe in kürzerer Form: nicht zu besiegen, zum Fürchten, nicht zu belehren, zum Fahren, zu erkennen, nicht zu lesen, zu greifen, nicht zu teilen, zu überbrücken, zum Bewohnen, zu heizen, nicht zu erreichen, zum Drehen, nicht zu zählen, zu dehnen, zum Verstellen, zu überschauen (unbesiegbar, ...)

▶ Lösungsteil Nr. 173

120. Pferdefreundin Steffi

Mehrmals in der Woche kümmert sich Steffi liebevoll um ein Pferd in der Nachbarschaft, mit dem sie auch ausreiten darf. Doch vor dem Reiten putzt sie das Pferd, entfernt Stroh aus Schweif und Mähne. Danach striegelt sie das Fell in kreisenden Strichen zur Massage und Durchblutung des Tieres. Anschließend werden mit einem feuchten Schwamm seine Augen und Nüstern gesäubert. Nach dieser sorgfältigen Pflegearbeit darf Steffi das Pferd satteln. Nun ist es Zeit für einen schönen, aber auch anstrengenden Geländeritt von einer Stunde. Auch nach dem Reiten wird das Pferd gut versorgt. Wenn es im Sommer geschwitzt hat, wird es gründlich abgerubbelt. Als Belohnung für das gutwillige Verhalten bekommt es ein Stück Brot, Äpfel oder Möhren. Dann bringt Steffi das Pferd zurück in die Box, wo es sich zum Zeichen seines Wohlbefindens ausgiebig im Stroh wälzt. Froh verabschiedet sich Steffi und freut sich auf den nächsten Tag, an dem sie wieder wiehernd begrüßt wird. (155 Wörter)

Übung 1

Die Nachsilbe -ig:

sorgfältig, ausgiebig, gutwillig, ölig, freudig, behäbig, mäßig, neblig, ...

Wandle die folgenden Wörter in Eigenschaftswörter (Adjektive) um!

Zorn, Vernunft, Mut, Mehl, Hast, Wolle, gefallen, Heil, Winkel, Ruhe, Wind

Übung 2

Schärfung durch nn:

anspannen, Mannschaft, erinnern, innen, gönnen, unbekannt, Tunnel, spinnen, Kinn, Pfannkuchen, verbrannt, trennen, Beginn, gerinnen, Tonne, Kanne, Tennis

Bilde davon neue Wörter! (Anspannung, Spannung, ...)

Übung 3

d als Auslaut bei Mittelwörtern (Partizipien):

wiehernd, winkend, lachend, arbeitend, schlafend, singend, schwitzend, wartend, frierend, ...

Setze die Reihe fort und verbinde sie mit Hauptwörtern (Substantiven)! (das wiehernde Pferd, ...)

Übung

Übung 4
Der s-Laut:

außerhalb, Kiesweg, rissig, Gras, Amboss, Moos, Essig, essbar, genießen, niesen, Kürbis, Kenntnisse, Atlas, wissbegierig, Verlies, List, Weisheit, Kessel, Gewissen, Reißbrett, Milchreis, Steinfliesen, flüssig, Fließband, Verdruss, Schmaus, Spieß, Gasse

Setze in die Lücken ss, s oder ß ein und ordne sie dann nach ss, s oder ß!

Geno____enschaft, Genu____, Gerü____t, Rü____el, Ga____,

Gä____chen, Flei____, Glei____, flie____en, Grie____gram,

Grie____brei, bi____chen, Bi____en, Kürbi____, Flo____en,

Bla____musik, bla____, Ma____, ma____enweise, zerri____en,

La____ttier, verla____en, ha____tig, Ha____, Rei____felder,

Rei____zwecke, zuverlä____ig, anlä____lich, Abschiedsgru____,

fe____eln, Fe____tung, fa____t, gefa____t, Me____e, mä____ten,

Fa____an, Bierfa____, Dornrö____chen, Rö____elsprung,

vege____lich, vorge____tern

Arbeitshilfe: 20 Wörter werden mit *ss*, 15 mit *s* und 6 mit *ß* geschrieben.

▶ Lösungsteil Nr. 174

Übung

Übung 5
Schreibweisen des langen a:

Aal, kahl, schmal, Kanal, Pfahl, Merkmal, … Hahn, Pelikan, Kahn, Kran, Bahn, Zahn, Fasan, … Paar, Jahr, Altar, Haar, Schar, wahr, Zar, … Saat, Draht, Staat, Pirat, Automat, Quadrat, …

Setze die Reimreihen fort!

121. Elektronischer Briefverkehr

Während der Sommerferien hat Luca einen griechischen Jungen auf der Insel Kreta kennen gelernt, mit dem er sich angefreundet hat. Nun möchte er seinem Freund Alexandros einen Gruß mit einigen Ferienfotos schicken. Dazu darf Luca den Computer benutzen, den Vater vor Monaten angeschafft hat, denn das Gerät ist ihm schon vertraut. Rasch hat er einen kurzen Brieftext getippt. Ein Druck auf eine der Tasten und die Mitteilung rast mit den angehängten Bildern im elektronischen Briefverkehr über Telefonleitungen, Satellit und Unterwasserkabel zu Alexandros. Der freut sich sehr über Lucas Sendung und wird sie gleich beantworten. Schon wenige Minuten später kann Luca auf seinem Bildschirm die Antwort ablesen.
Ein Hin- und Herschicken von Texten und Bildern auf so schnelle Weise ist längst Computeralltag. Es gibt bereits weltumspannende Netze aus solchen Leitungsstrecken mit Millionen von Computern. Sie verbinden die Rechner von Banken, Firmen, Reisebüros oder staatlichen Stellen miteinander in allen Teilen der Erde. (153 Wörter)

Übung 1

Der Ergänzungsstrich:
ein Hin- und Herschicken / Eisenbahn-, Straßen-, Luft- und Schiffsverkehr / ein- und ausladen / Schulhefte, -mappen und -bücher / Straßenführungen oder -unterführungen
Schreibe ähnliche Begriffe mit Ergänzungsstrichen!

Übung 2

Zusammensetzungen mit Partizipien und Wortgruppen mit Partizipien (Mittelwörter) – Der erste Bestandteil ist ein Substantiv (Hauptwort):
weltumspannend, schuldbewusst, wutschnaubend, herzbeklemmend, schweißtreibend, staubbedeckt, wärmespendend, lichtbrechend, rauchgeschwärzt, ruhestörend, kampfbewährt, Zeit sparend, sturmerprobt, Gewinn bringend, herzerquickend, freudestrahlend, schneebedeckt, windgeschützt, lustbetont, modebewusst
Zusammensetzungen mit einem Substantiv (Hauptwort) als erstem Bestandteil sind oft Verkürzungen von Wortgruppen. Wenn dabei ein Artikel (Geschlechtswort) oder eine Präposition (Verhältniswort) eingespart wird, schreibt man Substantiv und Partizip (Mittelwort) zusammen; Beispiel: weltumspannend = umspannt die Welt. Wenn

es sich hier um keine Verkürzung handelt, kann man das Substantiv auch groß und vom Partizip getrennt schreiben; Beispiel: Gewinn bringend = bringt Gewinn.
Setze passende Substantive hinzu! (weltumspannende Verbindung)

Übung 3
Zusammensetzungen mit „einander“:

miteinander, beieinander, hintereinander, nebeneinander, auseinander
Schaffe noch andere Verbindungen mit Verhältniswörtern!

> **Merkregel:**
> Man schreibt „einander“ mit dem folgenden Verb in der Regel zusammen, wenn es den gemeinsamen Hauptakzent trägt: aneinanderfügen, aneinandergrenzen, aneinandergeraten, aneinanderlegen,...
> Aber: aneinander denken, sich aneinander freuen, ...

Übung 4
Wörter mit x:

Alexander, Textilien, Luxus, boxen, Examen, Taxi, Kruzifix, Axt, feixen, verhext, explodiert, Arztpraxis, Xylofon/Xylophon, Fixstern, kraxeln, Felix, Lexikon, Saxofon/Saxophon, Exil, Extrakt
Bilde damit kurze Sätze!

122. Weihnachtsbäckerei

Viel Arbeit hat die Mutter, um alle Vorbereitungen für das Weihnachtsfest durchzuführen. Gern helfen ihr die Kinder dabei. Ganz besonders freuen sie sich, wenn sie bei der Weihnachtsbäckerei kleine Handgriffe verrichten dürfen. Mutter hat in der Küche den Kuchenteig dünn ausgerollt, sodass er jetzt fast die ganze Tischplatte bedeckt. Gerda darf mit verschiedenen Förmchen die Plätzchen aus dem Teig ausstechen. Das macht sie sehr sorfältig. Sie legt die fertigen Teigfiguren vorsichtig auf die eingefetteten Backbleche. Viele Herzen, Sterne, Monde und Männchen liegen bereits nebeneinander. Inzwischen formt Hans aus langen Teigschnüren schöne Brezeln. Aus dem Ofen duftet der Christstollen, den die Mutter mit Rosinen, Mandeln und Nüssen zubereitet hat. Wenn er schön gleichmäßig braun und knusprig gebacken ist, werden die Bleche mit Plätzchen und Brezeln in den Ofen hineingeschoben. Wie wird das zum Weihnachtsfest schmecken! (136 Wörter)

Übung 1
Wortreihe „Weihnachten“:

Weihnachtsfest, -feiertage, -bäckerei, -vorbereitungen, -feier, -überraschung, -geschenke, -baum, -stimmung, -kerzen, -krippe, -freude, -frieden, -botschaft, -schmuck, -arbeit, -dekoration, -gans, -braten, -oratorium, -messe, -engel, -stern, -lied, -zeit, -bescherung, -abend, -spiel, -glocken, -einkauf; Kriegsweihnachten; es weihnachtet; weihnachtlich, vor-

Übung 2
Wortreihe „Christ“:

Christ, -fest, -nacht, -stollen, -rose, -baum, -kind, -opherus, -ian, -ine; christlich, un-; Christus, -bild, -statue; Christen, -verfolgung, -lehre, -glaube, -tum, -heit; christianisieren

Übung 3
Hauptwörter (Substantive) mit der Nachsilbe -ine:

Rosine, Apfelsine, Gardine, Mandarine, Vitrine, Lupine, Lawine, Ruine, Sardine, Mandoline, Sabine, Maschine, Violine, Trichine, Kabine, Margarine, Kantine, Gelatine, Christine, Marine, Wilhelmine, Terrine
Bilde zusammengesetzte Hauptwörter (Substantive)!

Übung 4
k oder ck:

Bäckerei, bedeckt, schmecken, Rektor, Baracke, Technik, fleckig, Insekten, Werkzeug, lockern, Fabrik, Kuckuck, Traktor, …
Schreibe noch mehr Wörter und ordne sie nach der Art ihres k-Lautes!
Setze k oder ck in die Lücken folgender Wörter ein:

He___tar, Blo___, erschre___t, Fri___adelle, Scho___olade,

zwin___ern, Ta___t, na___t, Sche___buch, Scho___,

vertro___net, la___ieren, Wra___, Zin___, bedrü___end,

Do___tor, ele___trisch, di___tieren, verschlu___t, Schi___sal,

Taba___, Se___t, zwe___los

Arbeitshilfe: In 12 Lücken muss *ck* eingesetzt werden.
▶ Lösungsteil Nr. 175

6. Tabellen der Rechtschreib- und Grammatikschwierigkeiten

6.1 Tabelle der Rechtschreibschwierigkeiten 5. Schuljahr

b. Mitlaute **Seite**

Schärfung mit

c. Wortbildung

Seite

Die Vorsilbe

Die Nachsilbe

d. Gegenüberstellungen — Seite

e. Wortfamilien und Wortreihen — Seite

f. Wortfelder — Seite

g. Zeichensetzung **Seite**

6.2 Tabelle der Rechtschreibschwierigkeiten 6. Schuljahr

a. Vokale (Selbstlaute) **Seite**

Schreibweisen des langen

b. Konsonanten (Mitlaute) **Seite**

c. Wortbildung — Seite

d. Groß- und Kleinschreibungen **Seite**

e. Gegenüberstellungen — Seite

f. Wortfamilien — Seite

g. Zeichensetzung — Seite

6.3 Tabelle der Rechtschreibschwierigkeiten 7. Schuljahr

a. Vokale (Selbstlaute)	Seite
Schreibweisen des langen	
- a	189, 194, 237, 257, 260
- ä	202, 203, 205, 248, 258
- e	199, 210, 234, 240, 256
- i	219, 221, 251
- o	204, 210, 233
- ö	205, 206
- u	198, 245
- ü	198, 241
ä oder e	219, 255
äu oder eu	193, 238
ai oder ei	253

b. Konsonanten (Mitlaute)	Seite
b oder p	211, 249
Fremdwörter mit c	191, 201
Fremdwörter mit ch	227
d oder t	189, 194, 225
ds oder ts	243
g oder k	207
ng oder nk	236
k oder ck	229, 244, 248, 263
p oder pp	245
s, ss oder ß	186, 205, 260
s oder z	248
ss oder ß	186
sch oder ch	216, 231
st, sst oder ßt	206
tz oder z	187, 250
v	209
v oder w	225
Der s-Laut	186, 205, 260
Der x-Laut	197, 224, 262

e. Groß- und Kleinschreibungen Seite

f. Gegenüberstellungen Seite

g. Wortfamilien und Wortreihen Seite

h. Wortfelder **Seite**

7. Verzeichnis der Diktattexte

7.1 Diktate und Übungen für das 5. Schuljahr

7.2 Diktate und Übungen für das 6. Schuljahr

7.3 Diktate und Übungen für das 7. Schuljahr

8. Lösungen

Lösung 1

Hobelspäne, Träne, erwähnen, Mähmaschine, schämen, Kanäle, Fuchsfährte, während, Nähseide, Ähnlichkeit, Verspätung, quälen, gezähmt, zehnjährig, Märchen, Erklärung, Verräter, abschälen, dämlich, Eisenpfähle, nämlich

Lösung 2

schnappen, Treppengeländer, Kapsel, Schlips, Trompete, Lippe, Pappe, behaupten, trampeln, Gruppe, umkippen, Wimpern, Schuppen, zappelig, Gips, Kapitän, wippen, Tapete, Musikkapelle, knapp, Papier, Gerippe, Schnaps, hoppeln, Sirup

Lösung 3

Blumenvase, Winzer, Sklave, Krawatte, Seemöwe, Nerven, Walburga, Vulkan, Lawine, Evangelium, Löwe, Ventilator, Witwe, Watte, Violinsaite, Krawall, Schiffswrack, Olivenöl, Lava

Lösung 4

Gummiball, Fliege, Bibel, Zwieback, Miete, Schmierfink, Liter, bedienen, niedrig, Primel, Kaninchen, Apfelsine, Ziegelstein, Eisenbahnschiene, Zwiebel, verriegeln, Lieferwagen, Kilometer, Schiefer, Augenlid, fieberhaft, Kino, Vieh, Igel

Lösung 5

Lehrmädchen, gelehrte Leute, Hauptschullehrer, Schreinerlehre, unbelehrbar, Lehrerschaft, Lehrjunge, Lehrjahr, Lehrsatz – Leergut, ein leerer Teller, ein völlig geleertes Fass, Leerzug, Leerungszeiten

Lösung 6

Gewalt, vielfältig, Million, Kalender, Verwaltung, Quelle, Soldaten, Brille, Zelt, Gebell, abschnallen, Suppenkelle, Metall, Mullbinden, Molkerei, Tollkirsche, wellig, Walnüsse, Schild, schillern, Behälter, Zelle

Lösung 7

Abschied, Schildkröte, windgeschützt, hart, nördlich, Glut, Geduld, breit, leidvoll, Pfund, Hirt, Sportplatz, Mutprobe, Braut, Zeitung,

Verstand, Bindfaden, Sturmflut, Schlüsselbund, Unterschied, Gehalt, Blut, notfalls, Gewand

Lösung 8
schimpfen, Pfau, Zaunpfahl, Saft, Pfirsich, verfehlen, stopfen, Pfannkuchen, Fundament, Rheinpfalz, Filzhut, Pfütze, sanft, Gefängnis, Karpfen, Eisenfeile, feucht, pflücken

Lösung 9
Schrank, Klang, Trank, Zwang, Gesang, schlank, Anfang, Öltank, Abhang, Zank, Dank, bang, Strang, krank, Gartenbank, blank, Ausschank, lang
eng, streng, Gelenk, Geschenk
Fink, Hering, Frühling, flink, Zwilling, Wink, Ring, gering
jung, Trunk, Sprung, Strunk, Schwung, Rundfunk, Änderung, Prunk

Lösung 10
trampeln, Hammer, Trompete, Kameradschaft, Bodenkammer, Bahndamm, Damhirsch, versammeln, Samt, Samstag, Kompass, Kommode, Abstammung, stampfen, wimmern, Wimpel, Rum, dumm, Tummelplatz, Tümpel

Lösung 11
Träne, Trennung, Heft, Häftling, Erkältung, Suppenkelle, Zählung, Zeltplatz, abgegrenzt, bekränzt, verletzt, Lätzchen, Henne, Händler, Schellengeläute, abschälen, Gefälligkeit, schräg, Schreck, absägen, segensreich, pechschwarz, Pächter, Feldlerche, Lärchenzweige, Gestänge, Blütenstängel, quälen, Quelle

Lösung 12
Spule, Urwald, Armbanduhr, Meeresflut, Trubel, Flugzeug, jubeln, Fuhrwerk, Lehnstuhl, Hufeisen, Ruderboot, Ruhrgebiet, Pudel, ruhmvoll, Feldhuhn, Hausflur, Urlaub, Uhrwerk, mutig

Lösung 13
Geselle, Bälle, Flutwelle, Hühnerställe, Baustelle, Schwelle, Kelle, Wasserfälle, Kapelle, Schelle, Forelle – behände, Wände, Spende, Arbeitshände, Lebensende, Gelände, Stände, Verbände, Legende, Blende, Brände

Lösung 14
gefährlich, Vollmond, Schneeflocken, Großvater, fertig, Vergissmeinnicht, Flüssigkeit, Volk, brav, bestrafen, Haarschleife, Vordergrund, Forderung, Nerv, steif, vierzig, Veilchen, feilen, Gustav, Gedichtvers, Verfolgung, vorläufig, Forscher, Rindvieh, Kiefernwäldchen, Fohlen, Singvogel, Frühstück

Lösung 15
günstig, gönnen, Erkenntnis, spindeldürr, Spinnweben, Trennung, Träne, Künstler, können, Dachrinne, Baumrinde, Mannschaft, jemand, manchmal, Kante, bekannt, Kinn, Kino, Holzspan, Spannung

Lösung 16
Werkstätte, Kleinstädte, Lagerstätte, Regierungsstädte, Kreisstädte, Grabstätte, Brandstätte, Hafenstädte, Ruhestätte, Gaststätte, Hauptstädte, Schlafstätte, Feuerstätte, Pflegestätte, Grenzstädte, Industriestädte, Kampfstätte, Sportstätte

Lösung 17
Muskel, gewissenhaft, Weisheit, Belastung, Entlastung, verpassen, riesig, rissig, erfassen, Pflanzenfasern, Sessel, Essig, Maske, Masse, Röschen, Rasse, flüstern, flüssig

Lösung 18
Gefahr, Star, Paar, Jahr, unwahr, klar, Schar, Haar, Saar, gar, rar – Aal, schmal, Strahl, kahl, Zahl, Schal, Stahl, Merkmal, Mittagsmahl, Kanal, Saal, Pfahl, Schicksal, Signal, Tal, Landtagswahl, Qual – Zahn, Schwan, Bahn, Kahn, Orkan, Fasan, Hahn, Kran, Plan, Lebertran, Wahn, Holzspan

Lösung 19
bohren, Krone, abholen, Hohlweg, verbogen, Mohnkuchen, Rotwein, Monat, Patrone, Moos, ohne, Motorboot, Kanone, Verlobung, bewohnen, Ziehharmonika, Moorland, Gummisohle, verschonen, Zoo, Fohlen

Lösung 20
Nudel, Uhrmacher, Kurhaus, Treppenstufen, Apfelmus, Christentum, jubeln, Schwur, blutig, urbar, Heldenmut, Schlossruine, Dressur, Polsterstuhl, ruhmreich, Rune, Zwerghuhn, Truthahn, Fuhrmann, Wasserfluten

Lösung 21

Unterrichtsstunde, Gerichtssitzung, Rathaus, Volkstanz, Frühlingsanfang, arbeitseifrig, Geburtsstunde, Heringssalat, Blutwurst, Fabrikarbeiter, Schmetterlingsraupe, altersschwach, Abschiedsgeschenk, lebensfroh, Sportfest, Rindfleisch, Vorratslager, Burgruine, Geduldsprobe, handbreit

Lösung 22

dutzendweise, Arbeitsweise, klugerweise, Bauweise, Schreibweise, stundenweise, tageweise, Kampfweise, Sprechweise, leihweise, teilweise, schrittweise, stellenweise, probeweise, massenweise, satzweise

Lösung 23

Abendgebet, Blumenbeet, Segelboot, Seebad, Sehrohr, Märchenfee, Hühnerfeder, Fehler, Kriegsheer, Herkunft, Schafherde, Stachelbeeren, entbehren, Sperber, Speer, kleben, Kleefeld, Lehrgangsleiter, Lerchengesang, entleeren, Kamel, Weizenmehl, Seele, Seligkeit, Rakete, Rotkehlchen, Sehne, Sirene

Lösung 24

neblig, wolkig, vergeblich, gefällig, windig, brüderlich, hügelig, mollig, reichlich, kugelig, adelig, gierig, unzählig, schwerfällig, vielfältig, einmalig, zweistellig, pünktlich, drollig

Lösung 25

Buchfink, Brathering, engstimmig, Angst, Keks, Trog, schlank, Öltank, eingerenkt, Gelenk, verdrängt, Getränk, Zink, Bezirk, Schwächling, Quark, Sarg, stark

Lösung 26

berichtigt: fühlen, Bühne

Lösung 27

führerlos, leblos, bewegungslos, sieglos, endlos, schattenlos, freudlos, lustlos, furchtlos, wahllos, ziellos, hoffnungslos, glaubenslos, treulos, drahtlos, tadellos, fettlos, lautlos, spurlos, blattlos, schamlos, gottlos, rettungslos, hemmungslos, machtlos, schadlos, geruchlos, friedlos, ehrlos

Lösung 28
Bad, Gemeinderat, Draht, Pfad, Naht, Rückgrat, Salat, Fahrrad, Winkelgrad, Staat, Maat – verbrannt, Wand, Rand, bekannt, Hand, Band, Stand, Brand, Ausland, verwandt, Strand, Gewand, gewandt, genannt, Verstand, Elefant, Pfand, niemand, Sand, gesandt – Laubwald, alt, kalt, bald, Spalt, Gestalt, halt – bunt, Grund, gesund, wund, rund, Mund, Schlüsselbund, Pfund – Mord, Ort, fort, Sport, Hort, dort, Bord, Wort

Lösung 29
Reissuppe, Reißzwecke, Geißlein, Greis, Weißbrot, Weisheit, Streuselkuchen, Blumensträußchen, draußen, herauslassen, Meißel, Meisterschaft, beißen, dreist, außen, fleißig, Begeisterung

Lösung 30
Hecht, Haarbüschel, unterstreichen, Nähmaschine, Waldlichtung, lauschen, Knöchel, Feuerlöscher, duschen, stürmisch, Eicheln, Fischteich, durchlöchern, schwächlich, Kirschbaum, echt, verräuchert, rascheln, gerecht, Aschenbecher, Pfirsich, Hirsch, Wunschzettel, frech, Frischfleisch, huschen, Gesträuch

Lösung 31
schwatzhaft, bekränzt, Kinderarzt, schwitzen, Blitzableiter, nützlich, Weizenfeld, schmerzhaft, Besitz, Küchenschürze, witzig, Gewürz, trotzig, versalzen, ungeschützt, Dampfwalze, Fuchsschwanz, kritzeln, schnitzen, zerfetzen, glänzend, Gesetz, Käuzchen, Verletzung, schmatzen, Kreuz, Filzhut, Pfütze

Lösung 32
Propeller, Staub, Laubfrosch, habgierig, Mops, Obstkuchen, Sirup, Kaplan, Schlips, hopsen, Erbschaft, Treibstoff, Hauptmann, taubstumm, Schubkarre, einstöpseln, Raubtierkäfig, Leibschmerzen, tapsen, derb, hauptsächlich, Spitzenhäubchen, Krebs, trampeln, Schräubchen, Industriebetriebe, klapsen, Abteilung, zerschabt, Nachttischlämpchen

Lösung 33
Volk, folgen, Forderung, Vorstellung, Frühstück, Detektiv, Kalif, brav, Nerv, strafbar, Larve, Harfe, fertig, vertilgen, Form, Vormittag, feilen, Veilchen, vorgehen, fortgehen, Vetter, Fettigkeit, Vollmilch, flicken

Lösung 34

Marschall, Fall, Knall, Fußball, überall, Anprall, Wall, Karneval, Nachtigall, Kristall, Pferdestall, Widerhall, Metall, Schall
Elle, Kelle, Stromschnelle, Zelle, Stelle, Wurstpelle, Welle, Türschwelle, Delle, Gazelle, Libelle, Forelle, Quelle, Kapelle, Geselle, Sardelle, Novelle
Fell, grell, Hotel, schnell, Gebell, Tunnel, Gestell, hell, Karussell, Pantoffel

Lösung 35

Anstrengung, kerkerhaft, kärglich, ärgerlich, merken, eng, ängstlich, quer, quälen, Gedränge, Ankläger, Kegel, Stängel, Gestänge, lärmen, lernen, zänkisch, Wasserkessel, Schmuckkästchen, prächtig, gebrechlich, vergesslich, hässlich, pressen, predigen, bekehren, Begräbnis, beschämt, Zentner, Trennung, Träne, Unterschenkel, Schnürsenkel, zähmen

Lösung 36

Wasserstrahl, Kran, Denkmal, Tomate, Stahl, Erfahrung, Bestrafung, Dromedar, Tal, Pfahl, Draht, schmal, Blumensamen, zahm, Hagel, Schokolade, Pokal, kahl, Walfang, Naht, Bahre, Schicksal, Granate, Choral, unheilbar, mühsam, Mahnung, Wahrheit

Lösung 37

Spaziergang, Zwang, Gesang, Schrank, Empfang, Dank, lang, Bank, krank, Rang, schlank, Klang, Gestank, Strang, Abhang, blank, Andrang, Fischfang, Trank, Öltank, Zank, Ausschank
Buchfink, Zwilling, flink, Schwächling, gering, Wink, Feigling, Frühling, Zink, Eisenring, Messing, Hering
arg, stark, Quark, Sarg, karg, Mark, Stadtpark, Strunk, jung, Schwung, Übung, Trunk, Nahrung, Rundfunk, Sprung, Erfahrung, Prunk, Verzierung

Lösung 38

Gänseblümchen, Wühlmaus, Kirschblüte, spüren, Ermüdung, belügen, Mühlrad, Kühlschrank, übungsweise, Hühnerfuß, feinfühlig, Schulgestühl, Übel/übel, betrübt, Grünspecht, umrühren, rüpelhaft, Schüler, Drehbühne, Gemüse

Lösung 39
Kluft, Kaffeelöffel, geschliffen, Gruft, Beschriftung, Gesellschaft, beschafft, öffentlich, angaffen, saftig, treffen, Eiswaffel, Pfiff, Kartoffel, Zifferblatt, Heft, duften, Bewaffnung, Pfefferminztee, heftig, Offizier

Lösung 40
Schlund, Sport, Kobold, gründlich, Spalt, Advent, unermüdlich, gemütlich, mündlich, stündlich, Heimat, jugendlich, Gehalt, Blutwurst, Kundschaft, Regierungsrat, Wagenrad, kindlich, Branntwein, Bekanntschaft, leidvoll, Geleit

Lösung 41
Probe, Honig, Monatslohn, Dohle, Schmorbraten, empor, Ohrmuschel, Bohrturm, Patrone, Verlobung, Wohnzimmer, Rotkohl, Ledersohle, Hohlraum, Erholungsurlaub, Makkaroni, Mohnblumen, erfroren, Kaiserkrone, Lorbeerblatt, Ton, Hohn, Lostrommel, Alkohol, belonen, Ganove

Lösung 42
Geschwür, Bühne, berühmt, zerkrümeln, ausbrüten, Flügeltür, abspülen, verblüht, Kühltruhe, Gemüse, Kleiderbügel, Hühnerstall, mühsam, Frühlingsblüten, Mühlrad, Übung, umrühren

Lösung 43
Die drei Wörter mit -ig: wollig, ölig, neblig

Lösung 44
Kanal, schmal, Saatbeete, Ausnahme, strahlen, Granate, Naht, Paar, Draht, Vorrat, Vulkan, Diebstahl, waagerecht, wagemutig, Wahrheit, Wasserwaage, Lokal, kahl, diagonal, Choral, sonderbar, zahm, Hörsaal, Schicksal, heilsam, prahlen, lahm, ahnungslos, nahrhaft, Zar, Gefahr, Reklame, Dromedar, Auswahl, Samen, ermahnen, Zahnradbahn, katastrophal, Holzpfahl, Dahlien, Qual, Gemahl

Lösung 45
Sprudel, Eigentum, Lehnstuhl, Spur, Uhrmacher, Urwald, Minute, ruhmlos, Puter, Rebhuhn, Flur, Garnitur, Kuhle, Fuhrwerk, Glut, Ruine, schnurgerade, urbar, Figur, Ruhrgebiet, Literatur, Flut, Einfuhr

Lösung 46
aufwärts, seitwärts, westwärts, himmelwärts, flussabwärts, heimwärts, feindwärts, auswärts, landeinwärts, südostwärts

Lösung 47
Sie gingen, ohne dass sie sich verabschiedeten. – Wir freuen uns, dass wir dich wiedersehen. – Ohne dass sie fragte, nahm Ingrid meine Bücher. – Peter war gefallen, sodass er am Knie blutete. – Die Straße war vereist, sodass der Wagen ins Schleudern kam. – Wir bemühten uns, dass wir die Arbeit rasch beendeten. – Der Junge sprach mit uns, ohne dass er uns dabei ansah. – Die Hoffnung, dass er sein Ziel erreichte, hatte er längst aufgegeben.

Lösung 48
Holzspäne, ungefährlich, Verspätung, Gräten, Mähre, Mähdrescher, Quälerei, gähnen, ähnlich, während, Ernährung, unzählig, jäten, Getreideähren, alljährlich, Wagenfähre, unerklärlich, Währung, auswählen, Dämonen, stählern, erwähnen, Eisbär, sämig, gelähmt, Sämann, spärlich

Lösung 49
Die beiden Schwerverletzten… – Die schönste… – Der Klügere… – das Schlimmste… – Die schlimmsten… – den roten… – der wärmste… – zu den Ärmsten der Armen… – der bequemste, allerdings der weitere … – die neue

Lösung 50
kummervoll, Nummer, nummeriert, Kameradschaft, Bodenkammer, Schemel, Gesamtheit, Zusammenstellung, trampeln, Limonade, Himmel, Himbeeren, Kamm, Kamillenblüten, stumm, Rum, Autogramm, kommandieren, Kompass, grimmig, Kümmel, Rheindamm, Damwild, stämmig

Lösung 51
gefasst – geschossen – essen – büßte – reisen – gerissen – fließen – maß – (ge)lassen – genoss, genossen – beißen, gebissen – stoßen, stieß – fressen, gefressen – passte, gepasst – grüßen, gegrüßt – rosten, rostete – goss, gegossen – hassen, hasste

Lösung 52
lächeln, prächtig, Kirschbaum, bleich, inzwischen, Gerechtigkeit, echt, Hirschgeweih, westfälisch, niedlich, Erfrischung, Eichhörnchen, huschen, vielleicht, Teich, Gewicht, Muscheln, rascheln, Becher, löschen, Reichtum, Versicherung, abwischen, Kranich

Lösung 53
Luftballon, Nachtigall, Walnuss, Millimeter, Politiker, Militär, Aluminium, allmächtig, Alarm, Geröll, Protokoll, Kolonie, wellig, weltlich, Galle, abbestellt, Erkältung, Suppenkelle, Alkohol, allmählich, Geschwulst, anschwellen, Geselligkeit, seltsam, Libelle, Melodie, vielfältig, zufällig, gewaltig, Kristall, Zwilling, schildern, schillern, Kalender, Bazillen, Seltenheit, Sellerie

Lösung 54
berichtigt: unendlich, ordentlich, versehentlich, morgendlich, hoffentlich, verständlich

Lösung 55
verschlossen, Schließfach, abmessen, mästen, Messbecher, bisschen, Bissen, abbeißen, Weisheit, schneeweiß, Verlust, lustig, Genossenschaft, genießen, niesen, Walnüsse, Bussard, bissig, Verfassung, fasten, Iltisse, Entschluss, Schlüsselbund, Kürbisse, Kenntnisse, Pässe, Pastete, Missetat, Weinfässer, Fassade, fast, wissbegierig, Wissenschaftler

Lösung 56
Herzog, Herrscher, Herberge, verirrt, Landwirt, Sperlinge, Sperre, Sperber, scharren, scharf, schnurren, Schnur, Zigarette, Zigarre, Pfirsich, Irrsinn, Pfarrer, Fahrt, schwirren, Gurt

Lösung 57
Alphorn, Schwäbische Alb, Kapelle, päpstlich, Erbsen, betäuben, Behauptung, hopsen, Kapsel, Schlips, Obstbäume, Albtraum/Alptraum, Betriebsrat, Terpentin, Schubkarre, Republik, Gelübde, Antrieb, obdachlos, Rebhühner, Zepter, Optiker, Gipsverband, Trompeter, Sieb, Propst, Klaps, hübsch, Erlaubnis, plombieren, Subjekt, Gerümpel, subtropisch, trübsinnig, Drops, Raubtierdressur, Stepptanz, Substantiv

Lösung 58

Fang, blank, Gesang, Gestank, schlank, Gang, Drang, krank
arg, Park, Quark, Mark, stark, Sarg, Knochenmark, karg
Republik, Mosaik, Fabrik, Essig, Politik, Käfig, Physik
Buchfink, Ding, Ring, Schmetterling, Zink, flink, gering, Wink
Sprung, jung, Prunk, Rundfunk, Schwung, Dung, Trunk, Übung
Empfang, Trank, Öltank, Klang, Strang, krank, Rang, Zank, Seetang, blank, entlang
klug, Unfug, genug, Bug, Pflug, Spuk, Betrug, Krug, Flug, Zug
Tabak, Schlag, Ertrag, Belag, Sonntag, Anorak, Vertrag, Verlag

Lösung 59

Mittwoch, Mitleid, Gewitter, Witwe, Trittbrett, Wildbret, zersplittern, Appetit, Krawatte, Hängematte, Maat, Karotten, Stafette, gestatten, Stativ, flott, Großbritannien, Ballett, Tablett, kritisch, Liter, Bottich, etwas, Operette, Attraktion, Kapitel, Drittel

Lösung 60

a) dass b) das (welches), c) das (dieses), das (welches), d) das (welches),
e) dass f) dass, das (welches), g) das (dieses), h) dass

Lösung 61

Verwechslung, Bohnerwachs, Export, Nachwuchs, Axtstiel, Achselhöhle, Kunstdrechsler, erwachsen, Sachsen, Box, Ochsen, Beatrix, Wachskerze, verhext, Steckbuchse, Lexikon, Vorderachse, Text, Lachs, Buchsbaumhecke, Textilien

Lösung 62

Vetter, Flut, fern, Väschen, Form, Fädchen, Feigen, voll, Vater, Veilchen, viel, Fink, Fieber, falten, vier, Feile, fort, Fibel, Fasern, führen, finster, frei, verstört, Fohlen, Vase, vorn
Graf, brav, Reifen, Seife, Nerv, Golf, Schiefer, steif, Sofa, Strafe, Lava, streifen, luftig, Eifer, Havel, haftbar, Stufe, Taufe, Saft, oval, Schilf, Stativ

Lösung 63

blutbefleckt, sprachbegabt, stadtbekannt, moosbewachsen, lebenserfahren, schuldbewusste/pflichtbewusst, sonnengebräunt, leidgeprüft, windgeschützt, sportgestählt, silberglänzend, naturverbunden, holzverkleidet, schneeverweht, schmerzverzerrt

Lösung 64

Kuchenkrümel	Zustellgebühr	Prüfungstermin	Wühlmaus
Wanderführer	Sanddüne	Kühlschrank	Frühlingsanfang
Apfelblüte	Wasserspülung	Geflügelfarm	Spülschüssel
Lehnstühle	Windmühle	Hühnerstall	Südfrüchte
Mohrrübe	Theaterbühne	Mühlenturm	Sühneopfer
Holzkübel	Gewitterschwüle	Trübsinn	Parfümfläschchen

Lösung 65

Ich komme ein andermal wieder. – Sie hatte ein schmackhaftes Mahl zubereitet. – Das nächste Mal treffen wir uns in Düsseldorf. – Beim letzten Mal waren mehr Zuschauer im Stadion. – Vater hat schon dreimal angerufen. – Wir haben kein einziges Mal verloren. – Vorigen Monat habe ich Monika zum letzten Male gesehen. – Sogar zum Festmahl kam er zu spät.

Lösung 66

Asse, Gasse, Terrasse, Straße, Tasse, Rasse
lassen, spaßen, fassen, passen, hassen, verprassen
essen, messen, pressen, Besen, vergessen, fressen
Messe, Adresse, Chinese, Prozesse, Interesse, Kresse
Gosse, Karosse, Soße, Genosse, Flosse, Sprosse
Flüsse, Grüße, Güsse, Küsse, Nüsse, Verschlüsse

Lösung 67

Facharzt, gesetzlich, Gips, Quarz, abseits, Jazzmusik, geritzt, schmutzig, Gewürze, Blitze, kitzeln, schmelzen, gleichfalls, Halsschmerzen, Kerzen, verletzt, Trotz, Käuzchen, vergebens, vollends, Weizen, gereizt, Spaziergang, seufzen, ratzekahl, Matratzen, Zinssatz, Marzipan, abwärts, Finanzminister, erhitzt, Mediziner, Puls, skizzieren, gegensätzlich, Aktionär, Kreuzung, putzig, Expedition, Intelligenz

Lösung 68

Möwen, Veranda, Vitrine, verwitwet, konservieren, November, Evangelium, Vaseline, vulkanisieren, Lava, Universität, Juwelen, Lawine, Kilowatt, Graveur, Karawane, Krawall, Vokal, Proviant, Slawen, Sklaverei, Wrack, vibrieren, Vietnam, Silvester, Videofilme, nervös, Pavillon, Iwan, Revue

Lösung 69

verdoppeln, schlapp, Ebbe, umkippen, knapp, knabbern, stoppelig, Schrubber, krabbeln, schnappen, Robben, gerippt, kribbeln, Klippe, Futterkrippe, plappern, Stadtwappen, verebben, Apparat, Hobby, dribbeln, Gestrüpp, struppig

Lösung 70

Speerwerfer, Seligkeit, Lehrgang, auskehren, Dehnung, entleeren, demütig, Gebet, telefonieren, Erdbeerbeete, Sehnsucht, feenhaft, Lehm, abwehren, bewerten, Reeder, Redensarten, Armeeführer, umgekehrt, Teer, erledigt, vermehren, Empfehlung, unentbehrlich, Wermut, Rotkehlchen, quer, Gelee

Lösung 71

Jahr, Maß, betrachten, Nahrung, wahr, malen, Gefahr, Naht, klar, Schranke, Angst, Bestand, Qual, sanft, Pracht, Nacken, arg, Drang, Schaden, lang, fahren

Lösung 72

Diktat, Dickicht, Direktor, Reckstange, Flickzeug, flink, Kontakt, nackt, necken, Nelken, Baracke, Ranke, Schicksal, Räucherschinken, schlucken, Insekt, Sekt, Architekt, Klecks, Keks, Fabrik, Trick, Politik, ticken, Paket, einpacken, Oktober, Hektar, Charakter, Hockey, Produkt, ducken, Elektronik

Lösung 73

Theaterdirektor	Fieberthermometer
Thermalbad	Aufplatzthema
Thronsessel	Stadttheater
Mathematiklehrer	Leichtathletik
Asthmaanfall	Königsthron
Hyazinthonzwiebel	Leitzbibliothek
Theologiestudium	Walkerrythmus
Thermosflasche	Ladentheke

Lösung 74

Auktion/Versteigerung, Position/Lage, Koalition/Bündnis, Konstruktion/Bauart, Präposition/Verhältniswort, Produktion/Herstellung, Expedition/Forschungsreise, Attraktion/zugkräftige Darbietung, Portion/abgefasste Menge, Aktion/Handlung, Konversation/Gespräch, Konzentration/höchste Aufmerksamkeit, Sensation/Aufsehen erregendes Ereignis, Infektion/Ansteckung, Protektion/Schutz, Proportion/Größenverhältnis, Fraktion/Gruppe einer Partei, Delegation/Abordnung, Kollektion/Warenauswahl, Spedition/Transportunternehmen, Dekoration/Ausschmückung, Revolution/gewaltsamer Umsturz, Reklamation/Beanstandung

Lösung 75

schrittweise, literweise, Spielweise, meterweise, dummerweise (in dummer Weise), stückweise, probeweise, leihweise, Zahlungsweise, möglicherweise, Fahrweise, reihenweise, Lebensweise, Handlungsweise, beispielsweise, Schreibweise, tageweise, Lehrweise, Produktionsweise, dankbarerweise, Vortragsweise, ratenweise, Redeweise, komischerweise (auf komische Weise)

Lösung 76

Bekanntschaft, Kanten, Antenne, Tennisschläger, erinnern, Finsternis, verwenden, brennbar, Brandstelle, Gummiband, verbannt, manchmal, Sportsmann, Mantel, Tunnel, Dachrinne, Rindfleisch, bespannen, Spange, Zinn, Zink, Fahrzeugkolonne, spinnen, Gespinst, Ananas, Rentierherde

Lösung 77

jugendlich, versehentlich, endgültig, lachend, Endkämpfe, wesentlich, entgegen, Entlassung, Endsilbe, unentschieden, unendlich, abendlich, Entscheidung, entweichen, Endpunkt, frierend, unentgeltlich

Lösung 78

Karussell, Firnis, Passierschein, Pastete, Bussard, Streuselkuchen, russisch, Professor, Quaste, meistens, Floß, verpassen, Pastor, blass, Abrüstung, Schlosserei, Schließfach, Heiserkeit, Ass, Aas, Flüssigkeit, fesseln, bewusst, wissenschaftlich, Fliesenleger, rostig, wässrig, hässlich, Vermessungen, Kristall, massenhaft, Maskenball, Maßband, Misstrauen, Tonbandkassetten

Lösung 79

Dämmerung, Kalender, Schärpe, Scherben, schwätzen, verderblich, rückwärts, verwenden, Außenwände, gerben, erbärmlich, ständig, merkwürdig, Stempel, Gemälde, vielfältig, Tierfelle, zänkisch, nämlich, widerspenstig, Hutkrempe, Fischgräten, unfähig, Tränke, Sessel, allmählich, mehlig, bändigen, Engerlinge, Gelenk, März

Lösung 80

Aufeinanderfolge von drei gleichen Konsonanten:

Betttuch	Wolllappen	Fußballländerspiel
Eisschnellläufer	Stofffalte	Schifffahrt
Balletttänzerin	Nulllösung	Krepppapier
Kontrolllampe	Schwimmmeister	Brennnessel

Lösung 81

Aal, Lokal, Kanal, Zahl, schmal, Choral, Gemahl, Merkmal, Schal, Kapital, Auswahl, Stahl, Tal, Qual, Saal, Regal, Strahl, Pfahl, Blauwal, kahl, Pokal, Moral, oval

Ahn, Kran, Hahn, Marzipan, Kahn, Organ, Autobahn, Ozean, Plan, Zahn, Schwan, Tran, Vatikan, Roman, Wahn, Uran, Vulkan, Fasan, Orkan, Porzellan, Span

Ahr, heilbar, klar, Brautpaar, Dromedar, Jahr, Januar, Maar, Altar, Radar, unwahr, Star, Haar, Gefahr, Schar, rar, sogar, Honorar, Notar, Talar, Formular, Paar

Lösung 82

Stadt – Statt – Staat: Werkstatt, Staatsbürger, Staatsanwalt, Stadttheater/Staatstheater, stattfinden, Staatsvertrag, Lagerstatt, Staatsfeiertag, Ruhestatt, Kleinstadt/Kleinstaat, stattgeben, Stadtpark, Kreisstadt, Altstadt, Staatsgrenze, Hafenstadt, Staatspräsident, Freistaat/Freistadt, Nachbarstadt/Nachbarstaat, Staatshaushalt/Stadthaushalt, Universitätsstadt, Staatseigentum/Stadteigentum

Lösung 83

Häuptling, vorläufig, seufzen, unbedeutend, Gebäude, Beutel, schleudern, streuen, säuberlich, Keuchhusten, versäumen, verscheuchen, Enttäuschung, Meuterei, Salzsäure, Keule, Säugling, Geräusch, ungläubig, Scheune, verräuchert, verträumt, ankreuzen, erbeuten, häufig, Knäuel

Lösung 84
göttlich, wolkig, eckig, diebisch, westfälisch, ruhig, windig, beweglich, spaßig, veränderlich, stürmisch, telefonisch, physikalisch, bergig, lächerlich, tierisch, neidisch, teuflisch, höhnisch, herbstlich, fürchterlich, ölig, wellig, chemisch, bayerisch/bayrisch/bairisch, steinig, englisch, verkäuflich, kräftig, optisch

Lösung 85
Vene, Segel, Kamel, Wermut, Seligkeit, Bescherung, Thema; Lehm, Lehrherr, Mehl, Kehlkopf, Empfehlung, Abwehr; Meer, Klee, Leerlauf, Heer, Gelee, Kaffee, Seele

Lösung 86
die Hohe Acht, eine glatte Zwei, die Oberrheinische Tiefebene, die oberrheinischen Winzer, der kahle Bergrücken, der Kahle Asten, das Rote Meer, der rote Sandstein, das Deutsche Rote Kreuz, die Sächsische Schweiz, die sächsische Hauptstadt, das stille Mädchen, der Stille Ozean, bayerisches Bier, die Bayerischen Alpen, deutsche Touristen, die Deutsche Bank

Lösung 87
Matrize, Skizzen. Alle anderen Wörter schreibt man mit tz.

Lösung 88
Essig, Technik, Buchfink, Schmetterling, prunkhaft, Unfug, Knochenmark, Gymnastik, Schwung, Strunk, Stadtpark, erfolglos, Volk, gering, flink, Tankwart, Empfang, Anorak, Schlinggewächse, längst, links, Klugheit, anfangs, Blinklicht, Weitsprung

Lösung 89
Betrieb, erwidern, Volkslied, Augenlid, Zwiebel, Stativ, Granit, Klavier, Markise, Fakir, ziemlich, Bibel, Gardinen, Kamin, verriegeln, Baustil, Blütenstiele, Kilogramm, Klima, Ölsardinen, Primel, radieren, Gefrierpunkt, Miete, Sirene, Biber, Verzierung, Kaninchen

Lösung 90

Tonleiter	Rohrgestänge	Lärchenschonung	Schnittbohne
Zonengrenze	Bohnerwachs	Theaterprobe	Motorboot
Zoodirektor	Wohnungsmiete	Hauptperson	Kaiserkrone
Moorgelände	Bohrturm	Steinkohle	Postbote
Mohnkuchen	Ohrmuschel	Bienenhonig	Männerchor
Mohrrübe	Wohlstand	Rosenkohl	Schuhsohle

Lösung 91

Souvenir / Andenken, Tourismus / Fremdenverkehr, Roulade / gebratene Fleischrolle, Souveränität / staatliche Hoheitsgewalt, Souffleur / Vorsager beim Theater, Roulette / Glücksspiel, Routine / Erfahrung, Couch / Liegesofa, Double / Doppelgänger, Potpourri / Zusammenstellung von Musikstücken, Boutique / Geschäft für Modeneuheiten, Cousin / Vetter, Patrouille / Streife, Bouillon / Fleischbrühe

Lösung 92

Lawine, Karneval, Sklaven, slawisch, Wrack, Advent, Konserven, Juwelen, Kilowatt, Manöver, Möwe, Vase, Veranda, Villa, Witwe, Universität, Ventil, Löwen, evangelisch, Vitamine, Karawane, Violinkonzert, Waggon, Wallfahrt, November, Krawatte, Jugoslawien, Vulkan, Krawall, Klavier, Slowakei, Vaseline, Kaviar, Wermut, vibrieren, Revue

Lösung 93

Bordfunker, wertlos, Verband, Schaltjahr, Schwertlilien, Kinderhort, Tod, scheintot, Wirtshaus, Windstärke, eiskalt, Fahrrad, Schlüsselbund, Buntstift, Elektroherd, blond, Schuld, Endkämpfe, Entlassung, verbrannt, Brandstelle, Fundament, gründlich, Blindflug, verantwortlich, seit heute Abend

Lösung 94

Das Mädchen, das andere zum Lachen brachte

Es war einmal ein kleines Mädchen, das konnte so herzlich lachen, dass jeder, der das Mädchen lachen sah, ebenfalls lachen musste. Das Seltsame dabei war, dass jeder dann drei Stunden lang ununterbrochen lachte. So kam es, dass bald überall im Lande für diese Zeit nur gelacht, aber nicht gearbeitet wurde. Als der König das hörte, dass es ein Kind gab, das jeden zum Lachen brachte, befahl er: „Schafft mir das Mädchen her! Das geht doch nicht, dass die Arbeitsleistungen so vermindert werden, weil da ein Kind ist, das andere zum Lachen reizt!" Die Diener brachten das Kind zum König. „Ist es wahr, dass du alle Leute zum Lachen bringen kannst?", fragte er. „ Das kannst du ja auch bei mir versuchen." Da lachte das Mädchen den König an. Aber der König verzog keine Miene. „Du siehst, dass nicht jeder auf dein Lachen hereinfällt. Das geht so nicht, dass die Leute täglich drei Stunden vor lauter Lachen nichts tun. Ab sofort verbiete ich dir, dass du Menschen zum Lachen bringst!" Da zog das Mädchen betrübt fort. Überall, wohin es kam, begann es zu weinen. Das Schlimme daran war, dass alle Leute, die es sahen, gleichfalls anfingen zu weinen. Und das war so arg, dass sie den ganzen Tag weinen mussten. Als das der König erfuhr, war er sehr traurig und weinte auch.

Lösung 95

schleudern, neulich, Fäulnis, abenteuerlich, Gemäuer, säuerlich, abscheulich, Keule, haarsträubend, häufig, Bedeutung, Marmorsäulen, Täuschung, erleuchten, Zeugnisse, Wiederkäuer, läuten, Leutnant, Vogelscheuche, äußerlich, Säugling, Heilkräuter, Holzkreuze, neugierig, Feuchtigkeit, ungeheuerlich, unverkäuflich, Heuchler, aufräumen, enthäuten, heute, zerstäuben

Lösung 96

gelähmt, nämlich, Vermählung, Gefährten, Späne, Mähne, Heringsgräten, Fähnchen, Gemälde, Mähdrescher, Erzählung, auswählen, verträglich, schälen, Eisbär, während, volljährig, hebräisch, Währung, Getreideähre, Sämaschine, gezähmt, spät, Drähte

Lösung 97

Tropen, Schnittbohnen, Tirol, Arbeitslohn, wiederholen, Hohlraum, bestohlen, Spione, Fohlen, Montag, Mohnkuchen, monatlich, Hohn, Thron, Boten, bohnern, Probebohrungen, verbogen, Kohlblätter, Gewohnheit, schmoren, schonungslos, Dohle, Domchor, Tonschale, ohnmächtig, Makronen

Lösung 98

Schuhsohlen, Solbäder, Diebstahl, Edelstahl, Blauwal, Landtagswahl, Qual, kahl, Lokal, Alkohol, Erholung, Hohlweg, Pfahl, schmal, abkühlen, schwül, gefühllos, Malermeister, Mittagsmahl, Karneval, Mehrzahl, Juwelen, befehlen, Gladiolen, johlen, unwohl, Nordpol,

Windmühle, Gewitterschwüle, mehlig, selig, Kehle, Parallele, prahlen, Kartoffelschalen, Gemahl, Kanal

Lösung 99
Geschäft, hoffentlich, Himbeersaft, Zukunft, Giraffe, vorläufig, schleifen, Öffnung (da von „offen" abgeleitet), Kaffee, Offizier, schnüffeln, entziffern, luftig, Kartoffelpuffer, Pfeffer, Streifen, bestrafen, straff, Koffergriff, Pantoffel, Kiefer, gaffen

Lösung 100
Fehlerberichtigungen: Vitrine, Sumpfbiber, Verzierung, Straßenbahnschienen, Kabine, schwierig, Passagier, Klima, Apfelstiel, Hektoliter

Lösung 101
verwöhnen, strömen, Töne, Böhnchen, trösten, Möhren, Nadelöhr, Verhör, stöhnen, gewöhnlich, Krönung, höhnisch, ölig, Tropfsteinhöhle, spröde, versöhnt, Röhricht, Empörung, Köhler, unnötig, zuhören, königlich, Föhnwind, löten

Lösung 102
wollig, windig, kugelig, neblig, sperrig, friedlich, menschlich, tadelig, ekelig, willig, freundlich, buckelig, zappelig, herbstlich, zornig, mehlig, eilig, zufällig, betrüblich, gläubig, ölig, seitlich, schimmlig, gefällig, fettig, geschäftig/geschäftlich, gemeinschaftlich, verständlich/verständig

Lösung 103
Biene, Maschine, Gardine, Schiene
Wanderlieder, Flieder, zuwider, Gefieder
Baustil, viel, Ventil, Ziel
Stativ, tief, Detektiv, schief
solide, Schmiede, Invalide, Pyramide
Kaliber, Schieber, Fieber, Biber
Stiege, Fliege, Riege, Intrige
Igel, Spiegel, Ziegel, Riegel
Visite, Niete, Miete, Elite
Gebiet, Appetit, Dynamit
Augenlid, Störenfried, Glied
Samariter, Gebieter, Liter, Mieter

Nikotin, Benzin, Medizin, Kamin
Fakir, Papier, Bier, Klavier
Paradies, mies, Kies, Anis
Giebel, Zwiebel, Fibel, Bibel
Prise, Markise, Wiese, Krise
Prinzip, Dieb, Sieb, Trieb
verkriechen, siechen, Griechen, riechen
Frieden, verschieden, sieden, gemieden
entschließen, fließen, gießen, sprießen
siegen, biegen, wiegen, verschwiegen

Lösung 104
Dom, Samen, er kam, Lama, Reklame, nämlich, Strom

Lösung 105
Waisenhaus, Mais, Laich, Kai, Kaiser, Main, Mai, Hai
eitrig, Feigling, Kreide, Eifel, reif, Heimat, Leim, Meise

Lösung 106
vergiften, Griffe, oft, unverhofft, luftig, entziffern, schriftlich, Pfeffer, beschaffen, Beschäftigung, Offizier, Eiswaffeln, Werft, verhaften, vortrefflich, anheften, Auspuff, kräftig, entwaffnen, saftig, Giraffen, kneifen, Kniff, Karaffe, Pfiff, kläffen, muffig, Gruft, Differenz, Raffinerie

Lösung 107
Untertan, Ruderkahn, Vulkan, Kran, Zahnarzt, Roman, Sehnenzerrung, anlehnen, belohnen, Bühnenvorhang, Tränen, Kapitän, bohnern, verschonen, Tonröhren, Tribüne, Person, Schwan, wahnsinnig, Mahnung, tun, Pelikan, planen, ahnungslos, Karawane, Hüne

Lösung 108
Die Adjektive mit -ig sind: schattig, ölig, spaßig, wellig, zornig
Die Abjektive mit -lich sind: herbstlich, ängstlich, göttlich, christlich, gefährlich

Lösung 109
zwischen diesen Attributen muss ein Komma stehen:
ein freundlicher, netter Herr – süße, reife Stachelbeeren – weiße, gelbe und rosa Nelken – eine runde, bunt bestickte Tischdecke – ein

von Felsen umgebenes, romantisches Tal – die verkehrsreiche, dreispurige rechtsrheinische Autobahn

Lösung 110

Die im Buchstabenfeld versteckten Wörter: Pilz, Schmerz, Arzt, März, Kanzler, Salz, Grenze, kürzen, Kauz, Erz, Gewürz, Walze – Verletzung, plötzlich, Spatz, Ersatz, Trotz, Hitze, nützlich, glitzern, Klotz, Witz, Schutz, Putz

Lösung 111

Bratpfanne, Fahrzeug, Pfarrer, Holzpflock, Senf, Kupfer, stampfen, sanft, sumpfig, Krampf, Anfang, Empfang, Hanf, stumpf, Sumpf, Zukunft, fünfzig, Endkampf, impfen, gefällig, dumpf, Auskunft, Trumpf, Konferenz, Rumpf, feilen, Pfeilspitze, fluchen, pflügen, Pfadfinder, pflichtbewusst, Fundstelle, Pförtner, anfordern

Lösung 112

Tribüne	wühlen	Güte	Gemüse
übel	schwül	kühl	spülen
führen	spüren	üben	berühmt
Blüte	Düne	trübe	sühnen
müde	Schüler	Gefühl	brüten

Lösung 113

Textilbetriebe, Lachs, Pfingsten, Bohnerwachs, knacksen, verhext, Schuhwichse, explodieren, anfangs, Taxi, verwechseln, Buchsbaum, Keksfabrik, Mixer, Deichsel, hinterrücks, Arztpraxis, Klecks, Blechbüchse, Boxer, neuerdings, Texte, Ochse, sächsisch, Plexiglas, Eidechse, Fuchs, Xylofon, existieren, Dachsbau

Lösung 114

Totschlag, Todesursache, totquetschen, todtraurig, todernst, Totenschädel, todblass, totschießen, Totenhemd, todunglücklich, tottrampeln, todkrank, Todeskampf, Todsünde, totschlagen, Todesgefahr, todesmutig, Todesstrafe, todwund, todbleich

Lösung 115

vermisst, verblasst – Kürbis, Strauß

Lösung 116

Zink	Trog	längst	Getränk	Feigling	Reaktor
Talg	blank	gering	Senklot	Bergwerk	Produkt
Quark	Angst	geblinkt	Messing	Kniegelenk	Blinklicht
Rang	schräg	Werkzeug	Geschenk	Hengst	rücklings
stark	flink	Buchfink	Andrang	Pfingsten	ringsherum

Lösung 117

Fehlerberichtigung: Republik, Rebhühner, Abtei, Schublade, Schlips, Kapsel, obdachlos, Rezept

Lösung 118

Schildkröte, Blinddarmentzündung, Schaltjahr, scheintot, Bordfunker, Jagd, tödlich, Bekenntnis, Grundstück, Endsilbe, entlassen, Gewand, Diamant, Atlas, verständlich, Antwort, Fahrrad, Regierungsrat, schuldhaft, Schlüsselbund, Buntspecht, Rückgrat, Längengrad, niemand, Strandbad, Verrat, wöchentlich, jugendlich, Gewalt, Mischwald, fort, vorwärts, nirgends, Vollmond, Schild, Zündkerzen
Fehlerberichtigung: 1. entweder ihr seid; 2. auffallend, enthielten; 3. Medikament, wesentlich; 4. Moped, Bordsteinkante; 5. hervorragend, Pokalendspiel; 6. Intendant, Ingrid

Lösung 119

Missverständnis, Ausland, außen, Wissenschaft, Niespulver, Iltisse, vergrößern, Flüssigkeit, Muskeln, Missetat, Süßigkeiten, Grieß, vergesslich, Reissuppe, Kleister, verrostet, Schüssel, Weisheit, Weißdorn, massenhaft, Masken, Metermaß, spaßig, Zirkus, Gusseisen, Imbissstube, bisher, fast, Verfassung, Gefäß, fristlos, büßen, Autobusse, unentschlossen, schließlich, bisschen, Gleis, bloß, Amboss, Globus, Brennnessel, verrußt, Kassette

Lösung 120

(5 Ausnahmen mit Ende verbunden): Endpunkt, Endkampf, Endspurt, Endsilbe, endgültig

Lösung 121

Bayerische Alpen, der französische Ministerpräsident, Schweizer Grenze, westfälischer Schinken, Britische Inseln, libanesischer Dampfer, Thüringer Bratwurst, japanische Autos, Chinesische Mauer, spanischer Hafen, Rheinisches Schiefergebirge, Holländer Käse, ostpreußischer Bernstein, kanadischer Weizen, Württembergische Metallwarenfabrik, Allgäuer Alpen, Französische Revolution, Atlantischer Ozean, sibirische Kälte, die Nordfriesischen Inseln, belgische Insel, Brandenburger Tor, Süddeutscher Rundfunk

Lösung 122
Crew, Curry, Container, Parcours, Couch, Colt, Clown, Cousin, Camembert, Cockpit

Lösung 123
Satellit, Florett, zersplittern, Drittel, Mittwoch, Witwe, zittern, Bettler, Kritik, Appetit, Attentat, Mitleid, Großbritannien, Stativ, Erstattung, zerknittern, Ballett, etwas, Spagetti, Klarinette, Rabatt, Literatur, Quartett, Kapitel, Jackett, Batterie, Kapital, Skelett, Kilowatt, Zettel, Etikett, Titel, matt, Material

Lösung 124
Straßenpflaster, olivgrün, Pfirsich, giftig, verhaften, vervielfachen, triefen, Tropfen, verpflichten, stumpf, sanft, vielleicht, Flachs, Phosphor, physikalisch, Pfütze, Triumph, Trumpf, Strophe, Fundort, Anfang, Empfang, Eisenfeile, Pfeilspitze, Veilchen, Katastrophe, Pflöcke, Schneeflocke, Gruft, Detektiv, Tarif, Infinitiv, Archiv, Pfropfen, Delfin, Cuxhaven, Prophet

Lösung 125
Spinnrad, Spindel, Kante, Bekannte, Inland, innerlich, niemand, Mannschaft, manchmal, Baumrinde, Wasserrinne, verbannen, Verband, Gewinn, Winde, finster, Brandstelle, verbrennen, brenzlig, Indien, Inn, Inhalt, Finnland, Gespenster, Spender, Ärztin, Sekretärinnen, Rennpferde, Rentiere, gönnerhaft, Gunst, jedermann, man, Garant, gerannt, Rand, Fenchel, Pfennig, können, Kunst, Kanne, Kaninchen, Kanal
Fehlerberichtigung: Branntweinbrennerei, Ananas, Januar, gewandte, Konto, Binnenhäfen

Lösung 126
Fehlerberichtigung: Speer, Meerschweinchen, Geschwür, Gehör, spüren

Lösung 127
Qualle, Aluminium, Melodien, Schwelle, Falter, Zellstoff, Zeltplane, Tollkirschen, Filter, Schildkröte, schillern, kontrollieren, allmählich, Kapelle, Gefälle, einfältig, Porzellan, verzollen, still, Baustil, stolpern, Christstollen, schellen, schälen

Lösung 128
Lehrzeit, Hauptschullehrer, Lehrjahre, Lehrerkollegium, ein gelehrter Mensch, Lehrsätze, unbelehrbar, Lehrwerkstatt, Belehrung, Elektrikerlehre
Die übrigen Wörter gehören zur Wortfamilie „leeren".

Lösung 129
massenhaft, büßen, Fußtritt, Flüssigkeit, zuverlässig, Gewissheit, vergrößern, spaßig, eingepresst, Missgeschick, schließlich, außen, unvergessen, grüßen, Schweiß, wissbegierig, hässlich, zerrissen, Reißzwecke, Schlosserei, heiß

Lösung 130
Großstadt, Bundesstaat/Bundesstadt, Staatspräsident, stattfinden, Kreisstadt, Grenzstadt/Staatsgrenze/Stadtgrenze, Staatsanwalt, Lagerstatt, Staatsvertrag, Stadttheater/Staatstheater, Staatsbürger, Stadtdirektor, Freistaat/Freistadt, Hafenstadt, stattgeben, Stadtpark, Nachbarstaat/Nachbarstadt, Staatsfeiertag, Altstadt

Lösung 131
versäumen, Bedeutung, Leuchter, Säugling, Verleumder, räuspern, heucheln, Meuterei, Säure, Täuschung, verstreuen, Häuptling, ohrenbetäubend, Keuchhusten, Schleuder, Wollknäuel, verscheuchen, Räuber, Gesträuch, anfeuern, Seufzer, Kräuter, Kreuzer, säubern, deutlich

Lösung 132
Geduld, Spalt, Welt, Breitengrad, Schwindsucht, Bord, Branntwein, Gebirgsgrat, Schuld, Brandstelle, Eid, Bussard, Gestalt, Kamerad, blond, Leittier, grundlos, Ort, Held, Zelt, Gerät, Zahnrad, südlich, Geburt, Gewand, gesund, Witwe, Mitleid

Lösung 133

Sachsen	Export	längst	Keks	hinterrücks
Ochse	Mixer	ängstlich	links	Knicks
Lachs	Taxi	Hengst		
drechseln	Axt	allerdings		
Gewächshaus	Arztpraxis	anfangs		
Blechbüchse	explodieren			
Fuchs	Textbuch			
Wagenachse	Experiment			
verwechseln				
Wachskerze				
Deichsel				

Lösung 134

ungestüm, zerkrümeln, Gefühl, Ungetüm, gemütlich, Hünengräber, Kühlschrank, ermüdet, Geschwür, Kirschblüte, Windmühle, Vorübung, schwül, Gemüse, Gewühl, Dünen, mühsam, natürlich, Spürhund, Gebühr, Lügner

Lösung 135

Verehrung, verheerend, seelisch, Seligkeit, entbehrlich, bequem, Gebet, Beetumrandung, Erdbeere, feenhaft, Fehde, Schemel, Lehm, Thema, Kamillentee, belehren, entleeren, Seelenheil, glückselig, Tapete, Lehrling, Sehnsucht

Lösung 136

mausgrau, stockdunkel, meterlang, grasgrün, zentnerschwer, stahlhart, steinreich, steinalt, essigsauer, pflaumenweich, gallebitter, taghell (als Beispiel)

Lösung 137

(nicht zugehörig:) windig, beweglich, kirchlich, neblig, wolkig, ruhig

Lösung 138

(drei Korrekturen): Fundstelle, sanft, Anfang, Zukunft, flegelhaft

Lösung 139

(drei Korrekturen): Träne, quälen, Späne

Lösung 140
Verspätung, Lähmung, Tränen, ungefährlich, Sämann, Kapitän, hämisch, gähnen, Gefährten, Späne, Ähnlichkeiten, Käse, nämlich, Ferienpläne, Vermählung, Gräten, Haarsträhne, Fähre, während, Gemälde, Mähne, Ernährung, unzählig

Lösung 141
Rosenkohl, Moorgebiet, proben, Ton, Person, Hohlweg, abholen, empor, Moos, Mohn, Monat, belohnen, Zooeingang, Spion, Krone, ohnmächtig, Ruderboote, verchromt

Lösung 142
Kassierer, Briefkasten, Abschluss, Schlüsselbund, Pastor, Passkontrolle, massenhaft, Maßarbeit, außen, Ausweis, schneeweiß, anfassen, Bierfass, Fasan, Missgeschick, Missetäter, geheimnisvoll, Zeugnisse, Kuss, Zirkus, Mittagessen, essbar, Flüssigkeit, flüstern, Nebenfluss

Lösung 143
Vermögen, vertrödeln, beschönigen, Verzögerung, aushöhlen, Köder, Nadelöhr, Tagelöhner, Königin, vertrösten, böse, RätselLösung, ungehörig, Frisör, Brötchen, Töne, Möhre, unnötig, löten, Röhre

Lösung 144
Bergwerk, Schlingpflanzen, Getränk, Buchfink, Sarg, stark, Angst, Anfang, Trinkwasser, Messing, Schwung, Hengst, Blinklicht, Essig, Markt, Bug, Geisterspuk, Unfug, Flugzeug, arg, karg, genug

Lösung 145
Herzog, Sperling, Sperre, herrisch, Barrikade, dürr, Zigarette, Herberge, heraus, Terror, Beherrschung, verirrt, abgeschwirrt, Wirtschaft, Hermann, schärfen, schnurren, Kerker, Gerber, surren, Sperber, Hirt

Lösung 146
Bottich, rasch, Teich, heucheln, himmlisch, Kranich, schlicht, Gebüsch, Fichte, Gedicht, Tasche, flechten, Chef, Duschraum, Muschel, seelisch, dreschen, Dorsch, Dolch, Hecht, Pfirsich, falsch, getäuscht, vielleicht, berechnen, marschieren, leuchten, Pflicht, furchtlos, Sauerkirsche, Pfarrkirche

Lösung 147
blind, Zinn, Gewinde, Tunnel, günstig, Beginn, Bekenntnis, garantieren, Binnenstaat, Flunder, Brandstelle, jemand, grundlos, Verbannung, blond, Kolonne, Antenne, benannt, Hannelore, Talent, Pfand, Verschwendung, Kante

Lösung 148
Begräbnis, ärgerlich, werben, Währung, Sänfte, quer, träge, gefährlich, Fähre, Eltern, Gerte, fertig, Lärm, hässlich, Geländer, Scherben, Schleppe, Käfig, Ägypten, Mexiko, rückwärts, lästig, schwänzeln, Militär, bedächtig, Kapitän, Träne, Schemel, meckern, Präsident, bewerten

Lösung 149
Biber, Zwiebel, Maschine, radieren, Klima, Niete, Kilometer, Ventil, Kantine, verlieren, Liter, Olive, Portugiese, Giebel

Lösung 150
namentlich, entschlossen, helfend, Endgeschwindigkeit, unentschieden, flehentlich, betend, Endstufe, kämpfend, schleichend, Entstehung, unendlich, spielend, ordentlich, entlassen, Enttäuschung, Fußballendspiel, umfassend, entspannt, Präsident

Lösung 151
Sklave, Konserven, Krawatte, Ewigkeit, evangelisch, Revolver, Wrack, Violine, Olivenöl, Löwen, Universität, Provinz, Krawall, Revolte, Ventilator, Karawane, Kurven, Winzer, November

Lösung 152
Kameradschaft, blond, Spalt, Gestalt, südlich, Branntwein, Brandstelle, Berggrat, Zeltplanen, Atlas, jemand, Rückgrat, Längengrad, hart, Schlund, Regierungsrat, Dreirad, grundlos, Blindheit

Lösung 153
Baracke, Insekt, Sekt, Dickicht, Diktat, Frack, Nacken, Klecks, Keks, Kautschuk, Quecksilber, Krücke, Fabrik, Direktor, Besteck, Wrack, Kontakt, Strick, Architekt, elektrisch, Politiker

Lösung 154
gebrechlich, bleich, Bücher, reich, Muschel, dreschen, Pächter, Esche, Dickicht, Gebüsch, Deich, Dolch, räuchern, Pflicht, täuschen, gerecht, Kirschblüte, Kirchturm, Pech, Fläche

Lösung 155
Betonung, verchromt, unwohl, Petroleum, Solbad, Frondienst, Kommode, Lodenmantel, proben, Kronleuchter, Spion, lohnenswert, abholen, Chorprobe, Hauptperson, Kanton, Bohrturm, Borsalbe, Wirsingkohl, verschonen, alkoholisch, empor

Lösung 156
unversehrt, Kamel, Komet, Bescherung, Abwehr, Wertgegenstand, Schemel, Mehltau, sehnig, Seligkeit, Benehmen, bequem, Arena, unentbehrlich, Brezel, Klebstoff, Segelboot, Hebel, Trompete, Mehrzahl, Schlesien, Telefon

Lösung 157
Begräbnis – Begräbnisse, Verständnis – Verständnisse, Hindernis – Hindernisse, Gefängnis – Gefängnisse, Ärgernis – Ärgernisse, Ereignis – Ereignisse, Geschehnis – Geschehnisse, Verzeichnis – Verzeichnisse, Versäumnis – Versäumnisse

Lösung 158
französisch, englisch, dänisch, ungarisch, thüringisch, afrikanisch, westfälisch, europäisch, spanisch, mexikanisch, chinesisch, indisch

Lösung 159
Hasenkeule, Kräuter, verträumt, erneuern, überschäumen, Beleuchtung, Glockengeläut, Leutnant, Bedeutung, verstreut, seufzen, Betäubung, Spreu, Beschleunigung, Schleuse, Feuerwehr, Euter, meutern, äußerlich, Vergnügungssteuer, erbeuten, gläubig, Versäumnis

Lösung 160
hohe Berge, Hohe Tauern, Hohes Venn, Sächsische Schweiz, sächsische Hauptstadt, Rotes Meer, roter Sandstein, chinesische Regierung, Chinesische Mauer, thüringische Leberwurst, Thüringer Wald, deutscher Außenminister, Deutsche Bucht, Oberrheinische Tiefebene, oberrheinische Winzer, indische Regierung, Indischer Ozean, Britische Inseln, britisches Fährschiff, Britisch Kolumbien

Lösung 161
(4 Fehler): Längenmaß, Krokus, Festung, Muskeln

Lösung 162
schwül, Gemüse, rühren, Wühlmaus, ungebührlich, Dünen, Gefühl, zerkrümeln, spüren, Kühler, Gebühr, Geschwür, Windmühlenflügel, eigentümlich

Lösung 163
Rindsleder, Lotse, rechts, Ratsherr, rückwärts, abends, abseits, Wirtshaus, eilends, Rätsel, nichts, Abschiedsstunde, Amtsgericht, Geduldsprobe, nachts, arbeitslos, stets, aussichtslos

Lösung 164
Klippe, Gips, Püppchen, zerlumpt, klappern, verdoppeln, zappeln, Stöpsel, Truppen, Trompeter, Schuppen, Häuptling, umkippen, abgeschleppt, Kaplan, Papst, Treppchen, Pappdeckel, verkrüppelt, Kupplung, Leipzig, stolpern, Zeppelin, strampeln, Operation, Koppel, Raps

Lösung 165
Widerstand, wiederkommen, Widerspruch, widerborstig, wiederholen, wiederfinden, Widerhaken, wiedergeben, Widerruf, wiederbeleben, Wiederaufnahme

Lösung 166
Puls, Terz, Raps, Schwanz, Hans, vergebens, Fels, abends, salzhaltig, Klaps, schmerzlich, Malz, Glanz, zeitlebens, gänzlich, Gans, Prinz

Lösung 167
sterblich, Gips, verderblich, Rebhuhn, hübsch, Raps, Erbse, betäubt, Sieb, Hauptmann, Gelübde, Schubkarre, Obdach, Propst, Optiker, Schwäbische Alb, Republik, Zepter, Terpentin, Klaps, belaubt, gesträubt, schubsen

Lösung 168
Pelz, schwitzen, glitzern, Schweiz, Blitz, Arzt, Heizung, März, witzig, Kanzler, Tatze, trotzig, ritzen, abbeizen, nützlich, Kauz, Matratze, zerplatzt, schnitzen, Klotz, schmerzlich, zerkratzt

Lösung 169

Gefälle, Zelt, Zellstoff, Mullbinde, parallel, Porzellan, Geschwulst, Grille, anschwellen, Held, Geselle, verzollt, Silber, grell, gefällig, Kristall, Ellipse, ungeduldig, Aluminium, anhalten, Vorhalle, gerillt, Alkohol, allmählich

Lösung 170

Pflicht, Flanke, pflücken, Fliederstrauch, Pflaumenbaum, pflanzen, flimmern, Fliegenfänger, Florettfechter, Pflastersteine, Pflegevater, flitzen, flüchten, Flotte, flöten, Pflichtübungen, flink, Flügel, Flüchtlinge, Fliesenleger, fleckig

Lösung 171

(5 Fehler): klopfen, Tapete, Schrubber, Schublade, Kapitel

Lösung 172

Karawane, Wahnsinn, Tran, Talar, Annahme, Ortsname, Samen, Fahnenmast, Kanal, Apfelschale, erreichbar, Blauwal, Orkan, Stahlwerk, auskramen, Vorratslager, verladen, Anzahl, Straftat, zahm, Spaten, waten, Schlagsahne, Ahnung, Afrikaner, Karneval, Schleppkahn, Kranich, Pokal, Truthahn, Spinat, Qual, nahrhaft, Faden, Naht, Schwan, Holzspan

Lösung 173

unbesiegbar, furchtbar, unbelehrbar, fahrbar, erkennbar, unlesbar, greifbar, unteilbar, überbrückbar, bewohnbar, heizbar, unerreichbar, drehbar, unzählbar, dehnbar, verstellbar, überschaubar

Lösung 174

Genossenschaft, Genuss, Gerüst, Rüssel, Gas, Gässchen, Fleiß, Gleis, fließen, Griesgram, Grießbrei, bisschen, Bissen, Kürbis, Flossen, Blasmusik, blass, Maß, massenweise, zerrissen, Lasttier, verlassen, hastig, Hass, Reisfelder, Reißzwecke, zuverlässig, anlässlich, Abschiedsgruß, fesseln, Festung, fast, gefasst, Messe, mästen, Fasan, Bierfass, Dornröschen, Rösselsprung, vergesslich, vorgestern

Lösung 175

Hektar, Block, erschreckt, Frikadelle, Schokolade, zwinkern, Takt, nackt, Scheckbuch, Schock, vertrocknet, lackieren, Wrack, Zink, bedrückend, Doktor, elektrisch, diktieren, verschluckt, Schicksal, Tabak, Sekt, zwecklos

9. Glossar grammatischer Begriffe

9.1 Erklärung der grammatischen Begriffe deutsch – lateinisch/griechisch

Befehlsform = Imperativ
Beispiel: *Geh! Schreibt! Zahlen Sie!*

Begleiter siehe Geschlechtswort

Beifügung, Beisatz im gleichen Fall = Apposition
Beispiel: UNICEF, das Kinderhilfswerk der UNO, …

Bezugssatz = Relativsatz
Beispiel: Die Kinder, *mit denen wir gespielt haben*, sind älter als wir.

Bindewort = Konjunktion
Beispiel: *weil, und, dass*

Doppellaut, Zwielaut = Diphthong
au, ei, äu, eu, ai, ey, ay

Eigenschaftswort, Wiewort = Adjektiv
Beispiel: *schön*
Steigerung (= Komparation) möglich:

schön	(= **Grundstufe/Positiv**)
schöner	(= **Vergleichsstufe/Komparativ**)
am schönsten	(= **Höchststufe/Superlativ**)

Einschub, Schaltsatz = Paranthese
Beispiel: Zusammen mit Jan – *er ist mein Freund* – habe ich einen Internet-Kurs besucht.

Einzahl/Mehrzahl = Numerus (Singular, Plural)
Beispiel: *der Mann, die Männer*

Fall = Kasus

1. Fall (Wer-Fall) = **Nominativ**
2. Fall (Wes-Fall) = **Genitiv**
3. Fall (Wem-Fall) = **Dativ**
4. Fall (Wen-Fall) = **Akkusativ**
Beispiel: Das ist *der* Mann.
Das ist der Sohn *des* Mannes.
Der Computer gehört *dem* Mann.
Ich kenne *den* Mann.

Fürwort = Pronomen:

besitzanzeigendes Fürwort = Possessivpronomen
Beispiel: *mein* Computer
bezügliches Fürwort = Relativpronomen
Beispiel: Das Kind, *das* spielt.
persönliches Fürwort = Personalpronomen
Beispiel: *er, ihm, ihn*

Geschlecht = Genus

weiblich (w) = Femininum, feminin (f)
männlich (m) = Maskulinum, maskulin (m)
sächlich (s) = Neutrum, neutral (n)

Geschlechtswort, Begleiter (unbestimmt/bestimmt) = Artikel

unbestimmtes Geschlechtswort
Beispiel: *ein* Mann, *eine* Frau, *ein* Kind
bestimmtes Geschlechtswort
Beispiel: *der* Mann, *die* Frau, *das* Kind

Grundform des Zeitworts = Infinitiv

Beispiel: *lesen, sein*

Grundzahl = Kardinalzahl

Beispiel: *dreiundsechzig*

Hauptwort, Namenwort, Nomen = Substantiv

Beispiel: der *Mann*, die *Frau*, das *Kind*

Mehrzahl/Einzahl = Numerus

Beispiel: *der Mann, die Männer*

Mitlaut = Konsonant
Beispiel: *l, f, k*

Mittelwort = Partizip:
Mittelwort der Gegenwart = Partizip I
Beispiel: *kochend*
kann auch wie ein Eigenschaftswort gebraucht werden: *kochendes* Wasser
Mittelwort der Vergangenheit = Partizip II
Beispiel: *gesagt, gegessen, verloren*
kann auch wie ein Eigenschaftswort gebraucht werden: die *verlorene* Zeit

Möglichkeitsform = Konjunktiv
Beispiel: ich *sei*, er *wäre*, ihr *würdet* gehen, du *hättest* gemerkt

Nachsilbe = Suffix
Beispiel: Mensch*heit*, hast*ig*, telefon*ieren*

Namenwort siehe Hauptwort

Nomen siehe Hauptwort

Schaltsatz siehe Einschub

Selbstlaut = Vokal
a, e, i, o, u

Tuwort siehe Zeitwort

Umstandswort (des Orts, der Zeit, der Art und Weise, des Grundes) = Adverb (lokal, temporal, modal, kausal)
Beispiel:
Der Stift liegt *hier* (Umstandswort des Ortes).
Ich bin *immer* für dich da (Umstandswort der Zeit).
Er hat *leider* keine Zeit (Umstandswort der Art und Weise).
Du musst *trotzdem* kommen (Umstandswort des Grundes).

Vergangenheit, erste = Präteritum
Beispiel: *ich ging, er sagte*

Vergangenheit, zweite = Perfekt
Beispiel: ich *bin gegangen*, er *hat gesagt*

Vergangenheit, dritte = Plusquamperfekt
Beispiel: ich *war gegangen*, er *hatte gesagt*

Verhältniswort = Präposition
Beispiel: *ohne, für, mit*

Vorsilbe = Präfix
Beispiel: *durch*halten, fest*halten*, *Er*gebnis, *Mit*arbeit

Wiewort siehe Eigenschaftswort

Wirklichkeitsform = Indikativ
Beispiel: er ist, ich hatte, wir haben getanzt

Zeitwort, Tuwort = Verb
Beispiel: *gehen*, er *geht*, er *ging*, er *ist gegangen*, er *war gegangen*, er *wird gehen*, er *wird gegangen sein*
Zeitwörter werden gebeugt:
ich *gehe*, du *gehst*, er/sie/es *geht*, wir *gehen*, ihr *geht*, sie *gehen*

Zukunft = Futur
einfache Zukunft = Futur I
Beispiel: Er *wird* am Wochenende *kommen*.
vollendete Zukunft = Futur II
Beispiel: Du *wirst* mich doch nicht *vergessen* haben?

Zwielaut siehe Doppellaut

9.2 Erklärung der grammatischen Begriffe lateinisch/griechisch – deutsch

Adjektiv = Eigenschaftswort, Wiewort

Beispiel: *schön*
Komparation (= Steigerung) möglich:
schön (= **Positiv/Grundstufe**)
schöner (= **Komparativ/Vergleichsstufe**)
am schönsten (= **Superlativ/Höchststufe**)

Adverb (lokal, temporal, modal, kausal) = Umstandswort (des Orts, der Zeit, der Art und Weise, des Grundes)

Beispiel:
Der Stift liegt *hier* (Lokaladverb).
Ich bin *immer* für dich da (Temporaladverb).
Er hat *leider* keine Zeit (Modaladverb).
Du musst *trotzdem* kommen (Kausaladverb).

Artikel (unbestimmt/bestimmt) = Geschlechtswort, Begleiter

unbestimmter Artikel
Beispiel: *ein* Mann, *eine* Frau, *ein* Kind
bestimmter Artikel
Beispiel: *der* Mann, *die* Frau, *das* Kind

Apposition = Beifügung, Beisatz im gleichen Fall

Beispiel: UNICEF, *das Kinderhilfswerk der UNO*, ...

Diphthong = Doppellaut, Zwielaut

au, ei, äu, eu, ai, ey, ay

Futur = Zukunft

Futur I = einfache Zukunft
Beispiel: Er *wird* am Wochenende *kommen.*
Futur II = vollendete Zukunft
Beispiel: Du *wirst* mich doch nicht *vergessen haben*?

Gegenwart = Präsens

Beispiel: ich *gehe*, er *sagt*

Genus = Geschlecht
Femininum, feminin (f) = weiblich (w)
Maskulinum, maskulin (m) = männlich (m)
Neutrum, neutral (n) = sächlich (s)

Indikativ = Wirklichkeitsform
Beispiel: er *ist*, ich *hatte*, wir *haben getanzt*

Infinitiv = Grundform des Zeitworts
Beispiel: *lesen, sein*

Imperativ = Befehlsform
Beispiel: *Geh! Schreibt! Zahlen Sie!*

Kardinalzahl = Grundzahl
Beispiel: *dreiundsechzig*

Kasus = Fall
Nominativ = **1. Fall** (Wer-Fall)
Genitiv = **2. Fall** (Wes-Fall)
Dativ = **3. Fall** (Wem-Fall)
Akkusativ = **4. Fall** (Wen-Fall)
Beispiel: Das ist *der* Mann.
Das ist der Sohn *des Mannes*.
Der Computer gehört *dem Mann*.
Ich kenne *den Mann*.

Konjunktion = Bindewort
Beispiel: *weil, und, dass*

Konjunktiv = Möglichkeitsform
Beispiel: ich *sei*, er *wäre*, ihr *würdet gehen*, du *hättest gemerkt*

Konsonant = Mitlaut
Beispiel: *l, f, k*

Numerus (Singular, Plural) = Zahl (Einzahl, Mehrzahl)
Beispiel: *der Mann, die Männer*

Nominalisierung siehe Substantivierung

Paranthese = Einschub, Schaltsatz
Beispiel: Zusammen mit Jan – *er ist mein Freund* – habe ich einen Internet-Kurs besucht.

Partizip = Mittelwort:
Partizip I = Mittelwort der Gegenwart
Beispiel: *kochend*
kann auch adjektivisch gebraucht werden:
kochendes Wasser
Partizip II = Mittelwort der Vergangenheit
Beispiel: *gesagt, gegessen, verloren*
kann auch adjektivisch gebraucht werden: die *verlorene* Zeit

Perfekt = Zweite Vergangenheit
Beispiel: ich *bin gegangen*, er *hat gesagt*

Plusquamperfekt = Dritte Vergangenheit
Beispiel: ich *war gegangen*, er *hatte gesagt*

Präfix = Vorsilbe
Beispiel: *durch*halten, *fest*halten, *Er*gebnis, *Mit*arbeit

Präposition = Verhältniswort
Beispiel: *ohne, für, mit*

Präsens = Gegenwart
Beispiel: ich *gehe*, er *sagt*

Präteritum = Erste Vergangenheit
Beispiel: ich *ging*, er *sagte*

Pronomen = Fürwort:
Personalpronomen = persönliches Fürwort
Beispiel: *er, ihm, ihn*
Possessivpronomen = besitzanzeigendes Fürwort
Beispiel: *mein* Computer
Relativpronomen = bezügliches Fürwort
Beispiel: Das Kind, *das* spielt.

Relativsatz = Bezugssatz
Beispiel: Die Kinder, *mit denen wir gespielt haben*, sind älter als wir.

Substantiv = Hauptwort, Namenwort, Nomen
Beispiel: der *Mann*, die *Frau*, das *Kind*

Substantivierung = Gebrauch von Wörtern anderer Wortarten als Hauptwort
Beispiel: Beim Klassensprechertreffen haben wir *Folgendes* besprochen: Das *Besprühen* der Pausenhofmauer ist ab jetzt erlaubt.

Suffix = Nachsilbe
Beispiel: Mensch*heit*, hast*ig*, telefon*ieren*

Verb = Zeitwort, Tuwort
Beispiel: *gehen*, er *geht*, er *ging*, er *ist gegangen*, er *war gegangen*, er *wird gehen*, er *wird gegangen sein*
Zeitwörter werden konjugiert (gebeugt):
ich *gehe*, du *gehst*, er/sie/es *geht*, wir *gehen*, ihr *geht*, sie *gehen*

Vokal = Selbstlaut
a, e, i, o, u

Diktate

- Die ideale Hilfe für Eltern und Lehrer!
- Bereits nach der neuen Rechtschreibung 2006

Wie verbessere ich die Rechtschreibung und Grammatik meines Kindes/ meines Schülers?

- zahlreiche altersgerechte Diktattexte mit vielen zusätzlichen Übungen zur Rechtschreibung und Grammatik.
- einsetzbar als Übungs- bzw. Prüfungsdiktat
- Lösungen zur Kontrolle im Anhang
- Verzeichnis zum schnellen Auffinden der Übungen
- in Anlehnung an die Lehrpläne
- Diktat und Übungen können unabhängig voneinander eingesetzt werden

Klaus Sczyrba
300 Diktate für das 2.–4. Schuljahr
- mit Übungen zur Rechtschreibung u. Grammatik
GS (HS), 250 Seiten
Best.-Nr. 1506-7

Klaus Sczyrba
240 Diktate für das 5.–7. Schuljahr
- mit Übungen zur Rechtschreibung u. Grammatik
HS / RS / Gym (HS/AHS)
316 Seiten, zweifarbig, kompl. überarb.
Bestell.-Nr. 1507-5

Klaus Sczyrba
390 Diktate für das 5.–10. Schuljahr
- mit Übungen zur Rechtschreibung u. Grammatik
HS / RS / Gym (HS/AHS),
240 Seiten, Wendebuch
Best.-Nr. 1508-3

Bange ... leichter lernen!